KT-177-919

TERME ROMANE
e vita quotidiana

EDIZIONI
PANINI

Terme romane e vita quotidiana

Comune di Rosignano Marittimo
Università degli Studi di Pisa,
Dipartimento di Scienze Storiche
del Mondo Antico

Castiglioncello, Castello Pasquini

A cura di
Marinella Pasquinucci

Coordinamento e redazione
Michelangela Cerri, Simonetta Menchelli, Marinella Pasquinucci, Antonietta Pisano, Simonetta Storti, Maria Adelaide Vaggioli

Organizzazione
Edina Regoli

Allestimento
Désirée Bonet, Roberto Idà, Cantini Grafiche.

Disegni
Alberto Fremura

Elaborazioni grafiche
Désirée Bonet, Maria Adelaide Vaggioli

Fotografie
Fototeca Unione, c/o Accademia Americana, Roma; Foto Rampini, FotoStudio 2P; M. Cerri, M. Pasquinucci, E. J. Shepherd.

Ha contribuito alla realizzazione della Mostra
la Società Solvay & C.ie.

Hanno collaborato
la Soprintendenza Archeologica dell'Etruria, Firenze
la Soprintendenza Archeologica di Ostia
la Soprintendenza Archeologica di Pompei
il Museo Nazionale di Napoli

Si ringraziano Mariette de Vos, Dario Matteoni, Gabriele Berti

Testi di:

D.A. Donatella Alessi: 5.
M.B. Massimo Brando: 22, 23, 24, 25.
M.C. Michelangela Cerri: 28, 32, 34, 37, 38.
L.C. Linda Cherubini: 42.
S.M.C. Silva Maria Chiocchini: 29.
G.C. Giacomo Contiero: 39.
A.D.R. Antonella Del Rio: 43.
C.G. Claudia Guarguaglini: 22, 23, 24, 25.
C.M. Caterina Massimetti: 10.
S.M. Simonetta Menchelli: 29, 30, 33, 35, 36, 44, 45, 46, 47.
D.M. Donatella Moreschini: 1, 2.
S.P.L. Silvia Panichi Laffi: 41.
M.P. Marinella Pasquinucci: 3, 4, 15.
S.P. Sandra Pecori: 9, 11.
A.P. Antonietta Pisano: 19, 20, 21.
P.G.S. Paolo Giovan Battista Sangriso: 6.
E.J.S. Elisabeth Jane Shepherd: 12, 13, 14, 15, 16, 17, 18.
P.S. Paola Spinesi: 40.
S.S. Simonetta Storti: 7, 8.
M.T. Maura Tummolo: 26.
M.A.V. Maria Adelaide Vaggioli: 31, 47, 48, 49, 50.
M.V. Marina Vallebona: 27.

Catalogo

Redazione
Rolando Bussi

Impaginazione
Giorgio Linares

Fotocomposizione
La Linotipo, Parma

Fotolito
Prismacolor, Modena

Stampa
Coptip, Industrie Grafiche, Modena

41100 Modena - Viale Emilio Po, 380
Tel. 059/331133 - Telex 510650 EDIPAN I
c.c.p. 11027414

Indice

Riferimenti delle illustrazioni

Figg. 1; 6; 7; 10; 11; 15; 24; 33; 42; 46; 51-53: disegni di A. Fremura.
Fig. 2: da J. CHARBONNEAUX - R. MARTIN - F. VILLARD, *La Grecia arcaica*, I, Milano 1969.
Fig. 3: rielaborazione da KUNZE - SCHLEIF 1944, IV.
Figg. 4-5; 67: da HEINZ 1983.
Figg. 8;61: da BECATTI 1961.
Fig. 9: da AA.VV. 1985.
Figg. 12; 14; 16-20; 23; 26; 35-38; 40; 41; 43-45; 47; 50; 59; 63; 66; 76; 78; 80: Foto C. Rampini, Pontedera.
Fig. 13: da «Storia e dossier» 2, dicembre 1986.
Figg. 21; 34; 65: da ESCHEBACH 1979.
Fig. 22: da A. MAIURI, *Pompei*, Novara 1951.
Fig. 25: da A. e M. DE VOS 1982.
Figg. 27; 54: da *Settefinestre* 2.
Figg. 28; 60; 62: da PAVOLINI 1983.
Fig. 29: rielaborazione da KRENCKER *et alii* 1929.
Figg. 30; 58; 64: da ADAM 1984.
Figg. 31; 32: foto E. J. SHEPHERD.
Fig. 39: da BEYEN 1938.
Fig. 48: da BRILLIANT 1979.
Figg. 49; 88: da AILLAGON - VIOLLET LE DUC 1980.
Figg. 55; 83; 95-100: foto M. Pasquinucci.
Fig. 56: da H. ESCHEBACH, *Die städtebauliche Entwicklung des antiken Pompeji*, «Römische Mitteilungen», suppl. 17, Heidelberg 1970.
Fig. 57: da A. P. FRUTAZ, *Le piante di Roma*, II, Roma 1962.
Figg. 68; 82: Fototeca Unione, c/o Accademia Americana, Roma.
Fig.. 69: da COTTON - METRAUX 1985.
Fig. 70: da COURTOIS 1954.
Fig. 71: da BIRLEY 1981.
Figg. 72; 73: foto M. Cerri.
Fig. 74: da BLAKE 1973.
Fig. 75: da VERDUCHI 1975.
Fig. 77: da BRÖDNER 1983.
Fig. 79: da MAC DONALD - BOYLE 1980.
Fig. 81: rielaborazione da COARELLI 1980 e MARVIN 1983.
Fig. 84: da KHATCHATRIAN 1962.
Fig. 85: da «*Atlante di vedute storiche, statistiche e topografiche sul paese di Algeri destinato all'esercito di occupazione in Africa*», Parigi 1830.
Fig. 86: da SCHLUMBERGER 1939.
Fig. 87: da A. PALLADIO, *Le terme dei Romani*, Vicenza 1797.
Figg. 89; 90: da DREXLER (ed.) 1977.
Figg. 91; 92: Carte elaborate su base IGM, fogli 111, 112, 119.
Fig. 93: elaborazione grafica di D. BONET, M. A. VAGGIOLI.
Fig. 94: rilievo di S. MENCHELLI, S. STORTI, M. A. VAGGIOLI.

Presentazione

La mostra che qui presentiamo è un aspetto della pluriennale collaborazione fra il Comune di Rosignano Marittimo e il Dipartimento di Scienze Storiche del Mondo Antico dell'Università di Pisa, le cui ricerche, dirette dalla prof. Marinella Pasquinucci della Università di Pisa, si articolano nello scavo dell'edificio romano con complesso termale in loc. S. Gaetano di Vada e in una capillare indagine archeologico-topografica della Bassa Val di Cecina.
Questo lavoro è stato insieme la ripresa e la doverosa crescita scientifica di una operazione intrapresa molti anni fa dall'Amministrazione Comunale di Rosignano Marittimo con la collaborazione della Soprintendenza Archeologica della Toscana (campagne di scavo del Gruppo archeologico locale).
Dall'esperienza di questi anni crediamo di aver appreso che non è possibile pensare alla difesa e alla valorizzazione del nostro patrimonio storico e archeologico partendo da una visione settoriale del problema. Se non si riesce a coniugare l'esigenza della partecipazione dei cittadini e della loro crescita culturale con il lavoro di ricerca delle istituzioni scientifiche, nonché con le esigenze delle autorità preposte alla tutela e alla salvaguardia di tale patrimonio, nessuno di questi obiettivi potrà essere di per sé realizzato.
Una scienza che si sviluppi in maniera sempre più specialistica e raffinata e non tenga conto della necessità di un'elevazione complessiva del grado di conoscenza della gente comune, rischia di staccarsi e di diventare estranea agli interessi dei cittadini ponendo in serio pericolo la sua stessa sopravvivenza.
Anche nel settore dell'archeologia abbiamo bisogno di evitare le «cattedrali nel deserto» e di intessere, al contrario, una vasta rete di conoscenze che serva a costituire una base qualificata ed elevata su cui poggiare solidamente il lavoro di ricerca.
Per questi motivi come Amministrazione Comunale, e quindi come espressione diretta delle esigenze della popolazione, riteniamo di rappresentare uno dei momenti che ricordavo in apertura.
Questo impegno continuerà in futuro, convinti come siamo di non dover esser solo gli interpreti dei più immediati bisogni materiali, bensì anche di quelli, forse altrettanto indispensabili, della crescita spirituale e culturale della collettività.

GIUSEPPE DANESIN
Sindaco del Comune
di Rosignano Marittimo

Introduzione

Gli scavi in corso in un settore dell'abitato di *Vada Volaterrana* (Vada, Livorno) ubicato in prossimità dell'importante (e ancora poco noto) porto romano, hanno messo in luce parte di un vasto edificio fondato nella prima età imperiale sulla sabbia delle dune costiere, articolato in un complesso termale e in una serie di vani a destinazione artigianale e commerciale.
Mentre si sta avviando l'elaborazione dei dati di scavo ai fini della pubblicazione dell'intera struttura, ci è sembrato opportuno presentare, in via preliminare, una «lettura» dell'edificio termale e di quanto possiamo ricostruire delle sue fasi edilizie sulla base delle strutture murarie e dello scavo stratigrafico effettuato in uno degli ambienti, l'unico in precedenza indagato solo parzialmente.
Per rendere più comprensibile l'articolazione in vani e la utilizzazione dell'edificio, ci è sembrato opportuno premettere un rapido inquadramento sui precedenti greci del bagno pubblico, e spiegare come fossero organizzate le terme nel mondo romano, di quanto favore godettero (già Plauto fa riferimento alla frequentazione di queste strutture come ad un fatto abituale della vita quotidiana: *Truculentus* 322-5; *Mostellaria* 157), come si andarono articolando in funzione dell'uso, quali caratteristiche presentarono nel tempo gli edifici termali maggiori e minori. Si è anche sottolineata l'importanza della eredità delle terme in epoca postclassica, segnalando il rapporto esistente fra le terme e i battisteri, fra le terme e gli *hammam* del mondo arabo, e fornendo alcuni dati sull'interesse dimostrato dagli architetti nel rivitalizzare le strutture delle terme romane: potrà sorprendere la fedele derivazione di varie stazioni ferroviarie statunitensi, e in particolare della Pennsylvania Station di New York (1906-1964) dai disegni ricostruttivi delle terme imperiali.
In questa illustrazione diacronica di un aspetto così importante della vita romana si è cercato, quando possibile, di cogliere il rapporto con la medicina del tempo e con la trattatistica architettonica, ponendo l'accento su aspetti come l'articolazione dei *balnea* in pubblici e privati, la costruzione e la gestione delle terme, gli interventi e le elargizioni a titolo di propaganda personale dei magistrati e dei membri delle classi abbienti, i frequentatori e le tariffe, i giudizi dei moralisti sul sempre maggiore lusso degli edifici e sul comportamento di chi vi andava, etc.
In tale contesto, per rendere più immediata la percezione di alcuni dati forniti da numerose fonti soprattutto letterarie, ma anche epigrafiche ed archeologiche, ci è sembrato opportuno invitare Alberto Fremura ad illustrarle con la sua ben nota vivacità, mantenendo la massima aderenza ai testi e agli aspetti antiquari.
Da tutto questo emerge un quadro, articolato nel tempo, delle terme come elemento abituale della vita quotidiana per la maggior parte dei Romani. Se le abitazioni urbane e le ville rustiche e marittime appartenenti alle classi elevate erano di norma fornite di impianti termali privati più o meno lussuosi, bagni pubblici accessibili a chiunque a prezzo bassissimo, se non gratuitamente, ebbero le città maggiori e minori, i piccoli centri rurali, i porti e gli scali marittimi e fluviali, i *castra* del *limes*, i villaggi annessi alle miniere, le «attrezzature alberghiere» lungo le grandi vie di comunicazione.
Non lontano da Ostia, dotata in età imperiale di più di dieci terme pubbliche, il *vicus Augustanus* aveva tre *balnea* con ingresso a pagamento: Plinio il Giovane (*Epistulae* 2.17.26) riteneva vantaggioso utilizzarle invece del suo lussuoso impianto privato, nel caso di arrivo improvviso nella villa di *Laurentum* o nel caso che il soggiorno previsto fosse troppo breve perché valesse la pena di mettere in funzione l'impianto di riscaldamento.
Alle terme si andava per motivi igienici e salutari, ma anche per incontrarsi, per istruirsi, per farsi massaggiare e depilare, per avere un invito a cena, per rubare (lo schiavo del tesoriere di Trimalcione si era fatto sottrarre una veste donata al padrone, «una porpora di Tiro, e lavata una sola volta»: Petronio, *Satyricon*, 30).
Il visitatore e il lettore che desiderino approfondire gli argomenti trattati troveranno alla fine di questo volume una vasta bibliografia, dalla quale potranno risalire alle moltissime opere specialistiche sulle terme.

MARINELLA PASQUINUCCI

1. Dal bagno ai *balnea*.

Nella società micenea, di cui i poemi omerici riflettono le principali caratteristiche, il bagno freddo nei fiumi o nel mare sembra costituire un'usanza abituale: Omero, ad esempio, descrive il bagno di Nausicaa e delle sue compagne nelle acque del fiume, dove esse hanno lavato le loro vesti (*Odyssea* 6.96), e il bagno in mare di Ulisse e di Diomede al ritorno dalla spedizione notturna in cui hanno preso i cavalli di Reso (*Ilias* 10.572-573).
Assai documentati nei testi omerici sono sia le abluzioni parziali, come ad esempio il lavaggio delle mani prima del pasto [1] o quello dei piedi [2], sia il bagno completo che veniva offerto di consuetudine agli ospiti come mezzo, oltre che di pulizia, anche di ristoro [3]. Il recipiente utilizzato per le abluzioni era una vaschetta rotonda di terracotta o pietra, ma soprattutto di metallo, molto spesso senza piede o con una base piana (λέβης) [4], che veniva collocata su un tripode mobile quando serviva come recipiente in cui riscaldare l'acqua; il bagno completo invece veniva praticato abitualmente in una vasca (ἀσάμινθος) [5] di legno o terracotta – il che giustificherebbe l'uso dell'epiteto omerico εὔξεστος [6], cioè 'ben levigata' – o di metallo prezioso, collocata in una stanza apposita, come si può dedurre dalla pianta dei principali palazzi micenei e prima ancora minoici [7]. Nello stesso ambiente o nelle vicinanze doveva esserci un focolare sul quale si poneva il lebete pieno dell'acqua da riscaldare. Quando l'ospite era entrato nella vasca, l'acqua gli veniva versata a doccia sulla testa e sulle spalle da donne (in genere le serve [8], ma anche le figlie del padrone di casa [9] o la padrona stessa [10]).
Per quanto riguarda i bagni nelle abitazioni private dei Greci di epoca arcaica e classica [11], si sono rinvenute in alcune località della Grecia, ma soprattutto della Sicilia, vasche (πύελοι) [12] a fondo piatto e orizzontale, in terracotta, di dimensioni di norma abbastanza ridotte (m 1 x 0,50), le quali testimoniano che non si era ancora verificata la dissociazione tra bagno di pulizia e bagno di rilassamento. Infatti in epoca ellenistica, quando la presenza di vere e proprie stanze da bagno nelle abitazioni diventa pressoché costante, accanto al tipo di vasca lunga e profonda per il bagno di riposo, è attestato un tipo di vasca destinata al bagno di pulizia, con un piccolo sedile nella parte posteriore, e sul fondo, nella parte anteriore, una cavità circolare dove si raccoglieva l'acqua, che veniva vuotata per mezzo di recipienti.
Sin dall'epoca arcaica, come naturale conseguenza della diffusione dell'atletismo e del connesso gusto per il bagno di pulizia dopo gli esercizi fisici, un ruolo importante nelle città del mondo greco hanno avuto i bagni nei ginnasi [13]. Questi bagni nella loro prima fase (fino alla fine del V sec. a.C.) si caratterizzano per la loro estrema semplicità: l'unico strumento fisso è la vasca circolare su alto piedistallo o su colonnetta (λουτήρ, λουτήριον) [14]; il bagno si fa spesso all'aria aperta e in genere non sembra possibile riscontrare la presenza di vari ambienti adibiti a specifiche funzioni. La trasformazione dei ginnasi, che si verifica a partire dalla fine del V sec a.C., comporta l'introduzione di condizioni e di strumenti più comodi per i bagni. Le abluzioni avvengono in una stanza apposita (λουτρόν) [15], spesso ben isolata; il λουτήρ viene abbandonato in favore di vasche rettangolari e abbastanza allungate (ληνοί) [16], che venivano disposte lungo una o più pareti di una stanza su piedritti in fila continua e alimentate d'acqua attraverso condotti sovrastanti. Poco frequenti sono invece nei ginnasi le piscine, probabilmente per ragioni economiche e per la preferenza accordata al bagno di pulizia piuttosto che a quello per immersione. I bagni che si praticavano nei ginnasi erano comunque bagni freddi, eccetto quelli riservati, stando alle parole di Platone (*Leges* 6.761 c), ai vecchi, ai malati e ai contadini stanchi per le fatiche agresti. Nei ginnasi è attestata anche la presenza di una stanza per il bagno di vapore (πυριατήριον) [17], in cui gli atleti, al termine dei loro allenamenti, dopo una prima parziale pulizia del corpo per mezzo di vari detergenti (ῥύμμα, σμῆμα) [18], si recavano per depurare in profondità la pelle attraverso un'intensa traspirazione e successivamente frizionarsi con olio: è possibile pensare che talora queste operazioni avvenissero nel medesimo ambiente, dal momento che in alcune fonti [19] il πυριατήριον viene confuso con l'ἀλειπτήριον, ossia la stanza più specificamente riservata alle frizioni.
Oltre che di stanze da bagno nelle abitazioni private e di bagni nei ginnasi, abbiamo anche testimonianze archeologiche di stabilimenti pubblici (βαλανεῖα) [20] risalenti all'epoca classica e soprattutto all'epoca ellenistica. Sui proprietari di tali bagni pubblici abbiamo poche informazioni per la Grecia classica: pare comunque che i bagni di norma appartenessero a ricchi privati, i quali ne possedevano talvolta più di uno e ne cedevano la gestione ad amministratori. Il proprietario o l'amministratore

1. Il bagno di Nausicaa e delle sue compagne: Omero, *Odissea* 6.96 ss.
Il bagno freddo nei fiumi o nel mare è usanza abituale dall'età più remota.

(*βαλανεύς*)[21] doveva riscuotere la tariffa d'ingresso (*ἐπίλουτρον*)[22], provvedere alla pubblica sicurezza dello stabilimento e, se necessario, fornire ai clienti l'olio e i vari detergenti usati per la *toilette* personale. I servitori dei bagni, indicati con nomi diversi (*λουτροχόος, παραχύτης, βαλανευτής*)[23], dovevano attingere l'acqua pulita da versare sul cliente e vuotare le vasche piene di acqua sporca per mezzo di un apposito recipiente (*ἀρύταινα*)[24].
Quanto allo *status* sociale di coloro che frequentavano i bagni pubblici, per il VI sec. a.C. l'unica testimonianza letteraria è quella relativa ai bagni dei Sibariti, famosi per la loro ricchezza e mollezza di costumi[25].
Nel V sec. a.C. gli stabilimenti di bagni cominciano a diffondersi nelle grandi città e diventano dei veri e propri centri sociali, luogo di conversazione e di piacere per tutte le classi, soprattutto quelle popolari: la gente povera infatti li frequentava anche solo per scaldarsi e dormire[26].
Sulla base delle testimonianze letterarie[27] si può dedurre che in età ellenistica la clientela dei bagni doveva essere estremamente varia. Ed è proprio questa usanza diffusa del *θερμολουτεῖν*, considerata come causa di rammollimento, che suscitava la riprovazione[28] da parte dei difensori dell'antica disciplina, i quali – come testimoniano le fonti[29] – si lavavano con moderazione.
In genere si faceva il bagno ogni giorno prima del pasto principale

(δεῖπνον), cioè a metà del pomeriggio [30], ma non c'erano orari fissi per gli uomini oziosi che, soggiornando abitualmente agli stabilimenti termali, considerati come luogo di ritrovo e di piacere, facevano il bagno più volte nella giornata [31].
Sulla struttura interna dei complessi termali greci siamo molto meno informati che su quella delle terme romane, ma sembra di poter affermare, sulla base delle testimonianze archeologiche, che oltre a vestiboli e spogliatoi (ἀποδυτήρια) [32] comprendessero una serie di sale rettangolari o circolari, in cui le vasche a fondo piatto (πύελοι) erano allineate lungo le pareti o disposte a corona [33]. Rare sembrano essere, come nei ginnasi, le piscine destinate al bagno per immersione. In alcuni stabilimenti il bagno di vapore si faceva in una stanza circolare (θόλος) con volta a cupola e un'apertura centrale, che permetteva l'illuminazione e il regolamento dell'alta temperatura [34]. Vitruvio [35] allude a questa particolare struttura nella sua descrizione del *laconicum*, il cui primo esempio architettonico noto è quello di Gortys e che si ritroverà in seguito nelle terme romane.
Ciò che, in generale, contraddistingue i bagni pubblici dai bagni nei ginnasi è la presenza di sistemi di riscaldamento. L'acqua da versare nelle vasche veniva riscaldata in recipienti di bronzo o di rame (χαλκεῖον, χάλκωμα) [36] posti su bracieri ἐσχάραι [37] e a partire dalla tarda età ellenistica [38] è frequente nei complessi termali greci un impianto di riscaldamento sotterraneo, il cosiddetto 'ipocausto' (ὑποκαυστήριον, ὑπόκαυσις), utilizzato soprattutto per le stanze del bagno di vapore [39]. In un piccolo ambiente posto in profondità (προπνιγεῖον) veniva acceso un forno a legna o a carbone e i gas di combustione circolavano lentamente attraverso dei condotti di terracotta in un ambiente sotterraneo (ὑπόκαυστον), emanando una grande quantità di calore al pavimento della stanza superiore. Il προπνιγεῖον e l' ὑπόκαυστον erano collegati con un impianto di riscaldamento dell'acqua: in vicinanza del προπνιγεῖον veniva installato, sul passaggio dei gas di combustione, un recipiente in rame o bronzo per l'acqua da riscaldare, la cosiddetta *testudo alvei* menzionata da Vitruvio [40]. In tal modo anche l'acqua contenuta nelle vasche da bagno poteva venir riscaldata.
Un problema particolare è costituito dai bagni per le donne: non vi sono rappresentazioni di donne e uomini che fanno il bagno nello stesso ambiente e la maggior parte delle scene di *toilette* femminile devono situarsi in casa. Ma vi sono alcune rappresentazioni vascolari, in cui compaiono scene di bagni collettivi di donne da ambientarsi con molta probabilità in stabilimenti pubblici [41]. Sembra abbastanza plausibile ipotizzare che nei bagni esistessero vani utilizzati solo dalle donne e vani frequentati da ambedue i sessi, se è vera l'usanza, testimoniata da alcune fonti, di mutande da bagno (ᾧα, λουτρίς) [42] per gli uomini, e per le donne anche di una fascia intorno al seno (στολὰ βαλανίνη) [43].
Infine bisogna ricordare gli stabilimenti «salutari», eretti in prossimità di sorgenti di acque termali, nei santuari di Asclepio [44], dove il potere oracolare era legato al potere di guarigione, essendo il bagno uno dei mezzi consigliati dal dio per rimettersi in salute, come risulta evidente da testi sia letterari che epigrafici [45].
L'importanza di questi bagni è però testimoniata soprattutto dalle strutture architettoniche: ad Epidauro [46], ad esempio, a Sud della palestra era situato il 'bagno greco', che comprendeva un condotto d'acqua, delle fontane a bacino e delle vasche; in epoca romana vi furono edificati altri edifici termali.

Nome. In greco in età arcaica i termini relativi alla sfera del bagno appartengono alla famiglia di λούω/λοέω [47], mentre βαλανεῖον/βαλανεῖα e gli altri termini del medesimo ambito lessicale non sono attestati prima dell'epoca classica e sono usati per lo più in prosa [48].
In latino inizialmente con *lavatrina /latrina* [49] era indicata la stanza della casa annessa alla cucina, in cui i Romani facevano, anche se di rado [50], il bagno caldo. Verso la metà del III sec. a.C., quando si diffuse la consuetudine del bagno caldo, si cominciò a costruire nella casa un'apposita stanza da bagno denominata *balineum/balneum* (pl. *balinea/balnea*): tale termine è un evidente prestito dal greco βαλανεῖον/βαλανεῖα [51].
Da Varrone (*De lingua latina* 8.48 e 68) e da Carisio (*Ars grammatica* 1.99) è attestata una distinzione in base alla quale il singolare *balneum* indicava il bagno privato, mentre il plurale *balnea* i bagni pubblici, distinzione che però non trova conferma nelle iscrizioni [52].
Nel III sec. a.C. sorsero i primi bagni pubblici, designati a partire dall'età imperiale con il nome *thermae*, anch'esso prestito dal greco (cfr. θερμός «caldo») [53].

D.M.

2. Leida, Rijksmuseum van Oudheden, *hydria* del Pittore di Antimenes (520-510 a.C.). In Grecia sono documentati bagni pubblici sin da epoca arcaica.

Note

1) Omero, *Odyssea* 1.136 e 146; 4.52; 7.172; 10.182; 15.135-137; 17.91.
2) Omero, *Odyssea* 19.386-388.
3) Omero, *Ilias* 10.576; 14.6; 22.444; *Odyssea* 4.48; 10.361-363; 17.87.
4) Ginouves 1962, p. 51 ss.
5) Ginouves 1962, p. 29 ss.
6) Omero, *Ilias* 10.576; *Odyssea* 4.48; 17.87.
7) Ginouves 1962, p. 159 n. 9, p. 160 n. 1 e p. 161 n. 1.
8) Omero, *Ilias* 14.6; *Odyssea* 4.48; 6.210; 8.454; 17.88.
9) Omero, *Ilias* 5.905; *Odyssea* 3.464.
10) Omero, *Odyssea* 4.252; 5.264; 10.361 e 450
11) Ginouves 1962, p. 162 ss.
12) Ginouves 1962, p. 32 ss.
13) Ginouves 1962, p. 124 ss.; Heinz 1983, pp. 37-38.
14) Ginouves 1962, pp. 77-79.
15) Ginouves 1962, pp. 129-130 nota 7.
16) Ginouves 1962, pp. 132-133.
17) Ginouves 1962, pp. 136-144.
18) Ginouves 1962, p. 143 note 1-2.
19) Aristotele, *Problemata* 2, 29 e 32 (869 a-b); Teofrasto, *De igne* 37; *De sudore* 28.
20) Ginouves 1962, p. 183 ss.
21) Ginouves 1962, pp. 212-213.
22) *Iscrizioni d'Andania* 1.107; Luciano, *Lexiphanes* 2; Alcifrone, *Epistualae* 3.40; Ateneo, *Deipnosophistae* 8.351 f; Aristofane, *Nubes* 835-837.
23) Ginouves 1962, p. 213.
24) Ateneo, *Deipnosophistae* 3.123 b; Polluce, *Onomasticon* 10.63; Teofrasto, *Characteres* 9.8.
25) Ateneo, *Deipnosophistae* 12.518 c e 519 e.
26) Alcifrone, *Epistulae* 3.40; Aristofane, *Plutus* 952 53; Stobeo, *Anthologium* 97.31.
27) Teofrasto, *Characteres* 4.16; 27.14.
28) Aristofane, *Nubes* 837, 991, 1044-45; Ateneo, *Deipnosophistae* 1.18 c.
29) Aristofane, *Aves* 1554; Demostene, *Adversus Polyclem* 8.35; Platone, *Symposium* 174 a; Plutarco, *Phocion* 4.
30) Alcifrone, *Epistulae* 3.7 e 3.24; Aristofane, *Ecclesiazusae* 652, 683; Artemidoro, *Onirocriticon* 1.64; Luciano, *Lexiphanes* 4 e 9; Plutarco, *Septem sapientium convivium* 3; Senofonte, *Symposium* 1.7; *Hellenica* 7.2.22.
31) Simonide *ap.* Eliano, *De natura animalium* 16.24 e Menandro *ap.* Ateneo, *Deipnosophistae* 4.166 a.
32) Ginouves 1962, p. 210 n. 5.
33) Ginouves 1962, pp. 191-198.
34) Ginouves 1962, pp. 198-204; Brödner 1983, pp. 12-16; Heinz 1983, pp. 36-37.
35) Virtruvio, *De architectura* 5.10.5.
36) Plutarco, *Demetrius* 24.2.3; Polluce, *Onomasticon* 9.69 e 10.63; Teofrasto, *Characteres* 9.8.
37) Polluce, *Onomasticon* 7.166.
38) Ginouves 1962, p. 205 note 7-8 e p. 206 note 1-3.
39) Ginouves 1962, pp. 205-210; Brödner 1983, pp. 18-23.
40) Vitruvio, *De architectura* 5.10.1.
41) Ginouves 1962, pp. 220-222.
42) Polluce, *Onomasticon* 7.66; 10.181; cfr. Arrigoni 1985, p. 106.
43) Ginouves 1962, p. 224 n. 4.
44) Ginouves 1962, p. 349 ss.
45) Ginouves 1962, p. 358 note 5-11 e p. 359 note 1-4.
46) Ginouves 1962, p. 354 e p. 359; Brödner 1983, pp. 172-179.
47) Chantraine 1974.
48) Chantraine 1968.
49) Nonio, *De compendiosa doctrina p. 212, s.v. latrina*; Varrone, *De lingua latina* 5.118 e 9.68; Vitruvio, *De architectura* 6.6.2.
50) Seneca, *Epistulae ad Lucilium* 86.12, e oltre.
51) Ernout-Meillet 1979 [4].
52) De Ruggiero 1895.
53) Ernout-Meillet 1979 [4].

2. Una terma nel mondo greco: Olimpia.

Il più antico esempio di bagni pubblici in Grecia è costituito dalle terme di Olimpia [1], situate sulle rive del Kladeos in prossimità del ginnasio e le cui fasi di sviluppo vanno dalla prima metà del V sec. a.C. sino al 100 a.C.

La prima costruzione è un semplice edificio rettangolare (A) di m 21,50x5,50, con un pozzo [2].

Verso la metà del V sec. a.C., a questo fu annesso, a Sud, un edificio [3] (B) in cui erano collocate 11 vasche a semicupio di forma quadrangolare (m 1,20x0,60) con la parte anteriore arrotondata e ricavate in blocchi di calcare rivestiti internamente di intonaco impermeabile: esse avevano nella parte posteriore un piccolo sedile e inserita in quella anteriore, sul fondo leggermente inclinato in avanti, una vaschetta emisferica di marmo, dove si raccoglieva l'acqua sporca. Queste vasche circondavano un serbatoio d'acqua fredda, di fronte al quale si trovava nell'angolo Sud-Ovest del primo edificio un bacino ad immersione con il fondo e le pareti protette da intonaco impermeabile, che nel 400 a.C. venne provvisto di una caldaia per il riscaldamento dell'acqua. Accanto a questo secondo edificio venne installata una piscina a cielo aperto (C), rivestita di malta impermeabile, cui si accedeva mediante gradini [4].

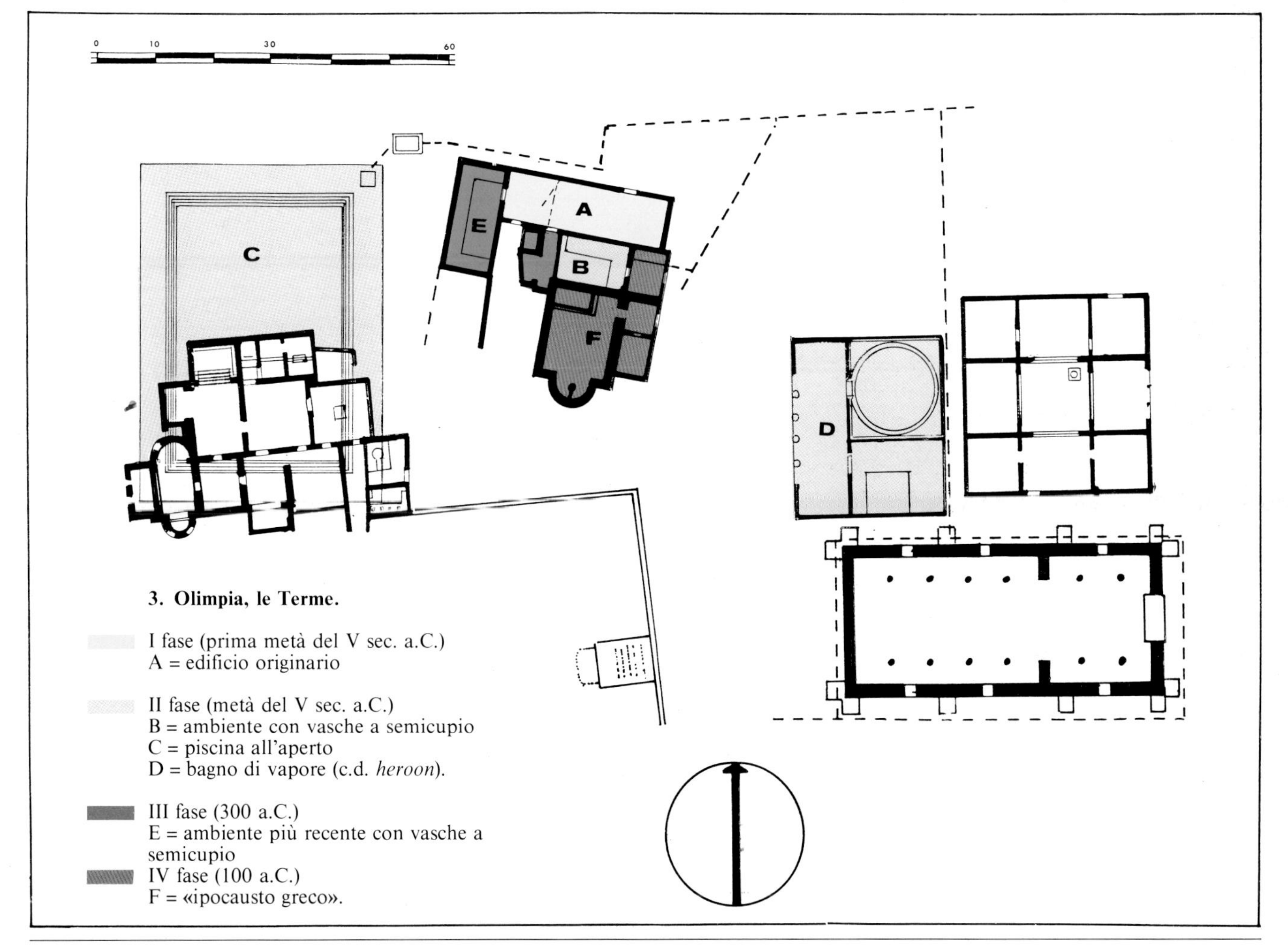

3. Olimpia, le Terme.

I fase (prima metà del V sec. a.C.)
A = edificio originario

II fase (metà del V sec. a.C.)
B = ambiente con vasche a semicupio
C = piscina all'aperto
D = bagno di vapore (c.d. *heroon*).

III fase (300 a.C.)
E = ambiente più recente con vasche a semicupio

IV fase (100 a.C.)
F = «ipocausto greco».

4. Olimpia, le Terme, III fase (300 a.C.): sezione dell'ambiente più recente con vasche a semicupio.

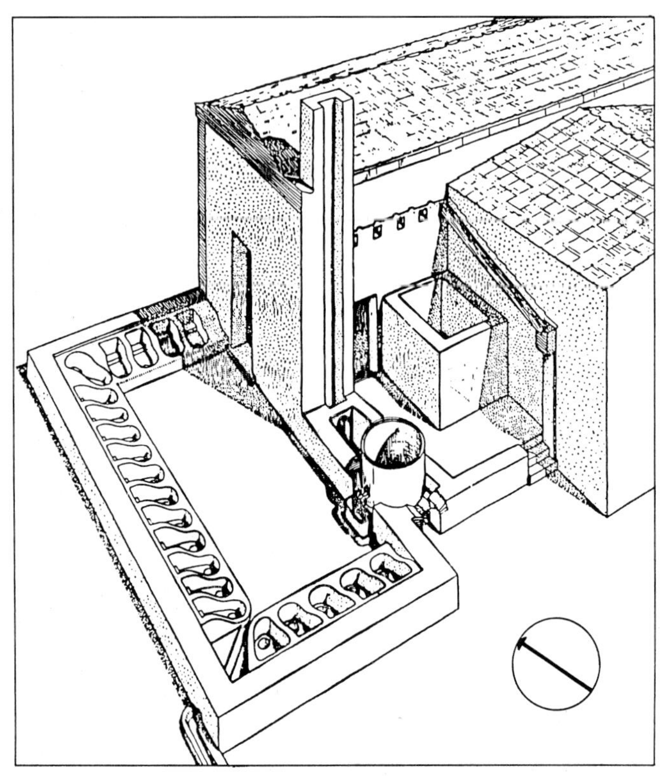

5. Olimpia, le Terme, IV fase (100 a.C): sezione dell'«ipocausto greco».

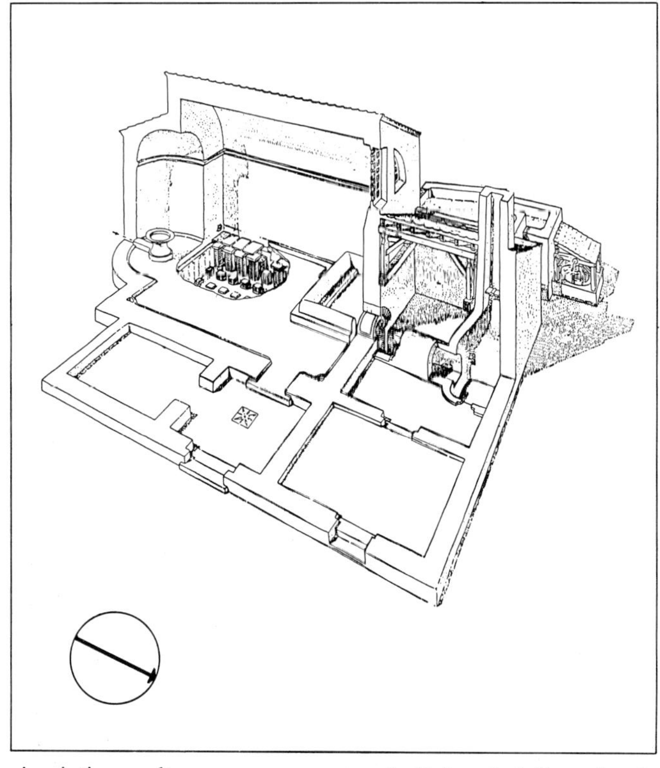

In epoca classica venne inoltre costruito il cosiddetto *Heroon* (D), un bagno di vapore situato a Sud-Ovest del precedente edificio [5]. Questo impianto si articola in tre stanze: un vestibolo, che si apre verso Ovest, e due ambienti all'incirca quadrati, di cui quello settentrionale racchiude una stanza a pianta circolare (∅ m 8,04) chiusa da pareti a traliccio e da un tetto a padiglione: il riscaldamento avveniva al centro mediante bracieri di metallo incandescenti o mediante pietre roventi.
Successivamente, intorno al 300 a.C., fu aggiunta una nuova stanza (E) con 20 vasche e una caldaia [6]. Le vasche, della stessa forma e dimensioni di quelle della fase precedente, sono costruite con piccoli frammenti di mattoni misti a malta e rivestite di un solido intonaco.
Verso il 100 a.C. al nucleo dell'antica costruzione venne aggiunto un bagno ad ipocausto [7]. Si tratta di una sala rettangolare absidata (F) di m 6x8, che si sovrappone in parte al più antico ambiente con vasche a semicupio, dotata di un impianto di riscaldamento sotto il pavimento: 90 colonnine di mattoni quadrati (cm 32x32x5) sostenevano lastre di mattoni di forma quadrata (cm 50x 50x8), sulle quali poggiava il pavimento della stanza. Canne fumarie si trovavano negli angoli orientali della sala; a Sud era l'abside, nel cui centro fu trovato un piedistallo in muratura collegato mediante un tratto di muro ad una caldaia a vapore, posta al di fuori della sala da bagno. Di fronte all'abside era una piscina, alimentata con acqua che veniva riscaldata in un contenitore di metallo semicilindrico, del tipo definito da Vitruvio (*De architectura* 5.10.1) *testudo alvei*, collocato direttamente sopra la fonte di calore.

D.M.

Note

1) Schleif 1943, p. 12 ss.; Kähler 1966; Mallvitz 1972, p. 270 ss.; Brödner 1983, pp. 8-9; Heinz 1983, pp. 41-47; cfr. Nielsen 1985.
2) Kunze-Schleif 1944, pp. 32-33.
3) Kunze-Schleif 1944, pp. 33-39.
4) Kunze-Schleif 1944, pp. 40-46.
5) Kunze-Schleif 1944, pp. 39-40.
6) Kunze-Schleif 1944, pp. 46-51.
7) Kunze-Schleif 1944, pp. 51-56.

3. Bagno privato e bagno pubblico nel mondo romano.

In Roma l'uso dei bagni pubblici cominciò a diffondersi almeno dagli ultimi decenni del III secolo a.C., [1] e andò progressivamente sostituendosi, per tutti i ceti sociali, alle abluzioni casalinghe. Queste venivano tradizionalmente effettuate, nella maggior parte delle abitazioni, nella *lavatrina* [2], un ambiente angusto, normalmente oscuro, ubicato presso la cucina in modo da sfruttarne le fonti di calore e fornito di una tinozza o di catini (cfr. Seneca, *Epistolae* 86,12; Catone *Apd. Non.* 108 s.).
Fu il diffondersi dei bagni pubblici a segnare il declino e la scomparsa delle modeste *lavatrinae*. Se fino ad allora il bagno era stato, per i più, un fatto privato, e a giudicare dalle fonti non quotidiano, a partire da quel periodo divenne per la grande maggioranza della popolazione una abitudine di tutti i giorni, accessibile a chiunque nelle sempre più numerose terme pubbliche.
Avere ambienti riservati a questo scopo nella propria casa era, e rimase anche in seguito, un lusso riservato alle classi elevate, che comunque frequentavano anche i bagni pubblici. Archeologicamente ben documentato in *domus* o *villae* tardo-repubblicane e imperiali, il bagno privato presentava, nella sua forma più semplice, un *laconicum*, o un *caldarium*, o un *laconicum* ed un *tepidarium*; talora aveva un *apodyterium* [3]; la forma più complessa si articolava, come nei bagni pubblici, in un *apodyterium*, un *laconicum*, un *caldarium*, un *tepidarium* e un *frigidarium* [4]. Al primitivo riscaldamento con bracieri seguirono, nel I secolo a.C. l'invenzione dell'ipocausto, con *praefurnium* spesso situato nell'adiacente cucina [5] ed altre innovazioni [6].
A seconda delle abitudini, delle condizioni fisiche, del rango sociale, il bagno era una semplice norma igienica, una necessità salutare, un raffinato piacere. Fra la tarda repubblica e la prima età imperiale più autori [7] attestano il vivo contrasto che avvertivano fra le semplici abitudini tradizionali, proprie di ogni rango sociale, e la ricerca del lusso e di cure fisiche che andavano ben al di là dell'igiene sia nei bagni pubblici, accessibili a tutti, sia nei privati, che riflettevano la ricchezza e le inclinazioni dei ricchi proprietari. Seneca, in particolare, in una epistola (86.4-11) scritta poco dopo la metà del I secolo d.C., fortemente impregnata di moralismo e di conservatorismo, contrappone l'austerità di P. Cornelio Africano e dei suoi tempi a quella contemporanea. Nella villa di *Liternum*, presso Capua [8], dove passò gli ultimi anni (morì nel 183 a.C.), il vincitore di Annibale aveva un *balneolum*, un piccolo bagno angusto e oscuro; come era antica consuetudine (*Epistulae* 86.4) si lavava dopo il faticoso lavoro dei campi (86.5) in questa stanzetta la cui finestra aveva le dimensioni di una feritoia (86.8), usando acqua non filtrata, spesso torbida, che diveniva quasi fangosa dopo una pioggia intensa (86.11). Si lavava ogni giorno le braccia e le gambe, e ogni nove faceva il bagno (86.12).
Secondo Seneca le terme pubbliche erano a quei tempi poche e senza particolari decorazioni; rispondevano ad un'esigenza di utilità, non di piacere: non ci si curava che l'acqua fosse limpida e sempre rinnovata (86.9), i vani erano semplicemente intonacati, e gli edili visitavano gli ambienti aperti ai frequentatori controllandone la pulizia e la giusta temperatura (86.10).
Ma a poco a poco la situazione cambiò: all'inizio dell'Impero, quando Seneca scriveva le *Epistulae* (composte dal 61 al 65 d.C.), il bagno doveva essere fulgente di marmi preziosi e di raffinate decorazioni, l'acqua scaturire da rubinetti d'argento (*Epistulae* 86.6); i ricchi liberti avevano bagni in cui l'acqua scendeva in cascate, decorati da statue e colonne (86.7). La luce filtrava da grandi vetrate (86.11). Le finestre dei *balnea* erano tanto ampie che ci si poteva lavare e abbronzare, ammirando dalla vasca contemporaneamente la campagna e il mare. Bastava che si aprisse un nuovo *balneum*, splendente di invenzioni lussuose, che gli edifici fino ad allora frequentati erano considerati disdicevoli (86.8); la temperatura dei vani riscaldati era altissima e quasi insopportabile, a differenza che nel passato (86.10).
Se Mecenate e Plinio il Giovane ebbero, nelle loro lussuose residenze, piscine di acqua riscaldata nelle quali era possibile nuotare [9], Augusto, che a causa della sua salute non sopportava né il caldo né il freddo eccessivi, si concedeva pochissimi bagni e preferiva farsi ungere spesso la pelle, o sudava «al fuoco», lasciandosi poi irrorare di acqua tiepida o leggermente riscaldata al sole; ogni volta che i suoi nervi gli imponevano i bagni termali o di mare, si contentava di sedere su uno sgabello di legno e di immergere in acqua alternativamente le mani e i piedi [10].
Al suo tempo, la maggior parte della popolazione frequentava quotidianamente le terme pubbliche.

M.P.

6. Seneca (*Epistulae* 86.4-11) contrappone il *balneolum* angusto e oscuro della villa tardo-repubblicana di P. Cornelio Scipione Africano alle terme ampie e sfavillanti della prima età imperiale.

Note

1) Cfr. Plauto, *Persa* 124; *Poenulus* 703; *Trinummus* 406; v. *Stichus* 228.
2) De Ruggiero 1895 b, p. 905; cfr. oltre, *latrina*.
3) Per la denominazione e l'uso degli ambienti termali, cfr. oltre.
4) Fabbricotti 1976, p. 30 s.
5) Cfr. oltre, *passim*.
6) Kretschmer 1961; Fabbricotti 1976.
7) Plutarco, *Cato maior* 20; Cicerone, *De officiis* 1,129; Seneca, *Epistulae* 86, Valerio Massimo 2,1,7 (cfr. *Script. Hist. Aug. Gord. Tres* 6,4).
8) D'Arms 1970, p.l. ss. e *passim*.
9) Dione Cassio 55,7; Plinio, *Epistulae*, 2.17.11.
10) Svetonio, *Augustus*, 82; cfr. Apuleio, *Metamorphoseon libri*, 4,145.

4. Costruttori, proprietari, gestori e personale.

Nel mondo romano, sia in Italia che nelle province (e soprattutto in alcune di queste), gli edifici termali venivano spesso costruiti e restaurati da notabili, da magistrati, da senatori o dagli imperatori.
Questo gesto di *beneficentia* o di evergetismo, cioè un atto di generosità privata in favore della collettività [1], poteva consistere, oltre che in edifici, in giochi gladiatori, *congiaria* (distribuzioni di donativi in natura o in danaro) o banchetti e, a seconda della posizione dell'evergete (privato, magistrato, etc.), poteva essere spontaneo, obbligo morale o legale [2]. Tale gesto procurava popolarità e prestigio, era uno strumento di conquista del favore popolare e di carriera politica, e al tempo stesso un modo di acquistarsi e di mantenere gloria e fama [3].
Oltre che nella costruzione delle terme, la *beneficentia* poteva manifestarsi, in questo particolare settore della vita romana, in elargizioni e donazioni di vario tipo ai bagni pubblici e soprattutto ai loro frequentatori: uso gratuito da parte della popolazione, fornitura di legname, di arredi (per esempio bracieri), elargizioni di olio nei giorni di festa, etc. [4].
In Roma, in età tardo-repubblicana, i bagni pubblici erano costruiti da privati (di rango elevato, o più spesso da liberti) e di norma prendevano nome da costoro [5]. A partire dall'edilità di Agrippa, fu l'iniziativa pubblica a prendere il sopravvento [6].
Secondo la tradizione, Agrippa, durante la sua edilità (33 a.C.), avrebbe fatto costruire (a sue spese, secondo la norma) 170 bagni pubblici in vari luoghi di Roma e assunto su di sé l'onere delle entrate ai *balnea* [7]. Poco dopo, come privato, fece costruire le terme che da lui presero nome, e che destinò al popolo, nelle quali, a quanto pare, l'accesso doveva essere gratuito in perpetuo (Cassio Dione 44.29.4). Con tali gesti, certamente conquistò i Romani al nuovo regime [8].
Da Nerone in poi, gli imperatori costruirono in Roma terme grandiose e riservarono somme ingenti alla loro gestione. Settimio Severo, secondo la tradizione (*Scriptores Historiae Augustae, Alex. Sev.* 24.25.29), destinò alle terme da lui costruite per la popolazione – certamente gratuite – e ai bagni pubblici di Roma rendite speciali dell'erario.
Fuori di Roma, in Italia e nelle province, sono attestati bagni pubblici appartenenti a privati (che li avevano costruiti) o alle città (in tal caso, erano edificati con danaro pubblico). Le fonti ricordano casi di bagni costruiti dalla città su terreno concesso da privati; bagni costruiti per la città da mecenati, da magistrati locali o dalla città stessa [9]. Le città talora acquistavano *balnea* e *thermae* costruiti da privati, utilizzando somme di varia provenienza [10]. Gli imperatori intervenivano come costruttori (cfr. *C.I.L.* XI 720) o, per lo più, come restauratori [11]. Anche i privati effettuavano spesso restauri o abbellimenti (cfr. *C.I.L.* III 10054; V 6513; X 222; XIV 2115, 2121).
Ci sono conservati pochissimi indizi di architetti che edificarono terme: Apollodoro di Damasco, l'architetto del foro di Traiano, costruì le terme che presero nome da questo imperatore, fondate in parte sui resti della *domus Aurea*, iniziate dopo il 104 e inaugurate nel 109 [12]. Ad un *Hippias* è attribuito l'impianto termale descritto in un'operetta retorica attribuita a Luciano [13].
I *balnea* erano talora gestiti direttamente da chi li aveva costruiti (privati; lo Stato – in Roma –; la città altrove) o, a quanto pare più spesso, venivano dati in appalto (*locatio*) ad un impresario (*conductor*; *conductor balnei*) che pagava al proprietario una somma determinata e riscuoteva (a meno che l'accesso non fosse gratuito) la tariffa di ingresso (*balneare, balneaticum*: sempre irrisorio) e le rendite delle botteghe e degli appartamenti annessi al fabbricato; il *conductor* doveva far fronte alle spese di gestione e manutenzione.
A Pompei è stato rinvenuto un bando di locazione (*C.I.L.* IV 1136) relativo ad un bagno privato annesso alla *domus* di cui era proprietaria una donna, *Iulia Felix*: l'impianto termale veniva offerto in affitto, nel contesto della crisi economica che colpì la città dopo il terremoto del 62. d.C., sottolineandone le caratteristiche di eleganza e rispettabilità, insieme con le adiacenti botteghe con soprastante abitazione e appartamenti situati al primo piano, per cinque anni.
Secondo la legge detta *Metalli Vipascensis* [14], datata nel 117-138 d.C., che regolava il funzionamento di una miniera di rame e argento ubicata a *Vipasca* (oggi Aljustrel, in Portogallo) ed i servizi facenti capo al villaggio annesso, l'appaltatore del bagno (o il suo socio), aveva una serie di diritti e di obblighi sanciti per contratto: doveva riscaldare i bagni ed aprirli, interamente a sue spese, in orari diversi per le donne e per gli uomini, a discrezione del procuratore che «sovrintendeva» alla miniera. Doveva fornire l'acqua corrente necessaria per gli ambienti riscaldati, e in abbondanza. Poteva imporre una tariffa predeterminata: mezzo asse per gli uomini, uno per

7. Costruttori, proprietari, gestori e personale delle terme.

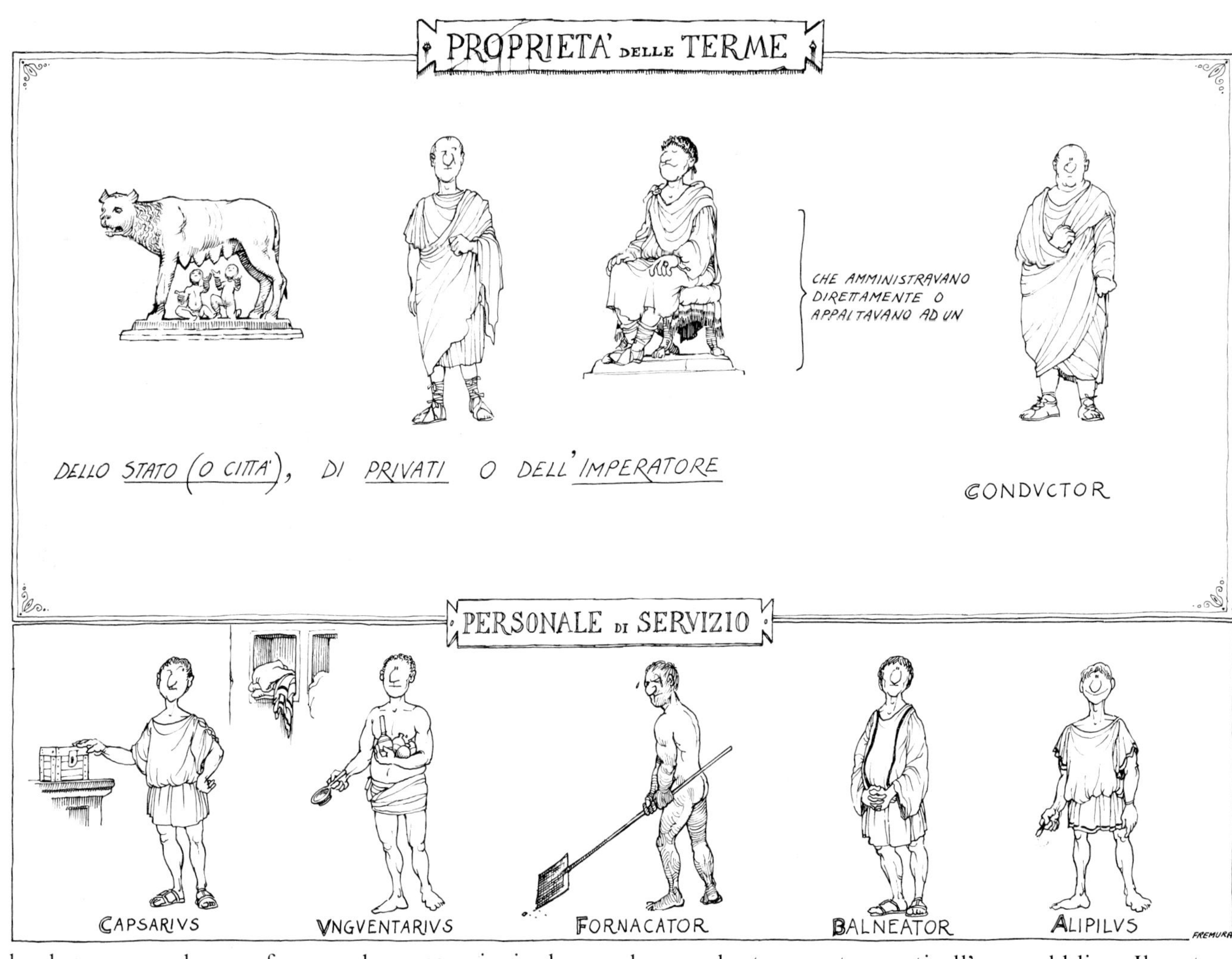

le donne, ma doveva far accedere gratuitamente alcune categorie (giovanissimi, liberti imperiali, soldati, schiavi al servizio del procuratore). Allo spirare del contratto, l'appaltatore (o il suo socio o agente) doveva restituire in buone condizioni tutte le attrezzature per il bagno consegnategli, eccettuate quelle rese inutilizzabili perché consunte dal tempo. Doveva lavare, asciugare e spalmare con grasso una volta al mese le attrezzature in bronzo. Nel caso di riparazioni che rendessero le terme inutilizzabili in modo appropriato, il gestore poteva differire l'affitto per quel periodo, ma non oltre. Non poteva vendere legname, se non quello inutilizzabile come combustibile. Nel caso avesse violato questa norma, sarebbe stato multato di 100 sesterzi per ogni vendita, da versare al fisco. Una multa di 200 sesterzi poteva essere inflitta al *conductor* dal procuratore delle miniere, nel caso che i bagni non fossero correttamente aperti all'uso pubblico. Il gestore doveva avere sempre una scorta di legname sufficiente per un certo numero di giorni (30?).
Quanto al personale che prestava servizio nei bagni, le fonti ricordano il *balneator* (che poteva identificarsi con il proprietario o con il *conductor*), i custodi dell'ingresso e guardiani degli abiti (*capsarii*), gli addetti al riscaldamento (*fornacarii*), ai massaggi e alle unzioni (*unctor*, *unctrix*; *aliptes*, *alipta*), alla depilazione

8. Ostia, Terme di *Buticosus*, mosaico raffigurante il «gestore» o «bagnino».

9. Iscrizione dai dintorni di Bologna: «pubblicità» di uno stabilimento termale.

(*aliptes, alipta, alipilus*) [15].
Sul buon funzionamento dei bagni pubblici, sia in Roma che nelle città minori, vigilavano gli edili, che avevano fra i vari compiti quello di controllare l'igiene e la temperatura, l'approvvigionamento di acqua, l'osservanza dei contratti di appalto, la condotta morale dei frequentatori [16].
Tale attività di controllo passò più tardi ai *curatores thermarum*, posti a Roma sotto l'autorità del *praefectus urbi*, fuori di Roma sotto quella dei magistrati incaricati della polizia municipale [17].
Se l'apertura di un nuovo bagno lussuosamente decorato bastava ad attrarre il pubblico (Seneca, *Epistulae* 86.8), almeno alcuni *balnea* minori si raccomandavano ai clienti per l'alta qualità e la completezza dei servizi, paragonabili a quelli delle città [18]. Anche *Iulia Felix*, nel bando di locazione relativo al bagno annesso alla sua *domus*, ne sottolinea l'eleganza e la rispettabilità (*C.I.L.* IV 1136).
I bagni della casa imperiale erano serviti da un corpo di *servi balnearii* o *balneatores*, a capo dei quali era un liberto (*praepositus balnearorium* o *a balniariis*) e da un *magister a balneis* [19].
Nei bagni dei *castra*, incluso quello del corpo dei *Vigiles* in Roma, prestavano servizio i soldati [20].

M.P.

Note

1) Veyne 1984, p. 13.
2) Veyne 1984, p. 15.
3) Veyne 1984; Bodei Giglioni. 1973, p. 189.
4) De Ruggiero 1895 b, p. 967; Mau 1896, c. 2749 s.; cfr. *C.I.L.* X 3678; *C.I.L.* V 5279.
5) De Ruggiero 1895 b, p. 905.
6) È da notare che nell'alto Impero mecenati ed evergeti non avevano diritto di costruire all'interno di Roma. Veyne 1984, p. 559.
7) Cassio Dione 49.43.2-3; Plinio, *Naturalis historia*, 36.121; cfr. Bodei Giglioni 1973, p. 139 ss.; Roddaz 1984, spec. p. 278 ss.
8) Veyne 1984, p. 431.
9) Le fonti sono raccolte in De Ruggiero 1895 b, p. 966; Eck 1987.
10) De Ruggiero 1895 b, p. 967.
11) De Ruggiero 1895 b, p. 966.
12) Cfr. oltre, M. Vallebona.
13) Yegül 1979, p. 117 ss.
14) F.I.R.A. [2] I, 105 = *I.L.S.* 6891; Flach 1979, p. 434 ss.
15) Cfr. De Ruggiero 1895 b, p. 968; Mau 1896, c. 2758; Chapot s.d.; Bussemaker-Saglio 1877; Saglio 1877a.
16) De Ruggiero 1895 b, p. 968, con le relative fonti.
17) Saglio 1877c, p. 664; Meusel 1960, passim.
18) *C.I.L.* XI 721 = *I.L.S.* 5721 (cfr. Susini 1960, 151); *C.I.L.* XI 4015.
19) De Ruggiero 1895 b, p. 971.
20) De Ruggiero 1895 b, p. 971.

5. L'uso delle terme e i frequentatori.

Di derivazione ellenica, l'uso del bagno venne progressivamente assorbito dalla tradizione romana in un'ottica assolutamente originale. Dal II sec. a.C. si sviluppò sempre più la tendenza ad associare al bagno l'esercizio corporeo [1]. L'insieme degli esercizi e delle cure del corpo divenne presto un piacevole modo di utilizzare il tempo libero.
Alle terme andavano tutti: uomini e donne, giovanissimi e vecchi, liberi e non, ricchi e poveri. Gli stessi ricchi, infatti, pur avendo la possibilità di usufruire dei bagni delle loro dimore, erano tra i frequentatori più assidui dei bagni pubblici [2].
Era abitudine dei notabili recarsi alle terme accompagnati da schiavi e clienti [3], i quali li assistevano nella cura del corpo, profumandoli con olii, ritemprandoli con massaggi, portando loro asciugamani di lino o di lana e gli altri oggetti propri del bagno termale (strigili, unguentari, pettini, etc.) [4]. Adempiute le loro funzioni, se restava tempo, potevano dedicarsi essi stessi ai piaceri del bagno [5]. Nel I sec. d.C. è significativo il caso di Plinio il Vecchio che, come ricorda il nipote (*Epistulae* 3.5.14), portava con sé un segretario che leggesse e scrivesse per lui, mentre era occupato nelle fasi del bagno. Sempre nella stessa epoca, è attestata una presenza di schiavi in numero sempre maggiore al servizio dei rispettivi signori, che si facevano portare a braccia dal bagno alla portantina, come è attestato da Seneca (*De brevitate vitae* 12.7) e da Petronio (*Satyricon* 28.4).
Sia l'imperatore che i membri della sua famiglia usavano recarsi alle terme pubbliche, mescolandosi alla folla che comprendeva anche i poveri e gli umili: come racconta Spartiano (*Historia augusta Hadr.* 17.6), l'imperatore Adriano (117-138 d.C.) vide, in uno stabilimento termale, un veterano costretto a strusciarsi contro il marmo del *caldarium*, perché non era in grado di pagare schiavi che lo frizionassero; in quell'occasione l'imperatore gli donò denaro e schiavi.
Nei mesi invernali la gente più povera andava ai bagni pubblici anche per godere del calore che vi poteva trovare [6].
Le donne avevano la possibilità di sfruttare questi servizi, e lo fecero largamente. Già dal II sec. a.C. apparvero i primi edifici termali con strutture rigidamente separate per i due sessi, come afferma Varrone (*De lingua latina* 1.1.9.68). Ma tale separazione, di fatto, non era sempre osservata [7]. Cicerone esprime la disapprovazione sua e di altri del suo tempo, quando auspica il ritorno agli antichi costumi, secondo i quali non solo i bagni maschili dovevano essere distinti da quelli femminili, ma addirittura il padre non si lavava con il figlio, e il genero con il suocero (*De officiis* 1.35.129).
Nel I sec. d.C. non risulta vi fossero limitazioni di alcun genere per la frequentazione delle terme da parte delle donne, che potevano scegliere se comportarsi o meno secondo la «morale» tradizionale, e non erano poche quelle che, incuranti della propria reputazione, partecipavano a bagni promiscui [8]. Questa pratica è menzionata da Plinio il Vecchio (*Naturalis historia* 33.153) che ce la descrive come un fatto che avrebbe traumatizzato l'eroe repubblicano Fabrizio se fosse tornato in vita. Di seguito si levano gli strali di Quintiliano, che definisce queste donne *adulterae* (*Institutio oratoria* 5.9.14), mentre il suo conterraneo spagnolo Marziale, compiacendosene quasi, partecipa alle debolezze della società del suo tempo, rappresentata in salaci e licenziosi epigrammi (*Epigrammata* 3.51. 72; 11.47.75).
Tale situazione si protrasse fino a che, per far cessare gli scandali, l'imperatore Adriano prese il provvedimento di separare i bagni secondo i sessi (*Historia augusta Hadr.* 18.10) [9].
Nel caso che l'edificio non avesse due sezioni separate, rispettivamente destinate agli uomini e alle donne, si adottarono orari distinti [10]. Analogo provvedimento è attribuito anche a Marco Aurelio, indizio forse di una scarsa osservanza della precedente limitazione (*Historia augusta Marc. Ant.* 23.8), ed a Severo Alessandro, per abrogarne uno opposto di Elagabalo (*Historia augusta Sev. Alex.* 24.2). A questo proposito è da segnalare il veto della Chiesa cristiana, in occasione del concilio di Laodicea nel 320 d.C.
È accertata anche la presenza dei ragazzi alle terme, ai quali sappiamo che era concessa l'entrata gratis [11].
Abbiamo dunque visto come tutta la popolazione prendesse parte alle attività termali. Ma quale era in pratica la successione abituale di questa attività? I Romani all'interno delle terme potevano seguire vari percorsi, a seconda dei gusti e delle abitudini. Dopo aver depositato gli abiti nell'*apodyterium* o spogliatoio, o si effettuavano esercizi ginnici di vario genere, sfruttando le possibilità offerte dalle palestre, prima di passare al bagno nella piscina di acqua fredda, o si andava direttamente ai locali termali veri e propri. Uno dei percorsi più comuni prevedeva una breve sosta nel *tepidarium*, dove si gra-

10. Uomini e donne alle terme.

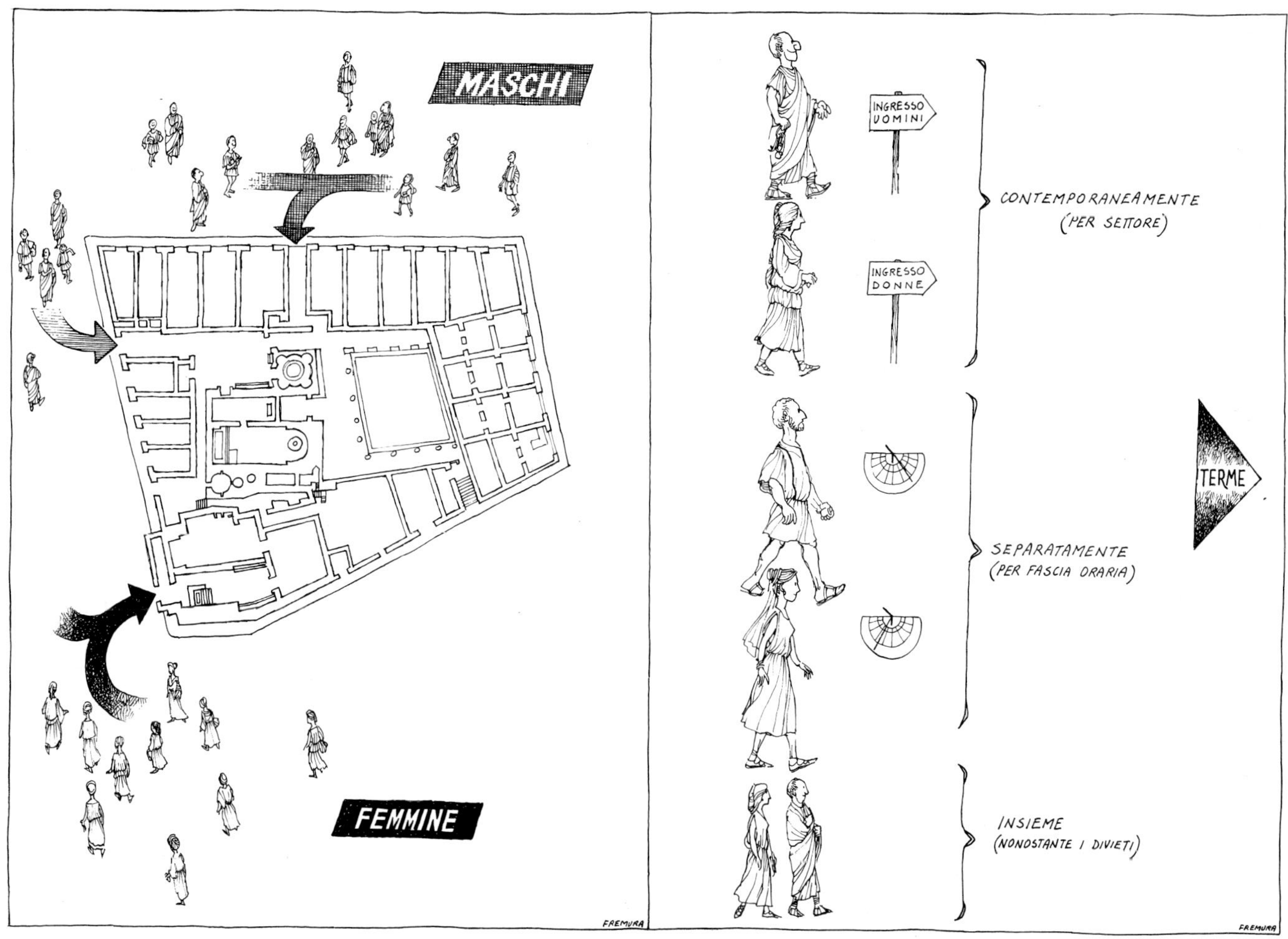

duava il passaggio di temperatura, per poi passare al *caldarium*, ove si faceva il bagno caldo, e quindi, dopo un'ulteriore pausa al *tepidarium*, si giungeva al *frigidarium*, ambiente per i bagni freddi. Completate queste operazioni, si poteva tornare al *caldarium* e infine, in un apposito locale, farsi massaggiare. Un altro percorso abituale si svolgeva in questa successione: *tepidarium*, *laconicum* e/o *caldarium*, *frigidarium*. Ci si detergeva con lo strigile e ci si ungeva con olii all'inizio del percorso, o, alternativamente, prima, dopo o durante la «sauna», o, come altra possibilità, alla fine di tutto il bagno per evitare – si credeva – di prendere raffreddori [12].

È poi importante prendere in considerazione l'assiduità con la quale i Romani facevano il bagno. In epoca repubblicana non si riteneva necessario più di un bagno ogni otto giorni [13]; in seguito si arrivò fino all'abitudine di un bagno al giorno, ma anche in età imperiale la frequenza non era regolare. Augusto faceva pochi bagni d'inverno; Celso, che era un esperto di medicina, consigliava di alternare al bagno tuffi in acqua fredda, per l'uomo in salute, e per le persone più delicate raccomandava solo bagni occasionali e l'uso più frequente di olii [14].

Un personaggio dice, nel *Satyricon* [15] di Petronio, che non ama lavarsi ogni giorno, «perché l'acqua ha denti e il nostro cuore un po' per giorno si scioglie». Se queste possono sembrare attestazioni di scarso amore per il bagno, vi si possono contrapporre allo stesso tempo esempi di intemperanza come quelli dell'imperatore Commodo (180-192 d.C.) che arrivava ad un numero di sette o anche otto bagni completi al giorno (*Historia augusta Comm.* 10.5). Gordiano I (238 d.C.) si bagnava quattro o cinque volte al giorno in estate, e due in inverno (*Historia augusta Gord.* 6.6). Anche contro simili eccessi prendono posizione voci illustri come Seneca [16] che disapprovava la superficialità di coloro che frequentavano le terme per puro piacere, anziché temprare il corpo attraverso prove di resistenza; Tacito [17] annoverava i bagni tra le conseguenze negative della romanizzazione. Malgrado questi risvolti negativi, si può parlare delle terme come di una delle occupazioni più importanti della giornata, come di una alternativa al lavoro e, insieme, come una delle gioie della vita, che gli antichi associavano al vino e all'amore: *balnea vina venus corrumpunt corpora nostra sed vitam faciunt* [18].

D.A.

Note

1) Carcopino 1978 [5], p. 294.
2) Balsdon 1969, p. 26.
3) Marziale, *Epigrammata* 3.36.5, 10.70.13; Galeno, *Methodi medendi* 6.758.
4) Petronio, *Satyricon* 28; Marziale, *Epigrammata* 12.82.7-10, 14.51; Apuleio, *Metamorphoseon* 1.23.
5) Balsdon 1969, p. 22 e nota 31.
6) Stobeo, *Florilegium* 29.92, 97.31.
7) Aulo Gellio, *Noctes Atticae* 10.3.3: afferma che la moglie di un console del II sec. a.C., arrivando a Teano Sidicino in Campania, fece il bagno nelle terme maschili.
8) Carcopino 1978 [5], p. 297 e nota 57.
9) La stessa notizia è riportata anche da Cassio Dione 69.8.2.
10) *C.I.L.* II. 5181 = *I.L.S.* 6891: è il caso della *Lex metalli Vipascensis*.
11) Giovenale, *Saturae* 2.152.
12) Mau 1896, c. 2756 s.; Cicerone, *Ad Atticum* 13.52; Celso, *De medicina* 1.4.2; Petronio, *Satyricon* 28.
13) Balsdon 1969, p. 31.
14) Celso, *De medicina* 1.1 s.
15) Petronio, *Satyricon* 42.1-2.
16) Seneca, *Epistulae ad Lucilium* 51.6 e 86 *passim*.
17) Tacito, *Agricola* 21.3.
18) Orelli II. 4816.

6. Gli orari e le tariffe.

Tra le varie fonti relative agli orari di apertura e chiusura delle terme, Giovenale attesta la frequentazione dei bagni pubblici già dall'ora V antimeridiana (compresa tra le 10 e le 11), durante la quale consiglia ad un amico di fare il bagno, in un giorno di festa [1]. In epoca adrianea l'accesso ai bagni era regolato da un'ordinanza imperiale che prevedeva l'entrata all'ora VIII (tra le 13.15 e le 14.30 circa) [2]. Nella biografia di Alessandro Severo [3] viene invece sottolineato il fatto che, nel secolo precedente, tale permesso non era concesso prima dell'ora IX [4].

Nelle terme in cui non esistevano un settore maschile e uno femminile per separare i frequentatori dei due sessi si ricorreva ad una distinzione di orari: è emblematico il caso della Lusitania, attestatoci dalla *Lex metalli Vipascensis*, dove, sempre in epoca adrianea, si aprivano le terme al mattino per le donne, dall'alba fino alla VII ora (circa le 13), e al pomeriggio per gli uomini, dall'VIII ora fino alla II della notte (dalle 14 alle 21 circa); così si veniva incontro alle esigenze degli uomini, che al mattino lavoravano in miniera [5].

Da queste notizie possiamo ricavare un quadro generale così articolato: forse all'ora V venivano aperti i vari ambienti che sappiamo annessi ai bagni veri e propri, oppure a quell'ora si aprivano le terme solo per le donne, in quegli stabilimenti che non avevano doppie strutture. Quindi, nel primo caso, il riferimento all'ora VIII o IX (a seconda se estate o inverno) riguarda l'apertura dei locali adibiti al bagno, nel secondo, l'apertura di questi locali all'utenza maschile. Le terme di Roma restavano aperte fino al tramonto: XI o XII ora (a seconda della stagione estiva o invernale) [6]. Ci risulta d'altra parte che nel periodo compreso tra gli imperatori Alessandro Severo e Tacito queste stesse terme fossero aperte anche dopo che si era fatto buio, ma era un fatto fuori del comune [7]. Meno eccezionale sembra fosse l'apertura notturna dei bagni pubblici fuori di Roma: per esempio a Pompei, dove si sono rinvenute un gran numero di lucerne proprio nelle strutture termali, e in Lusitania, come attesta la *Lex metalli Vipascensis*. Il protrarsi dell'apertura delle terme per qualche ora della notte, nelle città di provincia, era probabilmente legato all'insufficienza dei locali rispetto alle esigenze della popolazione [8].

Il segnale dell'apertura e della chiusura era scandito dal suono di una campanella o *tintinnabulum*; ma, come attesta Marziale, l'ingresso alle terme era concesso assai prima del suono della campana [9].

Varie erano le abitudini della popolazione nella scelta dell'orario per andare alle terme, visto che, specialmente in epoca imperiale, non vi era semplicemente lo scopo del bagno, ma anche la ricerca di svago spirituale o fisico, di incontri, di inviti, etc.. In alcuni epigrammi di Marziale si afferma che qualcuno non disdegnava bagnarsi all'ora X [10], anche se per il poeta l'ora migliore era l'VIII (tra le 13.15 e le 14.30 circa), giudicando le precedenti troppo calde e le seguenti troppo fredde. Plinio il Giovane parla di un suo amico di nome Spurinna [11], il quale, anche se avanti con gli anni, non rinunciava al piacere del bagno, facendolo di preferenza all'ora IX di inverno e un'ora prima nella stagione estiva (quindi sempre in un periodo compreso tra le 13.15 e le 14.30, visto che l'ora IX invernale è compresa tra le 13.30 e le 14.15). L'imperatore Adriano, invece, amava fare il bagno prima di cena, come ci riferisce Cassio Dione [12].

Come ogni struttura pubblica, anche le terme avevano tariffe ben definite, ma la documentazione pervenutaci non permette di stabilire se fossero uniformi per tutte le terme, né quali servizi comprendesse il pagamento di questo «biglietto» d'ingresso. Orazio parla di un *quadrans* o quarto di asse [13], prezzo citato anche da Marziale [14]; è interessante notare che si tratta della moneta bronzea più piccola battuta in questo periodo. Per mettere in evidenza il valore effettivo di tale moneta, basti pensare che con un asse e mezzo si potevano acquistare, nel I sec. d.C., un litro di vino e una pagnotta [15]. Un'imposizione statale di prezzo, due *denarii*, ai conduttori dei bagni, la troviamo poi nell'editto di Diocleziano [16]. Anche in questo caso l'emissione da due *denarii* risulta essere il pezzo più piccolo della serie bronzea; nell'editto si stabilisce anche il prezzo, sempre due *denarii*, da pagare al *capsarius* per la custodia delle vesti all'interno delle terme.

I prezzi degli stabilimenti pubblici non erano rigidi, ma sottoposti ad alcune variazioni; un esempio è fornito dalla già citata *Lex metalli Vipascensis*, dove, fra le altre disposizioni, si stabiliscono anche le tariffe per il bagno: mezzo asse gli uomini, un asse le donne, bagno gratuito i liberti e gli schiavi del *procurator* imperiale, i soldati e i bambini.

Il caso dei liberti e degli schiavi è l'unico esplicitamente attestato: forse è spiegabile in quanto erano al servizio dello stato; anche per i soldati non abbiamo altre attestazioni

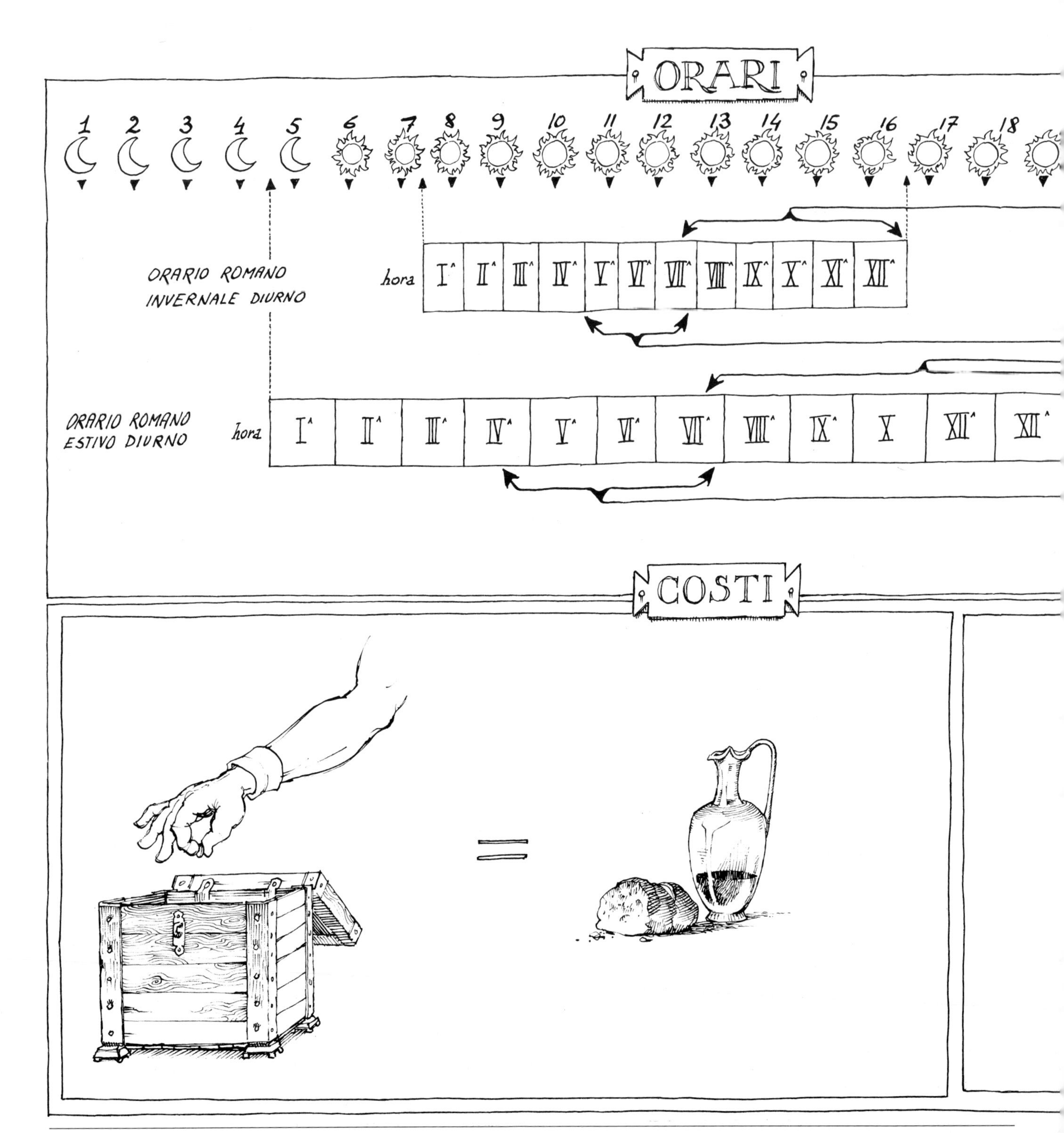
ORARI
1
2
3
4
5
6
7
8
9
10
11
12
13
14
15
16
17
18
ORARIO ROMANO
INVERNALE DIURNO
hora
I^ II^ III^ IV^ V^ VI^ VII^ VIII^ IX^ X^ XI^ XII^
ORARIO ROMANO
ESTIVO DIURNO
hora
I^ II^ III^ IV^ V^ VI^ VII^ VIII^ IX^ X XI^ XII^
COSTI

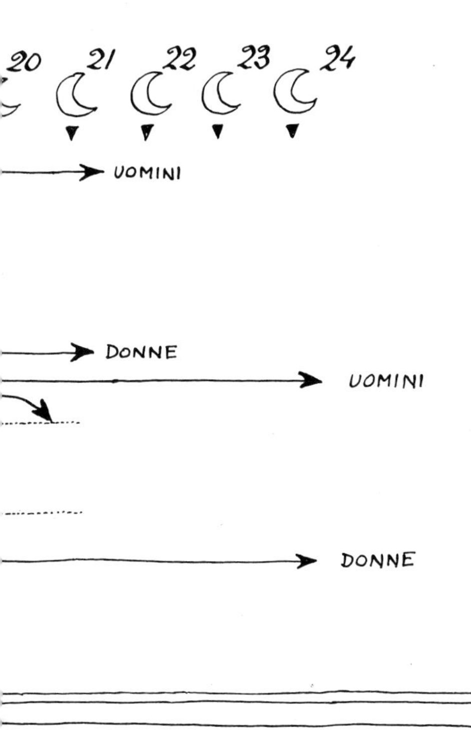

di esenzione dal pagamento. Anche Giovenale dice che le donne pagavano più degli uomini e che i *pueri* erano dispensati dal pagamento [17]. Vi erano poi variazioni del prezzo dovute alla qualità dei servizi offerti, come è riscontrabile in un passo di Orazio [18]. In occasioni particolari, o anche in stabilimenti termali determinati, l'entrata era gratuita; personaggi pubblici, per rendere più fastosa e munifica la loro magistratura, assumevano per sé le spese delle terme, come nel caso di Agrippa nel 33 a.C., mentre era edile [19]. Per conquistarsi il favore popolare, si costruivano terme ad accesso gratuito: le prime furono quelle impiantate nel Campo Marzio proprio per ordine di Agrippa. Anche il figlio di Silla, Fausto, in memoria del padre, si assunse la spese di bagni e olii per il popolo e contemporaneamente indisse ludi gladiatori [20]. Numerose sono le testimonianze di tale munificenza e liberalità [21].

P. G. S.

Note

1) GIOVENALE, *Saturae* 11.204-6.
2) *Historia augusta Hadr.* 22.7.
3) *Historia augusta Sev. Alex.* 25.24
4) L'ora IX invernale corrisponde al periodo di tempo compreso tra le 13.30 e le 14.15.
5) *C.I.L.* II 5181 = *I.L.S.* 6891 e ss.: questa legge si riferisce ad un distretto minerario presso Aljustrel, nell'odierno Portogallo.
6) L'ora XII invernale corrisponde al periodo di tempo compreso tra le 15.45 e le 16.30; l'ora XI estiva, tra le 17 e le 18.20.
7) *Historia augusta Sev. Alex.* 24.6; *Historia augusta Tac.* 10.2. Tacito regnò nel 275-6 d.C.
8) PAOLI 1945 [4], p. 292.
9) MARZIALE, *Epigrammata* 14.143 e 163.
10) *Ibidem* 10.48.3-4, 10.70.13. L'ora X corrisponde all'intervallo compreso tra le 14.15 e le 15, in inverno, e tra le 15.45 e le 17, in estate.
11) PLINIO il GIOVANE, *Epistulae* 3.1.8; Spurinna è un personaggio di origine etrusca, come ci attesta il suo antroponimo, ed è citato come esempio di nobile e attiva vecchiaia.
12) CASSIO DIONE, 68.15.6.
13) ORAZIO, *Saturae* 1.3.137.
14) MARZIALE, *Epigrammata* 2.52, 3.30.4.
15) DUNCAN-JONES 1974, pp. 145-46 e pp. 46-47; BURNETT 1982, pp. 132-4.
16) 7.75.76.
17) *Saturae* 2.152, II. 444-7.
18) *Epistulae* 1.1.92.
19) CASSIO DIONE 59.29.4.
20) CASSIO DIONE 37.51.4. Tali fatti risalgono ad epoca cesariana.
21) DE RUGGIERO 1895, p. 970.

7-8. Gli ambienti: l'*apodyterium*.

Nell'architettura termale romana l'*apodyterium* (termine derivante dal greco ἀποδυτήριον, indicante lo spogliatoio di terme e palestre), rappresenta la prima sala (non riscaldata) del percorso termale, adibita a spogliatoio, sovente preceduta da un vestibolo o da un corridoio d'ingresso [1].

Mentre negli stabilimenti termali pubblici un vano nel quale depositare indumenti ed oggetti personali era indispensabile, data la grande affluenza di persone, nelle abitazioni private esso poteva anche mancare, soprattutto nel caso di impianti termali ridotti ai soli ambienti necessari per i bagni caldi e freddi [2].

L'*apodyterium*, non essendo riscaldato, poteva eccezionalmente fungere anche da *frigidarium* (per il quale cfr. Pisano, oltre); in tal caso, nell'ambiente è presente una vasca per i bagni freddi [3].

Nelle terme del Foro di Ercolano l'*apodyterium* del reparto maschile presenta, sulla parete di fondo, entro un'abside ad arco ribassato, un *labrum* in marmo su monopodio e, nell'angolo Nord-Ovest della stessa parete, una piccola vasca rettangolare; probabilmente *labrum* e vasca servivano per abluzioni parziali (di acqua fredda) prima di entrare nelle sale interne del bagno [4].

In taluni impianti termali di età imperiale (ad esempio nelle terme di Leptis Magna e Djemila) il rapporto *apodyterium-frigidarium* si realizza attraverso uno schema che prevede due spogliatoi simmetrici ai lati del *frigidarium*, secondo un modulo costruttivo che trova riscontro nella descrizione di un impianto balneare, basata sull'osservazione di un edificio reale o forse esercitazione retorica frutto di fantasia, attribuita a Luciano di Samosata, autore vissuto nel II sec. d.C. (*Hippias*, 5) [5].

In base a dati ricavabili da recenti scavi condotti in Germania e Inghilterra, pare accertata l'esistenza, in terme militari e di abitazioni private risalenti all'età imperiale, di spogliatoi (o spogliatoi-palestre) in legno; si tratta di ambienti a pianta rettangolare, talora di notevoli dimensioni, anteposti al *frigidarium* e dotati di pali lignei per sostenere il tetto [6].

Lungo le pareti dell'*apodyterium* si trovano sovente panche in muratura [7], verosimilmente provviste, in origine, di cuscini o altri tipi d'imbottitura [8]; su di esse i frequentatori delle terme potevano sedersi mentre si spogliavano o attendevano il proprio turno, e appoggiare indumenti e oggetti vari.

Nicchie o mensole divise in scomparti servivano per sistemare vestiti ed eventuali altri effetti personali [9].

Tende, tappeti, sedie a sdraio per chi voleva riposare dopo il bagno dovevano con ogni probabilità arricchire l'arredamento di questa sala [10].

L'*apodyterium* può presentare pareti e soffitto a intonaco liscio: un esempio è dato dallo spogliatoio del settore femminile delle Terme Stabiane, con parte inferiore delle pareti rossa, interno delle nicchie giallo e loro cornice policroma, volta (a botte) e lunette bianche [11].

In altri casi, pareti e soffitto sono rivestiti da stucchi e affreschi.

Fra le decorazioni a stucco policromo meglio conservate e note sono da annoverare quelle dell'*apodyterium* della sezione maschile delle Terme Stabiane; gli elementi ornamentali, consistenti in ninfe, satiri, amorini, rosette, elementi vegetali, etc., variamente connessi tra loro, interessano le lunette, la volta (a botte) e le arcate di sostegno della volta stessa [12].

Il motivo della strigilatura costituisce un altro tipo di decorazione in stucco ricorrente in spogliatoi con volta a botte.

Affreschi e stucchi in quarto stile pompeiano si conservano lungo la parte alta delle pareti dell'*apodyterium-frigidarium* delle Terme Suburbane di Ercolano, al di sopra di un'alta zoccolatura in marmo [13].

Per quanto riguarda i tipi di pavimentazione riscontrabili in questo settore termale, sono documentati, accanto a semplici pavimenti in lastre marmoree e di pietra (come nel settore maschile delle Terme Stabiane) [14], o a mattoni romboidali contornati da tessere in travertino (come nel settore femminile delle Terme Stabiane) [15], pavimenti in opera musiva policroma, spesso a soggetto marino [16].

Negli impianti balneari pubblici indumenti, oggetti personali e probabilmente anche oggetti di valore erano custoditi, dietro pagamento di una tariffa, dai *capsarii*, personale di servizio di condizione servile; infatti negli stabilimenti termali i furti erano frequenti (cfr. *Digesta Iustiniani*, 47.17), tanto da richiedere un'attenta sorveglianza.

S. S.

12. Ercolano, Terme Suburbane, vestibolo.

13. G. L. Biulleid, «Annodando il nastro».

14. Pompei, Terme Stabiane, *apodyterium* femminile.

Note

1) Sull'*apodyterium* cfr. principalmente BENOIT s.d., pp. 214-216; SAGLIO 1877c, p. 659 s. e *passim*; MAU 1894 e 1895 a, con raccolta delle relative fonti letterarie ed epigrafiche (per le quali cfr. anche GOETZ 1899 e 1901; *apodyterium*, in Th.L.L., c. 243; MAU 1896, c. 2750; KÄHLER 1966, *passim*; BATZ 1973; BRÖDNER 1983, pp. 110-113 e *passim*).
L'*apodyterium* poteva essere arricchito da vani accessori, disposti sui suoi lati (cfr. KÄHLER 1966, p. 717). Priva di fondamento appare l'affermazione dell'esistenza di «spogliatoi a cabina» nelle Terme

15. Frequentatori delle terme nell'*apodyterium*.

Centrali di Pompei sostenuta dal KÄHLER(1966, p. 716).
Nelle Terme di Faustina a Mileto fungeva probabilmente da *apodyterium* un lungo ambiente a pianta rettangolare, con tredici piccoli vani su ciascun lato lungo, forse adibiti a salette da riposo e piccoli spogliatoi (cfr. AA. VV. 1937, p. 467; KÄHLER 1966, p. 716; BRÖDNER 1983, p. 249).
2) BENOIT s.d., p. 214 s.
3) L'utilizzazione dell'*apodyterium* come *frigidarium* è riscontrabile con una certa frequenza a Pompei (Terme Stabiane, Terme del Foro, Terme Centrali) e ad Ercolano (Terme Suburbane).
4) MAIURI 1958, p. 96 s.
5) YEGÜL 1979, pp. 117 nota 22,121 s.
6) BAATZ 1973; BAATZ 1975, p. 365; BRÖDNER 1983, pp. 184-186.
7) Esse potevano essere rivestite da uno strato di cocciopesto, come nelle Terme Stabiane di Pompei: cfr. ESCHEBACH 1979, pp. 9-16.
8) BRÖDNER 1983, p. 110.
9) Nell'*apodyterium* del settore maschile delle Terme del Foro di Pompei, sprovvisto di nicchie e mensole, si conserva, lungo la parte superiore delle pareti, una serie di fori, interpretati come alloggiamento o di ganci ai quali venivano appesi i vestiti (SAGLIO 1877c, p. 659) o di chiodi ai quali dovevano essere sospesi armadietti in legno (LA ROCCA-DE VOS A. e M. 1981, p. 134).
10) BRÖDNER 1983, pp. 110, 253.
11) ESCHEBACH 1979, p. 16 s.
12) ESCHEBACH 1979, pp. 9,77.
13) MAIURI 1958, p. 158.
14) ESCHEBACH 1979, p. 8 s.
15) ESCHEBACH 1979, p. 16.
16) Cfr. p. esempio: PASQUI 1897, c. 457; MAIURI 1958, p. 105; BECATTI 1961, p. 344.

16. Ercolano, Terme del Foro, *apodyterium* femminile.

17. Ercolano, Terme Suburbane, *apodyterium*.

18. Pompei, Terme Stabiane, *apodyterium* femminile: graffito anonimo raffigurante un'imbarcazione con due naviganti.

19. Pompei, Terme Stabiane, *apodyterium* femminile: graffiti anonimi con raffigurazione di volatili.

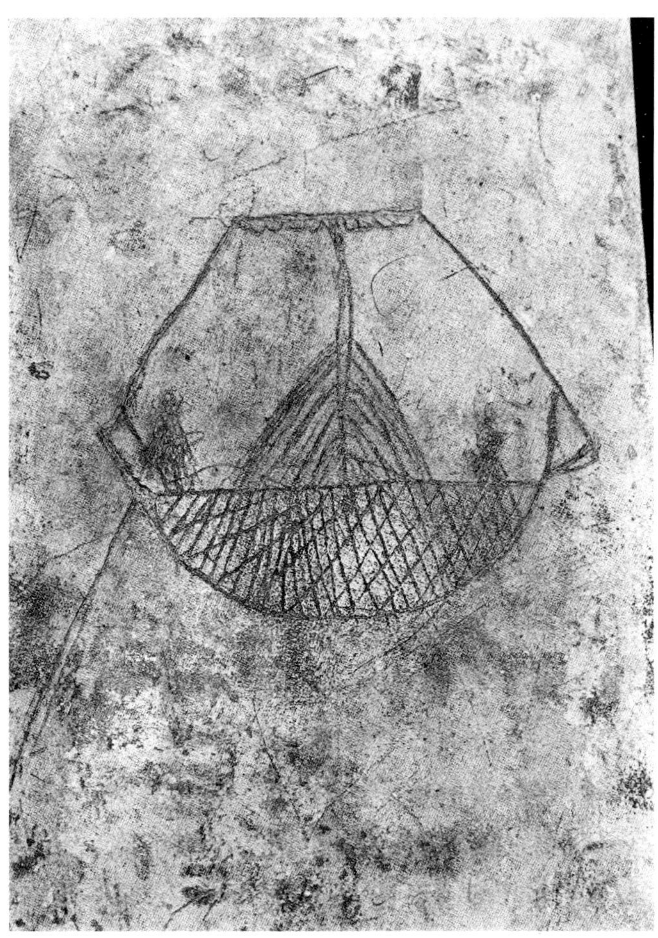

9. La palestra.

Il termine palestra (dal verbo greco παλαίω, io lotto) designava, nel mondo greco, un ambiente nel quale si svolgevano esercizi di lotta e di pugilato, connesso con il ginnasio, dove si svolgevano attività culturali. I due concetti erano legati a tal punto che spesso erano usati uno come sinonimo dell'altro [1].
Nel mondo romano, invece, la palestra può essere un edificio isolato in cui si allenavano gladiatori o atleti professionisti [2] oppure una delle componenti dell'edificio termale [3], non solo di quello a carattere pubblico e di enormi dimensioni, ma anche di quello di limitate proporzioni, di proprietà di privati [4].
Non tutte le terme hanno una palestra. Quando c'è, essa si presenta, almeno all'origine, e poi con esempi sporadici che continueranno anche in epoca imperiale soprattutto per quanto riguarda le piccole terme, come un cortile centrale (la palestra propriamente detta) che può essere circondato da portici, nei quali era possibile svolgere esercizi ginnici al riparo, e può essere fornito di una piscina (*natatio*) [5]. I portici possono essere ornati con affreschi e statue che hanno, di norma, come soggetto momenti di attività fisica o divinità protettrici della palestra [6].
In età imperiale, nelle grandi terme di Roma e delle province la palestra è dislocata coerentemente con il percorso seguito dai frequentatori e, per questo motivo, si trova, generalmente, fra l'*apodyterium* e il *frigidarium*. Essa mantiene ancora il carattere di cortile interno circondato da portici, ma quest'ultimo, di norma, si sdoppia in due parti simmetriche che non hanno più una posizione centrale, bensì periferica rispetto allo svolgimento della vita termale [7].
I Romani si servivano della palestra

20. Pompei, Terme Stabiane, la palestra.

21. Pompei, Terme Stabiane, il portico lungo il lato Est della palestra.

delle terme per praticare giochi di vario tipo (cfr. oltre) e per svolgere, nudi e spalmati di olio o vestiti con un caldo mantello detto *endromis*, esercizi ginnici di vario genere. Al termine, tolto il sudore con lo strigile, di norma si tuffavano nella *natatio* ed erano pronti a passare nelle varie sale dove potevano godere gli effetti benefici del bagno termale vero e proprio [8].

In preparazione agli esercizi della palestra, i frequentatori si ungevano, o si facevano ungere, oltre che con olio, con un unguento a base di olio e cera (*ceroma*), stando sdraiati su banchi (*scamna*) [9]; potevano anche spalmarsi o farsi spalmare, sul *ceroma*, sabbia per non sfuggire alle prese dell'avversario durante la lotta. In alcune terme potevano essere allestiti ambienti specifici nei quali erano eseguite tutte queste operazioni. Si chiamavano rispettivamente *oleoteria* e *conisteria* ed erano adiacenti alla palestra [10].

Le strutture pubbliche della palestra, della *natatio* e degli ambienti annessi potevano anche essere riprodotti in ville di privati, come si può dedurre da Plinio il Giovane (*Epistulae* 2.17; 5.6) che ci conferma la loro esistenza nelle sue due ville di *Laurentum* e di *Tusculum*.

S. P.

Note

1) Carettoni 1963, p. 882.
2) Carettoni 1963, p. 885.
3) Carettoni 1963, p. 884.
4) Carettoni 1963, p. 885.
5) Benoit s.d., p. 216.
6) A. e M. De Vos 1982, pp. 198-199.
7) Carettoni 1963, pp. 885-886.
8) Balsdon 1969, p. 29.
9) Saglio 1877 c., p. 658.
10) Carcopino 1986 [2], p. 298.

10. La palestra: gli «sports».

22. Pompei, Terme Stabiane, mosaico con scene di palestra.

Gymnastica (dal verbo greco *γυμνάζω*, mi esercito) indica nel mondo romano sia l'attività fisica in genere sia quella che si svolge in particolare nella palestra delle terme; è certo comunque che i tipi di «sports» praticati tra le mura delle terme non comportavano il duro e severo impegno di quelli che si svolgevano nei *gymnasia* greci. Almeno in periodo tardo repubblicano la pratica sportiva alle terme non persegue l'intento di costruire, attraverso armoniosi esercizi, un corpo bello da esibire alle gare olimpiche, che rimarranno sempre un fenomeno greco, ma servirà da completamento alla norma igienica del bagno [1]: sarà bandito l'atletismo puro, cardine dell'educazione ellenistica e con esso, almeno in un primo momento, anche la nudità, che fu sentita come *flagitium* [2].

In epoca imperiale la posizione riguardo alla nudità cambiò e nelle terme i bagnanti potevano, svestiti, dedicarsi ai loro esercizi preferiti: l'opinione pubblica, inoltre, accolse finalmente i giochi atletici, dal momento che, invece di essere offerti in spettacolo e praticati per se stessi, sembrarono integrarsi felicemente agli stessi fini salutari dei bagni, di cui si riteneva che preparassero e secondassero i benéfici effetti [3].

Anche quando la nudità fu accettata, e divenne necessaria per la lotta, tuttavia per gli esercizi della palla (*pila*), del pugilato (*pugilatus*), della scherma (*hoplomachia*) si poteva indossare o una semplice tunica, come quella di Trimalcione (Petronio, *Satyricon* 27.1) o una fascia annodata in vita, il *subligaculum* attestato da Marziale (*Epigrammata* 7.67) o una specie di perizoma nero di cuoio, detto *nigra aluta* in Marziale (*Epigrammata* 7.35).

Gli esercizi ginnici venivano seguiti se non proprio insegnati dai frequentatori più anziani della palestra, che venivano detti con parola greca ginnasiarchi [4].

Tra i fruitori della palestra troviamo, in epoca imperiale, anche le donne, come testimonia Giovenale (*Saturae* 6.421), che le ritrae mentre si recano ai bagni, di notte, con gli unguenti e tutto l'occorrente per fare ginnastica, lamentandosi per il fatto che esse hanno perso il loro antico pudore. Marziale attesta (*Epigrammata* 3.51; 7.35; 11.47) che molte

23. **Roma, Museo Lateranense, mosaico della palestra delle Terme di Caracalla con raffigurazioni di atleti.**

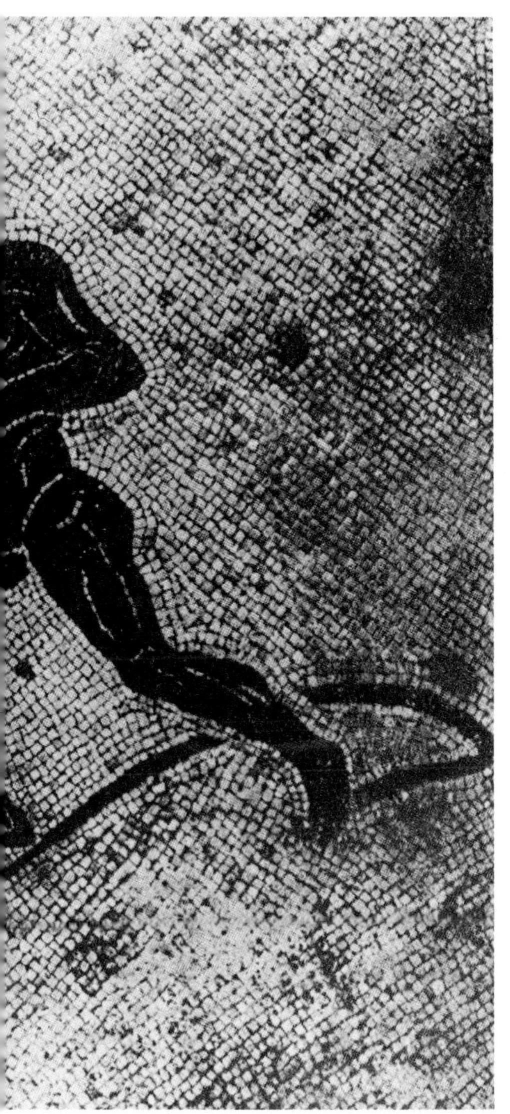

donne si impegnavano, oltre che in esercizi prettamente femminili, come quelli della palla e del cerchio, anche negli esercizi con i manubri (*halteres*), attrezzi simili ai nostri pesi, di solito in piombo, ma anche in pietra, che, impugnati e con opportune manovre, servivano a potenziare i muscoli delle braccia e del petto, oltre che a dare lo slancio ed a frenare i vari tipi di salto [5]. Le donne più pesanti e nerborute si dedicano alla lotta [6], che, comunque, in quanto attività pesante, era praticata quasi esclusivamente dagli uomini. Nella lotta erano vietati i pugni: solo la pressione delle membra e l'intreccio dei corpi dovevano assicurare la vittoria. In epoca imperiale divenne un esercizio terapeutico; serviva a rinvigorire ed a scongiurare l'obesità [7].

Un pugilatore, raffigurato su un mosaico delle terme di Piazza Armerina, fa intuire che nella palestra delle terme si praticasse anche il pugilato. Le regole di questo sport vietavano il corpo a corpo e la morte intenzionale del rivale; tra un incontro e l'altro vi erano pause. Il vincitore era colui che dimostrava di resistere più a lungo ai colpi [8].

Sicuramente alle terme ci si allenava con il *saccus*, un sacco di cuoio riempito di farina o sabbia che, sospeso in alto, fungeva da *punching-ball* [9].

Spesso ci si allenava all'*hoplomachia*, il gioco della scherma che aveva luogo nell'anfiteatro, infilzando degli spadoni contro un palo da esercitazione [10].

Alle terme pubbliche poi, come in quelle private di cui parla Plinio il Giovane (*Epistulae* 5.6), si praticava di certo il nuoto, usufruendo della piscina, in genere adiacente alla spianata della palestra vera e propria.

C. M.

Note

1) Marrou 1955, p. 337.
2) Fougeres 1896, p. 1705.
3) Carcopino 1986 [2], p. 294.
4) Fougeres 1896, p. 1706.
5) De Ridder 1900, pp. 5-7.
6) Carcopino 1986 [2], p. 298.
7) De Ridder 1918, pp. 1340-7.
8) De Ridder 1900, pp. 754-761.
9) Saglio 1918, p. 1541.
10) Carcopino 1986 [2], p. 297.

11. La palestra: i giochi.

Oltre che attività ginniche vere e proprie i frequentatori della palestra delle terme praticavano giochi di tipo diverso. Tra i più noti e diffusi erano quelli della palla (*pila*) e del cerchio (*trochus*) [1].
I giochi della palla potevano anche essere svolti, all'interno dell'edificio termale, in apposite sale chiuse (*sphaeristeria*) [2] la cui esistenza, anche in edifici privati, è confermata da Plinio il Giovane (*Epistulae* 2.17; 5.6) che le nomina in riferimento ai vani termali che si è fatto costruire in due ville.
Marziale (*Epigrammata* 4.19; 14.45; 14.47; 14.48) ci attesta l'esistenza di tre tipi di palla: *pila paganica*, *harpasta*, *follis*, riempite rispettivamente di piume, di sabbia, di aria.
I giochi che venivano fatti con la palla erano vari: pallavolo, palla al balzo, palla al muro ecc. [3].
Quello che descrive Seneca (*De beneficiis et de clementia* 32.1), nel quale il buon giocatore deve bloccare la palla con abilità e rinviarla con prontezza, sembra che debba essere identificato con il *ludere datatim*, cioè con qualcosa di simile alla nostra palla rilanciata [4]. La palla poteva anche essere rinviata, senza essere fermata, con la parte piatta della mano, che, in questo caso, aveva la funzione di una racchetta. Questo era il gioco del *ludere expulsim* che può corrispondere alla nostra pallacorda o alla nostra palla al balzo [5].
L'*harpastum*, in cui il giocatore doveva impadronirsi della palla e riuscire a conservarla mentre essa gli veniva contesa a spinte da una folla di avversari, doveva essere qualcosa di simile al moderno *rugby* [6]. Il gioco con la palla più diffuso, soprattutto in epoca imperiale, è quello del *trigon* [7], descritto da Petronio (*Satyricon* 27). Tre giocatori disposti ai vertici di un triangolo tracciato sul terreno, si lanciavano palle senza preavviso e anzi cercando di sorprendersi in maniera tale che ognuno ne poteva ricevere più di una alla volta e sui due lati e doveva essere abile nel respingerla, senza bloccarla, sia con la mano destra che con la sinistra, come ci testimonia Marziale (*Epigrammata* 14.46). Alcuni schiavi raccoglievano le palle perse dai giocatori, che non dovevano lasciare il loro posto, e le mettevano in un sacco da cui le tiravano fuori al momento del bisogno; altri probabilmente contavano i punti ad alta voce, per evitare ai giocatori la fatica di fare i calcoli.
Il *trochus* era un gioco diffuso soprattutto tra le donne [8]. I Romani lo ereditarono dal mondo greco e vi apportarono alcune modifiche. Anzitutto introdussero una bacchetta a forma di chiave, chiamata per questo motivo *clavis*, grazie alla quale era possibile regolare la velocità del cerchio e fletterlo nei tornanti [9]. Il medico *Antyllos* (*Oribasio* 6.26) ci informa che il *trochus* doveva avere una circonferenza tale da arrivare all'altezza del petto dell'uomo; la bacchetta doveva essere in ferro con il manico in legno. Il cerchio doveva poi essere ornato da piccoli anelli che, facendo rumore durante l'esecuzione dell'esercizio, avevano il compito di produrre gioia. Secondo Marziale (*Epigrammata* 14.169), invece, questi anelli, che scorrevano liberi lungo la circonferenza del cerchio, avevano il compito di avvertire i presenti di lasciare libero il passo.
I giocatori impegnati sia nel gioco della *pila* che in quello del *trochus* erano, di solito, vestiti con un mantello semplice e caldo: l'*endromis* [10]. Questo mantello, come ci testimonia Marziale (*Epigrammata* 4.19), aveva la funzione di proteggere i giocatori sudati dai raffreddamenti e dalla eventuale pioggia.

S. P.

Note

1) Carcopino 1986 [2], p. 297.
2) Lafaye 1877, p. 478.
3) Carcopino 1986 [2], p. 297.
4) Lafaye 1877, p. 477.
5) Lafaye 1877, p. 477.
6) Carcopino 1986 [2], p. 297.
7) Lafaye 1877, p. 477.
8) Carcopino 1986 [2], p. 297.
9) Lafaye 1877, p. 492.
10) Carcopino 1986 [2], p. 298.

24. Giochi e attività sportive nella palestra.

12. Gli ambienti: la sauna (*laconicum*; *sudatio*).

L'ambiente adibito al bagno di aria calda, cioè alla sauna, era chiamato *laconicum* («spartano»). Con questo termine si sottolineava l'origine greca del trattamento salutare e, più specificatamente, la derivazione da Sparta [1]. Questa derivazione è particolarmente significativa ove si pensi che la città laconica era il simbolo della cultura atletica; in molti degli edifici termali a noi noti, infatti, il *laconicum* è inserito nel circuito degli esercizi atletici.
La sauna come mezzo terapeutico decongestionante (di tipo diaforetico, cioè tendente all'eliminazione del sudore) era ben nota all'antichità [2]; i grandi terapeuti come Celso e Galeno la raccomandavano, in quanto stimola non solo la sudorazione, ma anche il ricambio e la circolazione sanguigna, rinvigorendo ed aumentando anche la resistenza fisica. Il procedimento consisteva (e consiste tutt'ora) in una alternanza di sudorazioni e di raffreddamenti, seguiti dal riposo ed eventualmente da massaggi.
Il *laconicum* presenta generalmente una pianta circolare, internamente arricchita da nicchie absidate, decorative ma anche funzionali (sedili); la volta è troncoconica o a calotta, caratterizzata da un'apertura circolare, il *lumen*, praticata al suo culmine e chiusa con un disco di bronzo, il *clypeus* («scudo»). I sedili, in muratura o anche mobili, sono accostati alla parete. Una o più grandi stufe metalliche, collocate al centro dell'ambiente, fornivano il calore necessario a riscaldare e seccare l'aria. Un caso particolare di riscaldamento naturale è attestato a Baia, dove a questo scopo venivano sfruttati i vapori delle fumarole, frequenti nella zona [3]. Il *clypeus* di bronzo, immediatamente sovrastante alle stufe, contribuiva in maniera determinante a concentrare e diffondere equamente il calore che saliva dalle stesse; inoltre, grazie ad un sistema di catene scorrevoli, il *clypeus* poteva essere abbassato o innalzato allo scopo di regolare il calore interno [4].
In epoca successiva, dopo l'introduzione del riscaldamento condotto nelle intercapedini del pavimento e delle pareti, anche il *laconicum* venne provvisto di un suo ipocausto, e il calore ulteriormente diffuso tramite il pavimento e le pareti. Possiamo vedere un esempio molto chiaro di questo perfezionamento del sistema nel *laconicum* delle Terme Suburbane di Ercolano [5].
L'ubicazione ordinaria dell'ambiente era attigua al *tepidarium*, così come raccomandava Vitruvio (*De architectura* 5.10.5); non è insolito però trovare *laconica* attigui a *frigidaria*, inseriti nel percorso della palestra, sia in edifici termali pubblici che privati. Le Terme Stabiane a Pompei, ad esempio, vennero dotate attorno all'80 a.C. di un *laconicum* e di un *destrictarium*, in aggiunta al portico e alla palestra già esistenti. In seguito il *laconicum* sembra essere stato trasformato in un *frigidarium*[6].
La palestra non prevedeva l'uso del *tepidarium*, dal momento che ci si scaldava già con la corsa e gli altri esercizi. Dopo le attività ginniche si poteva accedere direttamente al *laconicum* e quindi concludere il percorso con la sosta nell'attiguo *frigidarium*. Un esempio molto chiaro di questa organizzazione della palestra è offerto dalla villa di Settefinestre, presso Orbetello. In età adrianea il giardino della villa (*xystus*) viene trasformato in palestra per la corsa, e le attigue terme ristrutturate a comprendere un *laconicum* a pianta internamente circolare con nicchie, adiacente al *frigidarium* [7]. Entrambi gli ambienti sono resi direttamente accessibili dallo *xystus* e quindi volutamente inseriti nel percorso della palestra.
Con i termini *sudatio* o *sudatorium* («luogo per sudare») le fonti antiche sembrano voler indicare genericamente qualsiasi stanza adibita alle sudorazioni [8]. Una distinzione funzionale rispetto al *laconicum* risiede nell'uso della *sudatio* per la più energica cura dei bagni di vapore, che richiedeva l'immissione diretta di vapore caldo nell'ambiente. Questo era particolarmente agevole nel caso dello sfruttamento dei vapori naturali, come nel caso già citato di Baia; altrove l'immissione doveva essere effettuata con opportuni accorgimenti tecnici, di cui ad oggi non conosciamo esempi [9]. Vitruvio (*De architectura* 5.10.5; 5.11.2) sembra indicare per le *sudationes* le stesse regole costruttive dei *laconica*.

E. J. S.

Note

1) DIONE CASSIO, *Historia romana* 53.27; STRABONE, *Geographia* 3.3.6; VITRUVIO, *De architectura* 5.11.1. Inoltre MARZIALE, *Epigrammata* 6.42.11. ss.; VITRUVIO, *De architectura* 5.10.5; 5.11.2; 7.10.2. Dione Cassio attribuisce ad Agrippa l'introduzione del *laconicum* a Roma; in ambiente romano era noto però fino dalla fine del II sec. a.C. (a Delo: *Inscriptions de Délos* 11, 6, 1937 p. 110 n. 1736).
Il termine greco πυριατήριον si trova in FILOSTRATO, *De gymnastica* 58; θολος ξηρός in ALESSANDRO di AFRODISIA, *Problemata* 1.41, indica esattamente la forma consueta della struttura.
2) CELSO, *De medicina* 1.3; 2.17; GALENO, *De methodo medendi* 11.10, 6.4; GALENO, *De sanitate tuenda* 3. Inoltre PLINIO, *Naturalis historia* 28,55.
3) Sulla struttura architettonica del *laconicum*: CHOISY 1909, 1 p. 190 ss.; KRENCKER *et al.* 1929, p. 331 ss.; ESCHEBACH 1973, p. 235 ss.; JORIO 1978-79, pp. 170 e 176; ROOK 1979, pp. 303-306; ESCHEBACH 1979, p. 43 ss. 58 ss., 64 ss.; LING 1983, p. 54 ss. Stufe e incassi per le stesse: LING 1983; cfr. anche

25. **Ercolano, Terme Suburbane, *laconicum*: sezione.**

26. **Ercolano, Terme Suburbane, *laconicum*: dettaglio.**

27. **Settefinestre (Orbetello, Grosseto), villa romana, *laconicum*: sezione e pianta.**

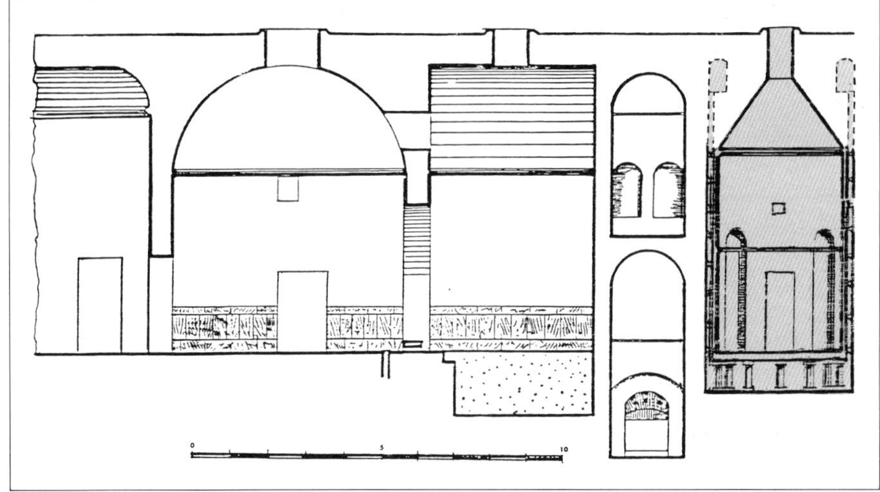

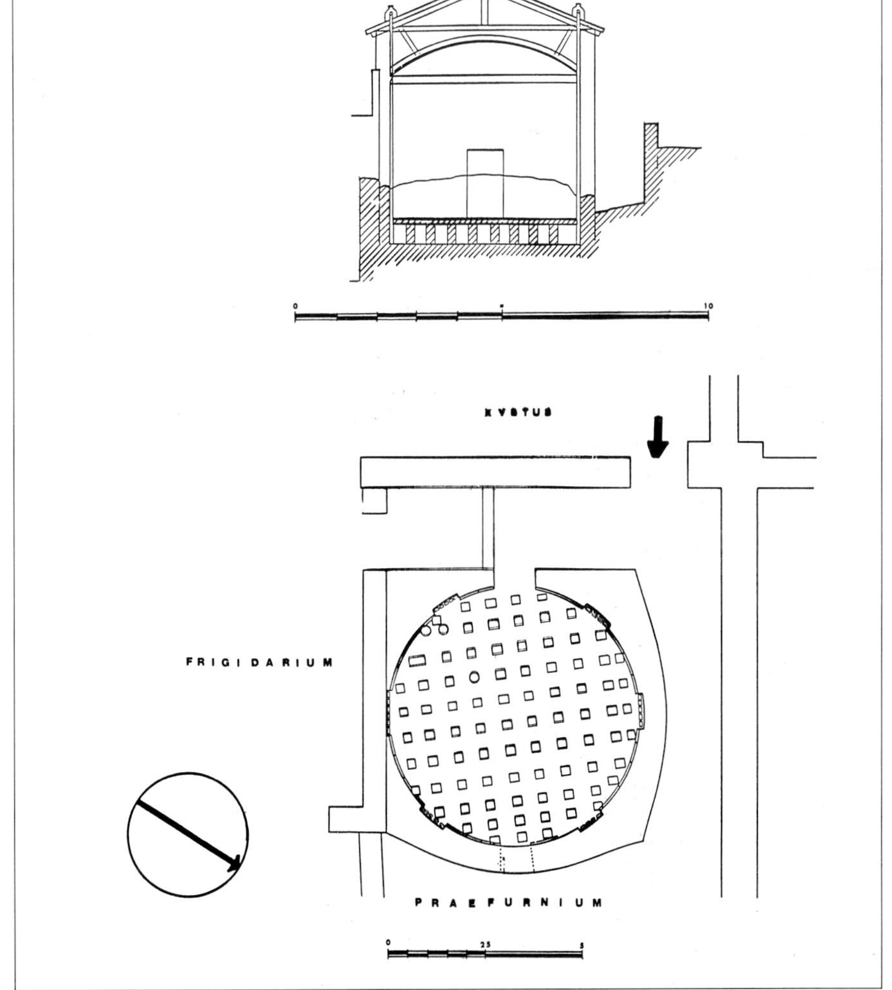

Stazio, *Silvae* 3.1.100. Fumarole di Baia: Plinio, *Naturalis historia* 28.1; Celso, *De medicina* 2.17.
4) Vitruvio, *De architectura* 5.10.5; cfr. anche Lugli 1957, p. 674. Maiuri 1958, pp. 168-169; A. e M. De Vos 1982, pp. 281 282.
6) *C.I.L.* X 829 (iscrizione di *C. Uulius* e *P. Aninius*). *Laconicum/frigidarium* delle Terme Stabiane: Eschebach 1973; La Rocca-De Vos M. e A. 1981, p. 308; Eschebach 1979, *loc. cit.*. Per la trasformazione in *frigidarium*: A. e M. De Vos 1982, pp. 200, 208, 51; Krencker *et al.* 1929, p. 332. I *laconica* delle Terme Stabiane e delle Terme del Foro, costruiti poco dopo l'80 a.C., furono trasformati in *frigidaria* dopo pochi decenni; nelle Terme Centrali però un *laconicum* era in costruzione ancora al momento dell'eruzione del 79 d.C.: La Rocca-De Vos M. e A. 1981, p. 308.
7) *Laconicum* nel circuito della palestra: Vitruvio, *De architectura* 5.11; *laconicum* e *xystus* di Settefinestre: *Settefinestre* 2, pp. 136-138.
8) Le fonti sono molto confuse al riguardo: per tutte cfr. Vitruvio, *De architectura* 5.11.2, 5.10.5; Cicerone, *Ad Quintum fratrem* 3.1.2 (dove sembra trattarsi di una stufa! cfr. Lugari 1910); Seneca, *Epistulae* 51.6, 86.6. Inoltre Celso, *De medicina* 3.27.3; Galeno, *De sanitate tuenda* 3.
9) De Angelis D'Ossat 1943, p. 40.

13. Il sistema di riscaldamento-1 (*praefurnium*).

28. Il riscaldamento delle terme: sezione.

29. Il riscaldamento delle terme: assonometria.

I locali da bagno venivano dapprima riscaldati direttamente per mezzo di grandi bracieri. Agli inizi del I secolo a.C. l'introduzione del riscaldamento indiretto, effettuato per mezzo di aria calda convogliata in intercapedini del pavimento e delle pareti, rivoluzionò la tecnica di costruzione degli ambienti caldi, migliorando notevolmente anche le condizioni igienico-sanitarie dei bagnanti. I locali erano infatti mantenuti costantemente caldi, senza gli spiacevoli sbalzi di temperatura di un tempo, e soprattutto non erano più invasi dai prodotti di combustione, spesso nocivi per la salute [1].

Il termine di origine greca *hypocaustum* («che scalda da sotto») definisce lo spazio vuoto sottostante al pavimento di un ambiente (termale, ma anche di abitazione), in cui viene introdotto il calore ottenuto mediante l'accensione di un forno a legno (*hypocausis*) [2]. Il pavimento sospeso del locale (*suspensura*) veniva a poggiare su dei pilastri regolarmente distanziati tra loro, poggianti a loro volta su di un sottopavimento di tegole o grandi mattoni giustapposti. In questa intercapedine passavano i prodotti di combustione, cedendo calore al pavimento.

Gli autori antichi attribuivano l'invenzione di questo sistema a L. Sergio Orata, un ricco imprenditore noto anche per un'altra redditizia attività, quella della coltura delle ostriche nel lago Lucrino [3]. Orata avrebbe trovato il modo di ripetere artificialmente il modo di riscaldamento naturale diffuso nella zona dei Campi Flegrei, consentendone l'impiego al di là dei confini di questa regione. In realtà le *suspensurae* erano già note fin dal III secolo a.C. nel mondo greco; l'«invenzione» di Orata consiste, con più probabilità, nell'introduzione del bagno a vapore, e nell'uso dei grandi contenitori d'acqua posti a bollire sulla fornace allo scopo di sfruttarne il vapore [4].

La tecnica più antica di riscaldamento per *suspensurae* prevede la costruzione del forno di combustione (*hypocausis*) immediatamente al di sotto dell'ambiente da scaldare, come vediamo ad esempio a Pompei, nei *caldaria* privati della Casa del Centenario o della Casa del Menandro. Questo forno a cupola, alimentato direttamente al suo interno, era sufficiente a scaldare un solo locale, ma non si prestava troppo bene al riscaldamento dei grandi ambienti termali (anche a causa delle particolari soluzioni tecniche necessarie per costruire il forno sotto l'ipocausto, garantendone la resistenza). Il sistema trovò la soluzione definitiva nella costruzione dell'ipocausto con forno di alimentazione laterale o *praefurnium* («anteforno»), agibile da un corridoio di servizio; è questo il sistema rispecchiato fedelmente dalle disposizioni di Vitruvio (*De architectura* 5.10.2) [5].

Il *praefurnium* è costituito da un'apertura ad arco nella parete dell'ipocausto, spesso prolungata verso l'esterno da muretti perpendicolari su cui poggiavano i contenitori metallici per l'acqua. L'imboccatura del *praefurnium* costituiva anche una presa d'aria per regolare l'accensione e la vivacità delle fiamme; poteva quindi essere chiusa con un portello di metallo, o con lastre di pietra refrattaria. Nei pressi del *praefurnium* del *caldarium* delle Terme del Foro, ad Ercolano, è stata rinvenuta una pala (*rutabulum*), con cui evidentemente il *fornacator* aggiungeva man mano nuovo combustibile [6].

La vampa del fuoco nel *praefurnium* veniva spesso sfruttata non solo per scaldare l'acqua nei recipienti sovrastanti, ma anche per scaldare direttamente la vasca (*alveus*), destinata al bagno caldo.

E. J. S.

Note

1) Plutarco *Quaestiones conviviales* 658 E: certe qualità di combustibile producevano mal di testa e vertigini; altre deterioravano con i fumi la decorazione degli ambienti.
2) *Hypocauston*: Plinio, *Epistulae* 2.17.11,23; 5.6.25; Stazio, *Silvae* 1.5.59; Ulpiano, *Digesto* 17.1.16. Inoltre *C.I.L.* II.5181.21 (*Lex Metalli Vipascensis*). *Hypocausis*: Vitruvio, *De architectura* 5.10.1; Faventino, *De diversis fabricis* 14.300.18. In generale: Brödner 1983, pp. 18-23.
3) «*primus balineas suspendi*»: Cicerone, in Nonio 194.23 M. Sulla figura di L. Sergio Orata: Turner 1948; inoltre Rook 1979, pp. 303-304.
4) Rook 1979, p. 304.
5) Forni sottoposti agli ambienti da scaldare sono abbastanza comuni a Pompei: cfr. Casa del Criptoportico, Casa del Centenario, Casa del Menandro (tra la metà del I secolo a.C. e il primo ventennio del I d.C.). Jorio 1978-79, p. 183; De Vos A. M. 1982, pp. 106, 213, 93. Molti di questi forni servivano anche per usi domestici (cuocere il pane, seccare l'uva, ecc.) e sono sopravvissuti anche dopo l'introduzione delle intercapedini parietali: Jorio 1978-79, *loc. cit.*. *Praefurnia*: De Angelis D'Ossat 1943, pp. 39-41; Jorio 1978-79, p. 172. Le combinazioni *praefurnium*/ambienti da scaldare potevano essere le più varie: in strutture non grandi uno stesso prefurnio poteva servire più ambienti, in edifici di vaste dimensioni uno stesso ambiente poteva essere servito da più prefurni. Più prefurni attivavano il tiraggio più speditamente: Jorio 1978-79, p. 185.
6) Maiuri 1958, pp. 108-109. Sulle attività del *fornacator*: Heinz 1983, p. 154. Il *rutabulum*, la pala da legna e da carbone, è citato da Svetonio, *Vita Augusti* 75; cfr. la rappresentazione di un *fornacator* con la pala in un mosaico dalle terme di Timgad riprodotto in Heinz 1983, fig. 154.

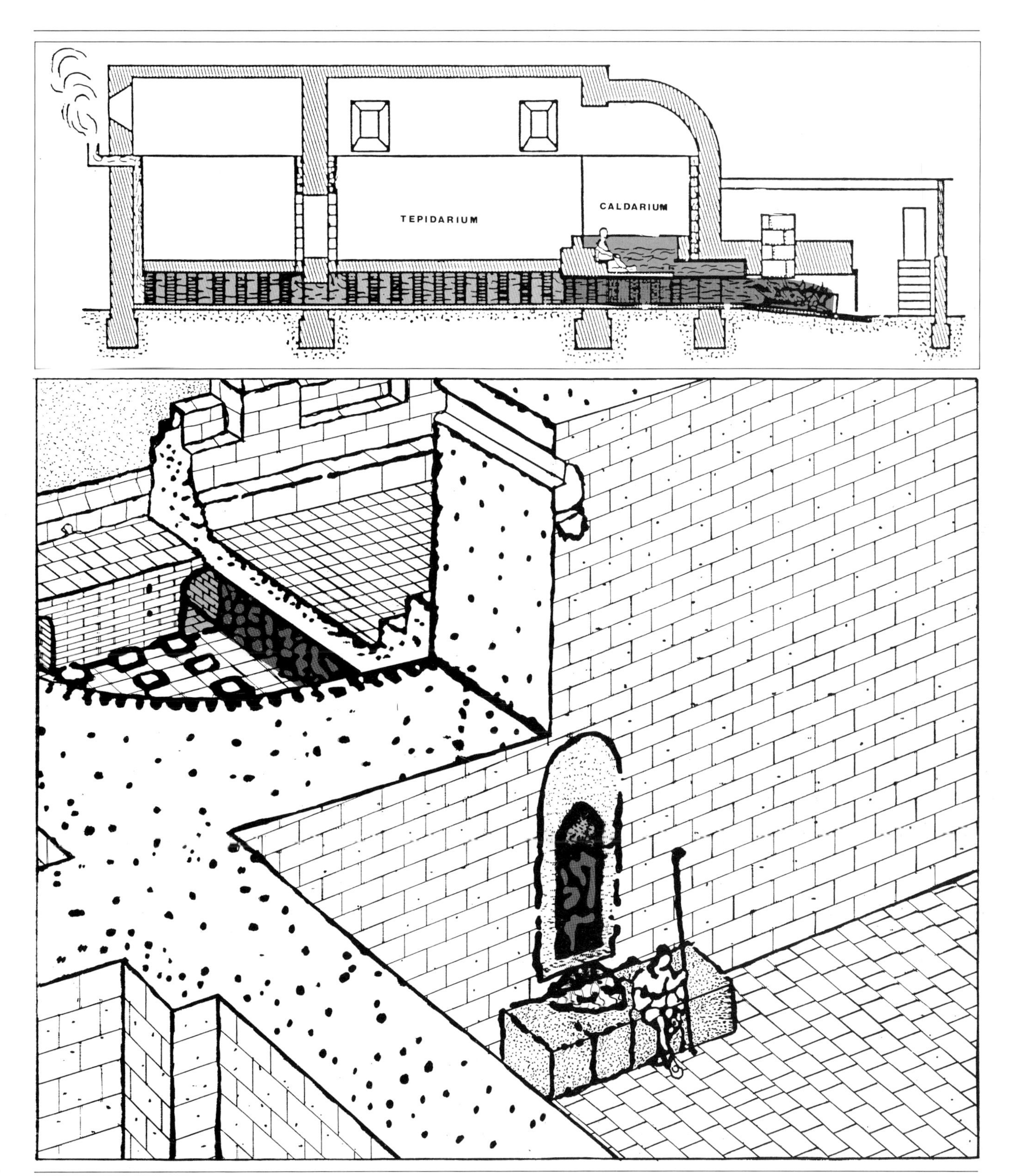
TEPIDARIUM
CALDARIUM

14. Il sistema di riscaldamento-2 (*pilae*-camini).

Le disposizioni di Vitruvio (*De architectura* 5.10.2) per la corretta costruzione degli ipocausti termali appaiono seguite in modo fedele in quasi tutti gli edifici termali a noi noti. Questo ha fatto pensare ad un tipo di costruzione «prefabbricata»; in effetti il complesso meccanismo di funzionamento delle terme richiede l'adesione scrupolosa alle regole prefissate, pena l'inceppamento del preciso svolgimento delle varie funzioni.

Nella costruzione dell'ipocausto, il sottopavimento di tegole sesquipedali (cm. 44x30), legate da malta, doveva essere inclinato verso il prefurnio, cosicché gettandovi una palla, questa rotolasse subito verso di esso; l'inclinazione favoriva infatti la diffusione del calore verso l'alto [1]. I pilastrini di sostegno (*pilae*) del pavimento, costruiti con mattoni bessali (cm 20x20) sovrapposti oppure anche con appositi elementi interi, dovevano raggiungere un'altezza di due piedi (cm 60); per la malta che legava i singoli mattoni si richiedevano caratteristiche di refrattarietà, per cui Vitruvio consiglia una speciale miscela di argilla e crine [2]. Al di sopra venivano poggiati grandi e spessi mattoni bipedali (cm 60x60) in doppio strato, in modo che quattro angoli contigui coincidessero con il centro di una *pila*. Ulteriormente rivestito di spessi strati di malta idraulica (cocciopesto), il pavimento era pronto per essere rivestito con lastre di marmo pregiato o con mosaico [3].

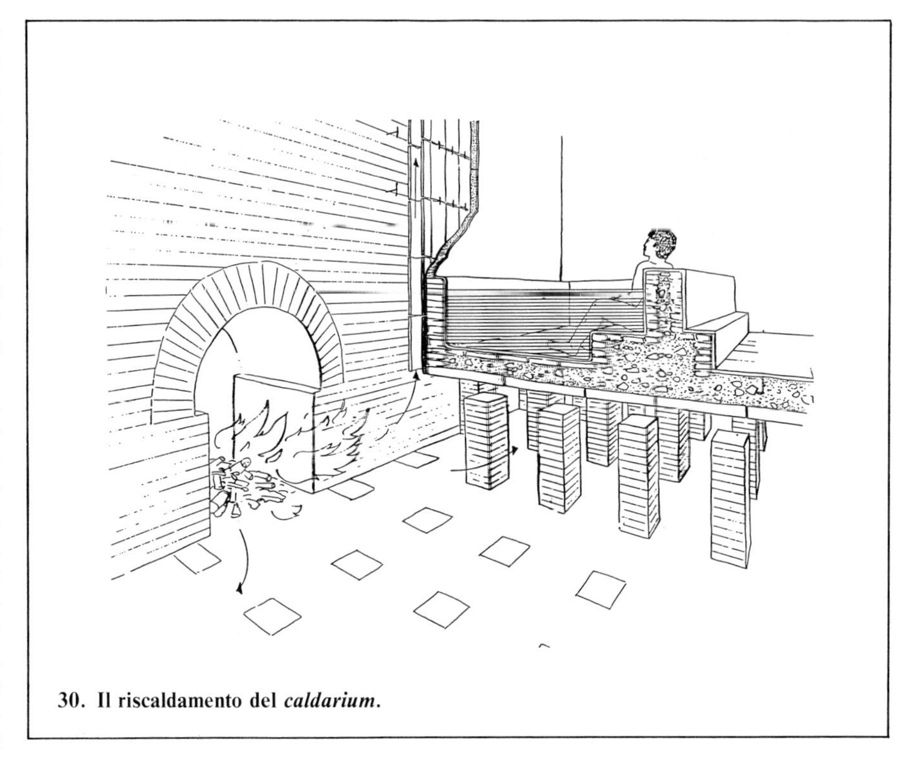

30. Il riscaldamento del *caldarium*.

Un tipo particolare di *suspensura* è diffuso soprattutto nelle province settentrionali ed occasionalmente riscontrabile anche in Italia (Pompei, Terme Repubblicane). Si tratta di una serie di muretti o anche di veri e propri canali sotterranei, tagliati in una spessa sottofondazione in muratura. I prodotti della combustione, vagando all'interno dei canali, cedevano calore alla superficie inferiore del pavimento. Il sistema è particolarmente diffuso in Britannia e sul *limes* germanico, dove spesso però appare impiegato assieme alle *suspensurae* tradizionali; il sistema misto rispondeva forse a particolari esigenze di sostegno delle strutture sovrastanti, o alla volontà di regolare diversamente il calore in dipendenza dei diversi usi del locale [4].

Il problema dello smaltimento del fumo e dei gas prodotti dalla combustione nel prefurnio venne risolto nel I sec. a.C. con l'inserimento nella muratura delle pareti di vere e proprie canne fumarie verticali, realizzate con tubi di terracotta inseriti uno nell'altro (c.d. ascendenti). Dall'ipocausto il fumo veniva così condotto direttamente alle aperture del tetto. Nelle Terme Centrali, ad Ercolano, le canne fumarie non sboccano direttamente sul tetto, ma in alcuni cunicoli orizzontali ricavati nei muri di separazione tra i vari ambienti; i cunicoli erano poi collegati da aperture con il tetto. I fumi, ristagnando nei cunicoli, cedevano ulteriormente calore alle pareti dei locali caldi. Lo sfruttamento del calore dei fumi della combustione anche nel percorso verticale ipocausto-tetto raggiunse la perfezione tecnica con l'introduzione delle pareti concamerate, cioè doppie, munite di intercapedine (fine I sec. a.C.). Tale

31. **Ostia, Terme del Foro: parete con settore di riscaldamento mediante fascia di *tubuli*.**

32. **Ostia, Terme del Foro: *tubuli* nella parete.**

intercapedine, estesa a tutte le pareti, si arrestava ad una certa altezza, ma poteva anche proseguire per tutta la volta, foderando completamente l'ambiente. I fumi passavano così dall'ipocausto direttamente nelle intercapedini, e il calore si diffondeva su tutte le superfici del locale. [5].

La parete addossata alla vera muratura portante era realizzata con mattoni appositi, muniti agli angoli di quattro peduncoli distanziatori, in modo da creare un vuoto intermedio (*tegulae mammatae*, «munite di protuberanze») [6]. Nei *caldaria* delle Terme Stabiane di Pompei vediamo usato questo tipo di *tegulae* fino a rivestire anche il soffitto. Le *tegulae* erano fissate alla parete per mezzo di lunghi chiodi a T, inseriti tra di esse, oppure facendo passare chiodi nei fori passanti praticati nei peduncoli. Il sistema però presentava dei punti deboli: il rivestimento così frazionato e leggero era poco stabile, e i chiodi lunghi, oltre che costosi, erano inutilizzabili con alcuni tipi di muratura molto compatta.

Il problema venne risolto con l'introduzione dei *tubuli* di terracotta, veri e propri elementi componibili, agli inizi del I secolo d.C. [7]. A sezione rettangolare, i *tubuli* potevano essere posti in opera uno sull'altro e a file accostate, creando un sistema di condutture autoportanti, fissate alle pareti con la malta e con pochissimi chiodi a T di rinforzo. Le pareti tubulate, data la rigidità verticale dei singoli elementi, si arrestavano allo spiccato della volta di copertura; da qui i fumi venivano raccolti da ascendenti che li convogliavano verso l'esterno [8].

All'uscita del camino sul tetto erano posti dei comignoli di varia fattura, più spesso circolari e con bocche e aperture per lo sfiato. [9].

E. J. S.

Note

1) Vitruvio, *De architectura* 5.10.2.
2)Vitruvio, *De architectura* 5.10.2. Faventino, *De diversis fabricis* 16 indica un'altezza di tre piedi (cm 90) per le *pilae* delle terme pubbliche, dove la pulizia degli ipocausti era frequente. Le *pilae* potevano essere realizzate anche con elementi interi (colonnette di terracotta, pilastrini di pietra refrattaria, tubi di terracotta): cfr. Adam 1984, pp. 290-291. Gli stessi mattoni di cui sono più comunemente composte potevano essere di forma diversa da quella quadrata dei bessali: ne conosciamo circolari ed ottagonali. Cfr. De Angelis D'Ossat 1943, pp. 41-43.
3) Webster 1979, pp. 287-291; Adam 1984, pp. 287-294.
4) De Angelis D'Ossat 1943, pp. 43-45; Brödner 1983, p. 190.
5) Jorio 1978-79, p. 169 ss.
6) *Tegulae mammatae*: Vitruvio, *De architectura* 7.4.2; Plinio, *Naturalis historia* 35.159. La loro funzione è anche quella di isolare le pareti dall'umidità: Lugli 1957, pp. 550-551; Rook 1979, pp. 304-305; Adam 1984, p. 292. Esistono anche elementi dalla stessa funzione, realizzati distanziando mattoni normali per mezzo di piccoli «rocchetti» di terracotta, nella stessa posizione dei distanziatori «mammati». Cfr. anche De Angelis D'Ossat 1943, pp. 45-47.
7) Seneca, *Epistulae morales* 90.25-26: «*...nostra-..prodisse memoria scimus...suspensuras balneorum et impressos parietibus tubos per quos circumfunderetur calor, qui ima simul de summa foveret aequalitur*». Lugli 1957, pp. 551-552; Jorio 1978-79, p. 174 ss.; Rook 1979, p. 306.
8) Jorio 1978-79, p. 185; Adam 1984, p. 293. Marziale (*Epigrammata* 10.48) descrive la nuvola di fumo proveniente dalle Terme... *et immodico sexta Nerone calet* «sono le 11: il fumo esce copioso dalle Terme di Nerone».
9) Comignoli: Dürm 1905, p. 333; Jorio 1978-79, p. 185; *Settefinestre* 3, p. 34. Per la Britannia: Lowther 1976, p. 35 ss.

15. Combustibile e approvvigionamento idrico.

Nei pressi del prefurnio si trovano spesso ambienti minori o recessi identificabili come depositi per la legna. Il rifornimento del combustibile era una delle maggiori preoccupazioni per i gestori delle terme, poiché dalla continua sostituzione del legname, via via che veniva consumato, dipendeva la sicurezza della continuità di riscaldamento. Questa preoccupazione trovò espressione anche nella legislatura; ad esempio gli articoli 6 e 8 della *Lex metalli Vipascensis* proibivano al gestore di rivendere la legna destinata alle terme, e gli imponevano di premunirsi di legname bastante con un certo numero di giorni (30?) di anticipo [1].
Il legname necessario veniva tagliato soprattutto nei boschi di conifere. Plinio il Giovane (*Epistulae* 2.17) ci informa che per le necessità del riscaldamento della sua villa di *Laurentum* «i boschi vicini forniscono legname in abbondanza»; Frontino (*Controv. agrim.* 2) specifica che «per rifornire i bagni pubblici si tagliano i rami e le cime secche degli alberi». Non tutti i tipi di legno erano però adatti a questo scopo. Come primo requisito dovevano essere legnami che non producessero troppo

33. L'approvvigionamento del combustibile: il legname.

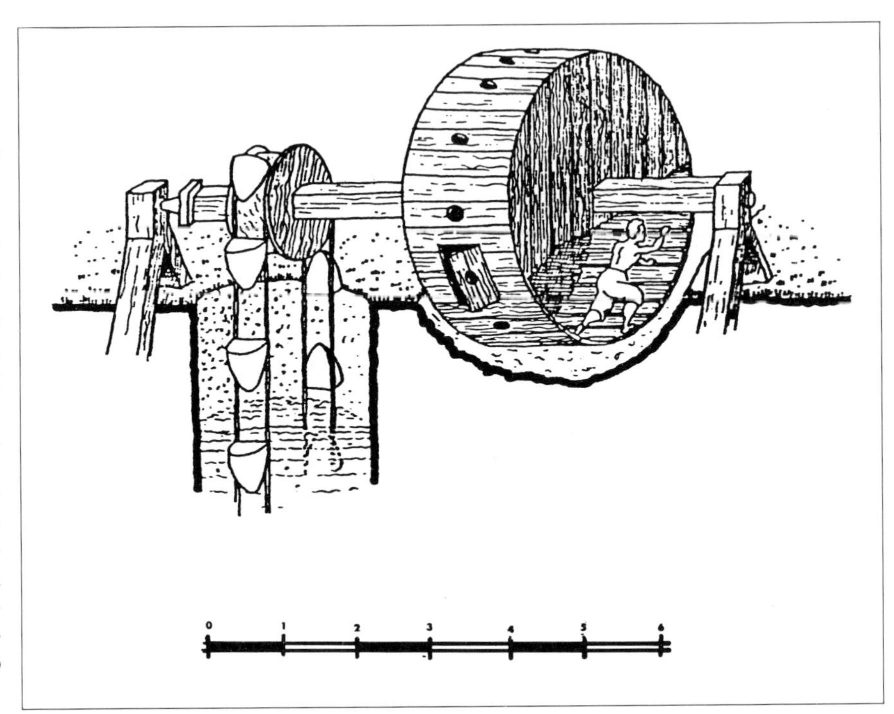

34. In alcuni edifici termali l'acqua era addotta mediante una *noria*: ricostruzione dell'impianto utilizzato nelle Terme Stabiane di Pompei.

fumo; era inoltre sconsigliabile usare il legno di olivo, i cui fumi grassi sporcavano gli ipocausti e rovinavano le decorazioni degli ambienti, annerendole. Bisognava anche evitare che l'accensione del prefurnio venisse iniziata bruciando il loglio (*lolium temulentum*), poiché i suoi fumi provocavano mal di testa e vertigini nei bagnanti. Il più adatto alla combustione rimaneva il legno di conifere, specie l'abete. Per accendere il fuoco si usavano materiali come la pece e la paglia [2].
Man mano che il legno bruciava, la cenere veniva rimossa dal prefurnio. A Settefinestre, nei pressi del prefurnio delle Grandi Terme, è stata trovata un'anfora colma di cenere bianca finissima, evidentemente raccolta e setacciata con cura. Con ogni probabilità doveva servire per uso domestico, ad esempio per il lavaggio dei tessuti [3].

E. J. S.

L'approvvigionamento idrico delle terme era realizzato, a seconda delle epoche e delle località, mediante pozzi, cisterne, acquedotti (questi ultimi in epoca più recente, e ove fosse possibile costruirne). In linea di massima, la costruzione degli acquedotti determinò il moltiplicarsi e l'ampliarsi degli stabilimenti termali.
L'acqua era fornita dallo Stato (in Roma) e dalla città (negli altri centri), secondo particolari modi e condizioni [4]. In una fase più antica, i proprietari o i gestori dei bagni privati e gli artigiani per i quali l'acqua era indispensabile ai fini delle rispettive attività (per esempio lavandai, tintori, etc.) potevano ottenere quella che fuoriusciva dalle conserve (*aqua caduca*) pagando un canone (*vectigal*) [5]. Con il passar del tempo, aumentando la fornitura di acqua alle città, i notabili ottennero diritti individuali di presa, e si resero necessarie regolamentazioni per evitare gli abusi [6].
È attestato il caso che un privato conducesse l'acqua al bagno da lui stesso costruito (*C.I.L.* III, 7380; V 5136; XII 2493-5, etc.) o che essa fosse addotta da un privato per le terme di un terzo, destinate ad uso pubblico (*C.I.L.* IX, 4786). Poteva anche accadere che una città prendesse in locazione l'acqua da un'altra vicina [7].
Nelle terme, il riscaldamento dell'acqua avveniva nel *praefurnium*, entro caldaie metalliche, generalmente in bronzo nella parte inferiore (posta entro una camicia in muratura per limitare la dispersione di calore e assicurare stabilità al contenitore) e in piombo nella superiore [8]. Mediante un sistema di tubi e rubinetti, l'acqua fredda era immessa nelle caldaie, riscaldata a temperatura maggiore (per il *caldarium*) o minore (per il *tepidarium*) e distribuita nei rispettivi vani. Generalmente, per portare l'acqua a temperatura più elevata si poneva una caldaia direttamente sul focolare, mentre per l'acqua tiepida il contenitore era collocato sul condotto dei gas di combustione. Le caldaie potevano essere disposte in sistemi di due o di tre, contenenti acqua progressivamente meno calda, secondo la distanza dal focolare; la caldaia dell'acqua bollente era progressivamente riempita, man mano che si svuotava, da acqua tiepida, in modo che non venisse bruscamente raffreddata [9].

Nelle vasche delle terme pubbliche, l'acqua veniva spesso riscaldata e mantenuta a temperatura costante mediante l'impiego della *testudo alvei* (VITRUVIO 5.10.1), un contenitore per lo più semicilindrico con la convessità in alto, una delle cui estremità era incastrata nel rivestimento della vasca e aperta, affinché fosse sempre piena d'acqua, ad un livello corrispondente alla metà inferiore della vasca, ma in modo che il fondo di questa fosse più alto di quello della *testudo alvei*. Sotto la *testudo* era acceso il fuoco, che riscaldava l'acqua; mentre quella calda fluiva in alto nella vasca, nel contenitore metallico entrava, dalla parte bassa della vasca, la fredda, che veniva riscaldata: la circolazione che si creava assicurava una temperatura costante al contenuto della vasca [10].

L'acqua usata nelle terme veniva scaricata nelle fognature, talora dopo essere stata riutilizzata per il lavaggio delle latrine [11]. Nel caso delle Terme di Caracalla, in epoca tarda parte delle acque che affluivano al complesso venne impiegata per far funzionare dei molini (cfr. oltre, Terme di Caracalla).

M. P.

Note

1) La *Lex* regolava alcuni momenti della vita comunitaria di *Vipasca*, una città della Lusitania (Portogallo) dedita all'estrazione dei metalli: *C.I.L.* II, 5181. Il numerale 30 non è una lettura certa.

2) Sui tipi e la qualità dei legnami: VITRUVIO, *De architectura* 2.9. *ὑλα ἄκαπνα* («legni senza fumo»): GALENO, *De sanitate tuenda* 1.6. Controindicazioni di olivo e loglio: PLUTARCO, *Quaestiones conviviales* 3,658 E. Nel testo non è chiaro però come potessero i fumi nocivi raggiungere i bagnanti: forse si sottintende la possibilità di usare queste qualità di combustibile anche nei braceri all'interno dei locali. L'uso della pece è provato dal ritrovamento di un deposito nelle Piccole Terme di Pompei; la paglia è citata su un *ostrakon* egiziano, ἄχυρον εἰς ὑπόκαυσιν βαλανέων. WILCKEN 1899, II, III, 21.

3) Anfora Dressel 20 da Settefinestre: *Settefinestre* 2, p. 139. Su tutto il problema del combustibile, si veda KRENCKER *et al.* 1929, pp. 333-334.

4) DE RUGGIERO 1895 a, pp. 539, 561 s.; F. CENERINI e P. GIACOMINI in AA. VV. 1985, *Acquedotto 2000*, pp. 19 ss., 25 ss., con fonti e bibliografia.

5) FRONTINO, *De aquis* 94. 3-4.

6) F. CENERINI, in AA. VV. 1985, *Acquedotto 2000*, p. 22.

7) DE RUGGIERO 1895 b, p. 967.

8) SAGLIO 1877 c, p. 660 s.; PLOMMER 1973 p. 11 ss.

9) VITRUVIO *De architectura*, 5.10.1; PALLADIO, 1,40. La caldaia era detta *miliarium* se a forma di colonna, *draco* se a serpentina.

10) PLOMMER 1973, p. 12.

11) A. e M. DE VOS 1982, p. 297.

16. Gli ambienti: il *caldarium*-1.

35. Pompei, Terme Stabiane, *caldarium* femminile.

La stanza adibita al bagno caldo (*caldarium*) assume una pianta diversa a seconda della grandezza e dell'importanza delle terme. Dai primi esempi molto semplici, a pianta rettangolare con una abside su uno dei lati corti, si passa infatti a piante sempre più complesse, movimentate da absidi e nicchie. Pur nella varietà della forma, funzionalmente i *caldaria* mantengono inalterati gli elementi essenziali per lo svolgimento del bagno caldo: il sistema di riscaldamento, la vasca per il bagno ad immersione (*alveus*), la fontana per le abluzioni fredde (*labrum*) [1].
L'*alveus* era costruito in muratura, rivestita di marmo. La sua lunghezza non doveva essere inferiore a m 1,80 (Vitruvio, *De architectura* 5.10.4), la larghezza coincideva usualmente con quella dell'ambiente in cui era inserito. Il parapetto a gradini (*pluteus*) doveva essere abbastanza spesso (almeno cm 60) da poter reggere la spinta dell'acqua; lungo le pareti interne della vasca correvano uno o più gradini, in modo che i bagnanti potessero sedere nell'acqua calda.
L'*alveus* era riscaldato direttamente dal sottostante prefurnio; l'acqua calda proveniente dalla caldaia arrivava nella vasca per mezzo di fistule in piombo [2]. Un accorgimento per la continua reimmissione di acqua calda era costituito dall'inserimento, nella muratura tra *alveus* e prefurnio, di una *testudo* («caldaia» a forma di testuggine) [3]. Era questo un semicilindro di bronzo riscaldato dall'aria calda del prefurnio; l'acqua raffreddata nella vasca vi passava at-

36. Pompei, Terme Stabiane, *caldarium* femminile: il *labrum*.

37. Ercolano, Terme del Foro, *caldarium* maschile: sedile in marmo.

traverso, tornando a scaldarsi.
Era inoltre possibile fare bagni singoli, ma non ad immersione. In alcuni *caldaria* infatti si conservano bocche indipendenti d'acqua calda, munite di rubinetti, poste lungo le pareti [4].
Una volta effettuato il bagno caldo era necessario rinfrescarsi; a questo scopo i bagnanti si recavano all'estremità opposta della stanza, nell'abside dove era collocato il *labrum* (la cosiddetta *schola labri*). In questo bacino arrivava continuamente acqua fredda, addotta da una fistula apposita [5].
Sappiamo che vasche e pavimenti potevano essere rivestiti di lastre di metallo per trattenere il calore. Ce ne parla Plinio (*Naturalis historia* 33.153), che vedeva i pavimenti d'argento di alcune terme femminili come simbolo della decadenza morale dei tempi; esempi sono noti comunque anche dalla documentazione archeologica. Ad *Aquae Sulis* (Bath), in *Britannia*, il rivestimento in lastre di piombo delle vasche di acqua calda è giunto intatto fino a noi [6].
Per ovvi motivi di sfruttamento del calore naturale il *caldarium* e gli altri ambienti caldi erano orientati a Sud-Ovest, così da poter sfruttare i raggi del sole provenienti appunto da Ovest (le terme erano frequentate soprattutto nel pomeriggio) [7]. Le Terme del Foro, ad Ostia, sono un esempio perfetto di questa oculata disposizione degli ambienti caldi, che si susseguono sporgendo sfalsati in modo da non coprirsi a vicenda [8].
I *caldaria* sono spesso illuminati (e riscaldati) dalla luce che entra da finestre di varie dimensioni, inserite al di sopra delle pareti o nelle volte. L'introduzione dei vetri da finestra,

avvenuta nei primi decenni del I secolo d.C., rese possibile la realizzazione di aperture senza dispersione di calore [9]. Si passò di conseguenza dal *balneolum angustum, tenebricosum* («bagno piccolo, stretto e tenebroso») ai grandi bagni che i frequentatori disprezzavano *si... non ita aptata sunt ut totius diei solem ita fenestris amplissimis recipiant* («se non sono predisposti a ricevere il sole tutto il giorno attraverso finestre grandissime»: SENECA, *Epistulae* 86).

Le finestre dovevano essere poste abbastanza in alto da illuminare il *labrum* senza che i bagnanti tutt'attorno lo oscurassero con le loro ombre; lo spazio circostante alla fontana doveva essere sufficiente a consentire il movimento a chi vi si lavava e a chi attendeva il suo turno [10].

E. J. S.

Note

1) Sulle diverse piante attestate vedi KRENCKER 1929, pp. 181-182; DE ANGELIS D'OSSAT 1943, p. 17; BRÖDNER 1983, p. 100. Sull'organizzazione dello spazio: VITRUVIO, *De architectura*, 5.10; GALENO, *De methodo medendi*, 11.10; PLINIO, *Naturalis historia* 28.55; LUCIANO, *Hippias sive balneum*, 4.

2) Ne defluiva per mezzo di un'altra fistula o conduttura di terracotta. Tramite un tubo inserito nella parete del *pluteus* poteva fuoriuscire direttamente sul pavimento della stanza, sia per mantenere costante il livello interno alla vasca, sia per facilitare le operazioni di svuotamento e pulitura. Un esempio è conservato nell'*alveus* delle Terme Stabiane di Pompei (*caldarium* femminile): ESCHEBACH 1979, tav. 49 AB.

3) Sulla *testudo*: ESCHEBACH 1979, p. 43 ss.; BRÖDNER 1983, p. 153. Il termine però sembra aver voluto anche indicare delle stufe mobili: *testudina gemina fumant*, in STAZIO, *Silvae*, 3.100.

4) Terme Stabiane, *caldarium* femminile: LA ROCCA-DE VOS M. e A. 1981, p. 300.

5) In qualche caso il *labrum* poteva essere riscaldato (con un suo prefurnio e canale sotterraneo di riscaldamento), forse per smorzare la rigidità dell'acqua fredda: ESCHEBACH 1979, pp. 46-47. Non tutti i *caldaria* avevano una *schola*; M. De Vos ha recentemente calcolato che solo un terzo delle terme note in Campania e Lazio è provvista di una abside appositamente per ospitare il *labrum*. I rimanenti due terzi presentano invece una semplice nicchia nella parete, in cui inserire il *labrum*. Cfr. *Settefinestre* 3, pp. 62-64.

6) Bath: CUNLIFFE 1969, p. 95 ss.; CUNLIFFE-DAVENPORT 1985, p. 40 fig. 22. In generale sui rivestimenti di metallo: SQUASSI 1954, pp. 47-51.

7) Cfr. le disposizioni di VITRUVIO, *De architectura*, 5.10.1.

8) PAVOLINI 1983, p. 107.

9) SENECA, *Epistulae morales*, 90.25: ... *speculariorum usum perlucente testa clarum trasmittentium lumen...*», ricorda l'invenzione dei vetri da finestra come cosa di cui ha memoria. Per chiudere aperture molto vaste i vetri da finestra, prodotti in piccole dimensioni, richiedevano l'applicazione entro griglie di ferro o di bronzo mediante colature di piombo. Così erano realizzate le grandi finestre delle terme imperiali. Sul problema vedi da ultimo MANNING 1985, p. 128, con bibl. precedente.

10) VITRUVIO, *De architectura*, 5.10.5. Nel *caldarium* delle Terme Suburbane di Ercolano la finestra rettangolare era posta immediatamente dietro al *labrum*. Durante l'eruzione la forza del fango sfondò la finestra, facendo rotolare il pesante bacino: MAIURI 1958, pp. 162-164, figg. 132-133.

17. Gli ambienti: il *caldarium*-2.

Data l'importanza delle terme nella vita sociale, i principali personaggi pubblici le dotavano volentieri di pezzi di arredamento, anche di notevole valore.
Spesso si trattava anche di donazioni ufficiali, promosse dai magistrati delle città o da membri della famiglia imperiale. Alcune iscrizioni ci restituiscono infatti interi elenchi di doni fatti a terme, tra cui, per esempio, *labrum aeneum cum foculo* «un bacino e un braciere di bronzo» [1].
Talvolta, in modo più diretto, le iscrizioni che ricordavano il donatore erano apposte sull'oggetto donato. Nel *caldarium* delle Terme del Foro a Pompei, ad esempio, il *labrum* marmoreo reca sull'orlo una iscrizione in lettere di bronzo con i nomi di *Cn. Melissaeus Aper* e *M. Staius Rufus*, duoviri nel 3-4 d.C., appartenenti alle famiglie più in vista della città [2].
I *labra* potevano essere di marmo delle più varie qualità, o di bronzo, montati su un supporto in muratura rivestito di marmo o su sostegni di marmo o pietra a forma di colonnina. All'interno del supporto passavano le fistule di adduzione e di scarico dell'acqua fredda [3].
I *foculi* («bracieri») erano invece costantemente di bronzo; quelli impiegati nei *caldaria* più antichi non dovevano differire molto dai bracieri donati da *M. Nigidius Vaccula*, trovati nel *tepidarium* delle Terme del Foro e nelle Terme Stabiane di Pompei.
Lo stesso personaggio aveva donato alle Terme del Foro anche tre panche di bronzo dai piedi ricurvi.
Sedili a forma di panca erano realizzati anche in marmo; quelli del *caldarium* delle Terme del Foro di Ercolano avevano sostegni scolpiti a forma di zampa di grifo e a maschera silenica su piede umano [4].

E. J. S.

Note

1) *C.I.L.* IX 3677. Cfr. anche l'iscrizione di *C. Uulius* e *P. Aninius*, citata a proposito del *laconicum*.
2) Il *labrum* costò 5250 sesterzi: *C.I.L.* X 817; La Rocca-De Vos 1981, pp. 135-136. Cfr. la rappresentazione del *labrum* nella scena di donne al bagno nell'abside del *caldarium* della Casa di Menandro.
3) Molti di questi elementi d'arredo in bronzo non ci sono giunti, poiché il metallo di cui erano composti è stato spesso fuso per riutilizzazioni successive. Nelle città vesuviane, che non hanno conosciuto questo fenomeno, se ne sono conservati alcuni (ad es., a Pompei nella Casa del Menandro e nella casa dell'Efebo, dove però è un lavabo per uso domestico, non termale). Un bel *labrum* bronzeo proviene, sporadico, dai dintorni di Aosta: AA. VV. 1981, fig. 43. Per *labra* marmorei: Pernice 1932; *Settefinestre* 3, pp. 62-64.
4) Maiuri 1958, p. 106; A. e M. De Vos 1982, p. 297.

18. Gli ambienti: il *caldarium*-3.

38. Ostia, Terme di *Buticosus, caldarium*.

La decorazione del *caldarium* prevedeva un uso particolarmente frequente del marmo (o della pietra) per tutte le superfici a contatto più o meno diretto con l'acqua. Gli autori antichi sottolineano più volte il fasto e la ricchezza insiti nell'uso di marmi particolarmente rari e nell'accostamento ricercato di forme e colori [1]. Lastre di marmo rivestivano i pavimenti, gli alti zoccoli delle pareti e le vasche, ma potevano essere sostituite dai mosaici, spesso con raffigurazioni allusive all'ambiente acquatico (pesci, cortei di divinità marine, nuotatori, e via dicendo). Le lastre di marmo aderivano alle superfici per mezzo di allettamenti di malta, ed erano saldamente ancorate alle pareti con grappe di bronzo o di piombo. Le lastre potevano avere semplici forme geometriche, essere disposte a specchiature: *alexandrina marmora numidicis crustis distincta sunt*, «i marmi alessandrini sono delimitati da fasce di marmo numidico» (Seneca, *Epistulae* 86), cioè neri bordati di giallo [2].

Le pareti potevano essere rivestite di intonaco, successivamente dipinto a motivi di genere, floreali o con quadretti con scene di vita o mitologiche. Il *caldarium* della Casa del Menandro a Pompei, ad esempio, conserva nell'abside del *labrum* dei quadretti con scene di donne al bagno [3]. Nelle pareti potevano aprirsi nicchie, destinate ad accogliere statue o interi gruppi statuari. Si usavano molto anche le decorazioni di stucco policromo; il catino dell'abside della Casa del Menandro, appena citata, è decorato con una conchiglia di stucco, mentre il *caldarium* delle Terme Suburbane di Ercolano è decorato con spartiture architettoniche ed esili motivi vegetali [4]. Anche il mosaico poteva salire sulle pareti e sul soffitto; in questo caso le tessere erano di vetro, multicolori e a fondo d'oro. Insieme alle tessere si usavano anche bastoncini di vetro ritorti e conchiglie, formando fasce e quadretti che l'umidità faceva brillare. Il soffitto partecipava della decorazione delle pareti; nelle città vesuviane la volta a botte di molti *caldaria* è decorata a stucco come le pareti, ma con un accorgimento particolare. Lo stucco del soffitto è infatti modellato con sottili strigilature piatte che favorivano il deflusso verso le pareti del vapore condensato, evitando così ai bagnanti la spiacevole esperienza dello stillicidio freddo dall'alto [5].

E. J. S.

Note

1) Seneca, *Epistulae* 86.90; Marziale, *Epigrammata* 6.42; Stazio, *Silvae* 1.5.34; Sidonio Apollinare, *Epistulae* 2.2.4.
2) Seneca, *Epistulae*, 86; Gnoli 1971, p. 25 ss.
3) A. e M. De Vos 1982, p. 93. Vedi anche Beyen 1938, tav. a colori 1.
4) Per i repertori decorativi in stucco: Mielsch 1975; a pp. 141-142 in particolare per le Terme Suburbane di Ercolano.
5) Mosaici con paste vitree e conchiglie: Sear 1977, p. 41 ss.

39. Pompei, Casa del Menandro, pitture del *caldarium*.

40. Pompei, Terme Stabiane, *caldarium* femminile: dettaglio della parete e della decorazione.

41. Pompei, Terme Stabiane, *caldarium* femminile: dettaglio della decorazione parietale.

42. I frequentatori delle terme nel *caldarium*.

19. Gli ambienti: il *tepidarium*.

43. I frequentatori delle terme nel *tepidarium*.

Il *tepidarium*, o *cella tepidaria*, era un ambiente a temperatura media, di norma utilizzato come sala di passaggio fra gli ambienti ad alta temperatura (*laconicum* e *caldarium*) ed il *frigidarium*; il calore proveniente dall'*hypocaustum* e dalle intercapedini lungo i muri era meno intenso rispetto a quello del *laconicum* e del *caldarium* [1].
Il *tepidarium* era utilizzato anche come stanza per unzioni, e talora come *apodyterium*.
L'ambiente era riscaldato per mezzo di bracieri sino alla fine del II-inizi del I sec. a.C., quando fu introdotto il sistema *hypocaustum*- intercapedini parietali [2].
All'interno talvolta era collocata una vasca in cui si trovava acqua tiepida riscaldata da una caldaia (*testudo*) [3].
Secondo Celso (*De medicina* 1.4) i frequentatori si ungevano nel *tepidarium* prima di passare nel *caldarium*. Nel *tepidarium* delle Terme del Foro di Pompei le nicchie alle pareti servivano forse come deposito di unguenti [4].
Gli arredi tipici dei *tepidaria* sono i bracieri e le panche: nel *tepidarium* delle Terme del Foro di Pompei sono conservati un braciere e tre panche di bronzo dono di *M. Nigidius Vaccula* [5].
Il *tepidarium*, come gli altri ambienti termali, era di norma decorato. Quello delle Terme del Foro di Pompei presenta, lungo le pareti,

44. Pompei, Terme del Foro, *tepidarium*.

45. **Pompei, Terme del Foro, decorazione del *tepidarium*: telamoni in terracotta.**

46. **Pompei, Terme del Foro, decorazione del *tepidarium*: fregio con decorazione floreale a stucco.**

una serie di nicchie separate da telamoni in terracotta. La fascia in stucco bianco al di sopra delle nicchie è decorata con un motivo a girali. La volta, a botte, ha una decorazione molto ricca a lacunari su fondo policromo, con scene mitologiche: il rapimento di Ganimede, Apollo, Eros [6].

La decorazione parietale del *tepidarium* delle Terme Stabiane è frammentaria: si notano resti di lunette decorate, mentre la volta è in stucco strigilato [7].

Il *tepidarium* delle Terme della villa di Piazza Armerina offre un interessante esempio di decorazione pavimentale: la sala biabsidata è pavimentata, infatti, con un mosaico raffigurante una scena di *lampadedromia* [8].

A. P.

Note

1) Secondo Vitruvio (*De architectura* 5.10) era opportuno che le sale riscaldate fossero esposte ad occidente. Per i problemi relativi ai sistemi di riscaldamento nelle terme, cfr. Shepherd, in questo volume.
2) Adam 1984, pp. 287-288.
3) Per esempio nelle Terme Stabiane: A. e M. De Vos 1982, p. 200.
4) La Rocca-De Vos M. e A. 1981, p. 135.
5) A. e M. De Vos 1982, pp. 51-52. Nel 79 d.C. le Terme del Foro erano ormai restaurate, ma il sistema di riscaldamento rimase il medesimo; si utilizzavano, infatti, i bracieri.
6) *Ibidem*.
7) Eschebach 1979, pp. 77-78.
8) Carandini-Ricci-De Vos 1982, p. 362 ss.

20. 21. Gli ambienti: il *frigidarium*.

47. Ercolano, Terme del Foro, *frigidarium*.

Il *frigidarium*, o *cella frigidaria* secondo la definizione di Plinio (*Epistulae* 5.6.25), era l'ambiente riservato ai bagni freddi. Al *frigidarium* si accedeva, di norma, al termine del percorso termale, dopo la sosta nelle sale riscaldate (*laconicum*, *caldarium*), e dopo la pausa nel *tepidarium*, per permettere al corpo di abituarsi progressivamente ad una temperatura più rigida.
Nell'antichità il bagno freddo era vivamente consigliato; dopo aver fatto un bagno caldo era necessario bagnarsi con acqua fredda per detergere il sudore: in questo modo si dava refrigerio al corpo e lo si fortificava [1].
In alcuni casi, mancando un vero e proprio ambiente adibito a *frigidarium*, si poneva una vasca con acqua fredda nell'*apodyterium* [2].
La forma del *frigidarium* è varia: molto spesso circolare [3], talora circolare con absidi [4], più raramente rettangolare [5]; nelle grandi terme imperiali di Roma e delle provincie, il *frigidarium* ha una pianta assai più articolata, come nelle Terme di Caracalla [6], o di Diocleziano [7], o in quelle africane di Leptis e di Cartagine [8].
All'interno del *frigidarium* si trovava una vasca d'acqua fredda, riservata ai bagni per immersione; la sua forma poteva variare da rettangolare [9], a circolare [10], anche con absidi [11].
All'interno la vasca aveva gradini che permettevano una comoda discesa e che venivano utilizzati anche come sedili. Il bacino e i gradini potevano essere rivestiti di marmo, mentre il pavimento era spesso ricoperto da mosaici.
Nei complessi termali si trovava frequentemente anche una piscina per nuotare (*natatio*); nelle Terme della villa di Piazza Armerina essa era nel *frigidarium*, insieme alla vasca per l'immersione [12], mentre di solito era annessa alla palestra, come per esempio nelle Terme Stabiane di Pompei [13]. A Roma, nelle grandi Terme Imperiali, la *natatio* era sempre presente: accanto al *frigidarium*, la sua facciata aveva un aspetto monumentale, con nicchie per statue, giochi d'acqua, etc. [14].
La copertura era spesso costituita da una cupola [15]; a Roma un esempio di volta a crociera è tuttora visibile nel *frigidarium* delle Terme di Diocleziano. Attualmente l'ambiente è inglobato nella struttura della chiesa di S. Maria degli Angeli, che ha coperto anche parte della *natatio* [16].
L'illuminazione dell'ambiente era assicurata da un lucernario al centro

48. Pompei, Terme Stabiane, disegno ricostruttivo del *frigidarium*.

49. Roma, Chiesa di S. Maria degli Angeli: il corpo centrale dell'edificio occupa l'area del *frigidarium* delle Terme di Diocleziano.

della cupola, e da finestre nelle pareti.
Il *frigidarium* presentava diversi tipi di decorazione, quali pitture parietali, rivestimenti in stucco o marmi.
Nelle Terme Stabiane di Pompei le pareti della vasta sala circolare erano decorate con figure di sileni ed un ermafrodito quasi a grandezza naturale. Nelle pareti si aprivano quattro nicchie: vi erano dipinte scene ambientate in un giardino.
La cupola era dipinta di blu ad imitazione di un cielo stellato. L'ambiente era decorato anche con stucchi [17].
Molto spesso il *frigidarium* era pavimentato con mosaici, come nelle Terme di Nettuno di Ostia, dove si trova un mosaico con figure di Nereidi e alcuni tritoni, mentre al centro è raffigurata Scilla [18].
Un interessante esempio di terma privata è costituito dalle Terme della villa di Piazza Armerina: qui il *frigidarium* ha una pianta piuttosto complessa: lungo il perimetro della grande sala ottagona si inseriscono due vasche e sei piccole absidi, quattro delle quali erano forse *apodyte-*

50. E. Viollet-le-Duc, disegno ricostruttivo del *frigidarium* delle Terme di Caracalla.

ria [19]. Il pavimento della sala ottagona è ricoperto da un mosaico con numerosi restauri antichi, in gran parte conservato. Il campo è decorato con una scena di tiaso marino: si notano al centro quattro barche disposte a cerchio, su ciascuna delle quali sono raffigurati due amorini intenti alla pesca. La fascia esterna è popolata da Nereidi e Tritoni, pesci ed animali mitici. I quattro probabili *apodyteria* sono decorati con mosaici che rappresentano scene di *mutatio vestis*, mentre le due piscine sono pavimentate con lastre di marmo [20]. Nelle grandi terme imperiali i *frigidaria* erano ornati con statue [21]. A. P.

Note

1) GALENO (*Methodi medendi* 10.708 ss.) consigliava il bagno freddo come rimedio in caso di febbre. Già nell'età di Pompeo si iniziò a diffondere a Roma l'uso del bagno freddo a scopo terapeutico, ma la pratica divenne molto comune dalla prima età imperiale, quando, come afferma SVETONIO (*Divus Augustus* 59), Augusto fu guarito da Antonino Musa con l'idroterapia fredda.
2) Come a Pompei, nei settori femminili delle Terme del Foro e di quelle Stabiane (A. e M. DE VOS 1982, p. 50 e p. 201).
3) Per esempio nelle Terme Stabiane (ESCHEBACH 1979, tav. 8) e nelle Terme del Foro di Pompei (A. e M. DE VOS 1982, p. 51, e bibl. ivi cit.).
4) Per esempio nelle Terme di Piazza Armerina. Per un'analisi delle Terme annesse alla villa, cfr. CARANDINI-RICCI-DE VOS 1982, p. 362 ss.
5) Per esempio nelle Terme di Nettuno di Ostia (BECATTI 1961, p. 47 ss.).
6) Per le Terme di Caracalla, cfr. CERRI in questo volume e bibl. ivi cit.
7) COARELLI 1980, p. 333 e bibl. ivi cit.
8) BOËTHIUS-WARD-PERKINS 1970, p. 474, fig. 176 (A).
9) È il caso delle grandi terme imperiali di Roma, cfr. note 6-7 e bibl. ivi cit.
10) Per esempio nelle Terme Stabiane (ESCHEBACH 1979, tav. 8).
11) Per esempio nelle Terme della villa di Piazza Armerina, CARANDINI-RICCI-DE VOS 1982, p. 326 ss.
12) *Ibidem*.
13) LA ROCCA-DE VOS A. e M. 1981, p. 297.
14) Per esempio nelle Terme di Caracalla.
15) Come nelle Terme Stabiane e nelle Terme del Foro di Pompei, LA ROCCA-DE VOS A. e M. 1981, p. 298 e p. 134.
16) HEINZ 1983, p. 112 ss., fig. 119. Per il riutilizzo di strutture termali in età tardo-antica e post-antica, cfr. CONTIERO in questo volume.
17) ESCHEBACH 1979, pp. 85-86.
18) BECATTI 1961, pp. 50-51.
19) CARANDINI-RICCI-DE VOS 1982, p. 326 ss.
20) *Ibidem*, p. 356 ss.
21) Cfr. nota 6.

22. 23. 24. Terme e attività culturali. Terme e cure estetiche. La vita alle terme.

L'aspirazione romana alla *mens sana in corpore sano* (Giovenale, *Saturae* 10.356) si trova realizzata in concreto nella struttura termale, soprattutto in epoca imperiale.
Con la costruzione delle Terme di Agrippa nel Campo Marzio l'istituzione termale assume nuove e peculiari caratteristiche.
Con M. Vipsanio Agrippa, generale e genero di Augusto, morto nel 12 d.C., siamo nel momento in cui la classe dominante romana, detentrice dei veicoli di propagazione di una civiltà fortemente ellenizzata, prende coscienza della necessità di una più ampia e capillare divulgazione culturale. Lo stesso Agrippa, in un passo di Plinio (*Naturalis historia* 35.26), afferma che le opere d'arte non devono essere esclusivo retaggio dei privati, ma di pubblica fruizione, e porta come esempio quelle raccolte da lui.
È da questa tendenza al mecenatismo che nascono appunto le Terme di Agrippa, inaugurate nel 19 a.C. È questo il primo esempio di terma monumentale pubblica la cui struttura ci è nota dalla *Forma urbis* e dai resti del rifacimento adrianeo [1].
Le terme così diventano non solo il luogo dove prendere bagni caldi e freddi, dove praticare esercizi ginnici e vari sport (già questa originale sintesi propria del mondo romano) ma anche, se non soprattutto, luoghi di relazioni sociali ad ogni livello, e di trasmissione di cultura.
La novità delle Terme di Agrippa è quella di amalgamare il complesso termale vero e proprio con l'enorme piscina sistemata al fianco dell'edificio, detta *Stagnum* [2], mediante viali fiancheggiati da alberi di lauro e di bosso, strutturati in modo da creare un vero e proprio parco. Ovidio (*Epistulae ex Ponto* 1.8.38) ricorda le ore trascorse con i suoi amici in quelli che lui chiama i *pulchri horti* del Campo Marzio, presso lo *Stagnum* e l'Euripo, il canale scoperto che convogliava l'acqua in eccedenza del laghetto fino al Tevere, lungo cui i poeti e filosofi discutevano e recitavano versi.
Strabone (13.1.19) testimonia l'esistenza di un leone giacente, opera di Lisippo, in uno dei viali delle Terme di Agrippa.
È poco dopo, con le Terme di Nerone, edificate sempre in Campo Marzio e poco più a nord delle Terme di Agrippa, che viene sancito il principio della pianta assiale ripartita in due metà uguali [3], principio che, sostanzialmente, ricorrerà in tutte le grandi terme di Roma [4] e delle province.
Dall'epoca di Nerone in poi il tipo della grande terma imperiale è quello articolato in un grande recinto rettangolare (ad es. le Terme di Traiano, le Terme di Diocleziano e le stesse Terme di Caracalla) [5], con sale adibite a vari usi, e in un corpo centrale per i bagni; fra l'uno e l'altro vi sono portici e giardini ornamentali. I giardini delle terme valorizzati da giochi prospettici, decorati da piante e aiuole di ogni genere, da fontane con spettacolari giochi d'acqua, da ninfei, da sculture, servivano come terreno destinato alle passeggiate e ai giochi [6]. È qui, oltre che verosimilmente su apposite terrazze ed in vani (*solaria*) non sempre identificabili con sicurezza e definiti nel *Digesto* (8.2) semplicemente *loca quibus sol est necessarius* [7], che si praticava il bagno di sole (*apricatio*), prima o dopo il bagno vero e proprio.
Alquanto rialzato sul piano del giardino poteva correre un viale, tutto intorno al recinto, usato per il passeggio (come ad esempio nelle Terme di Caracalla) [8] e presumibilmente coperto da un tetto di legno. Questa passeggiata prende il nome di *xystus* [9].
Abbiamo già accennato alla testimonianza di Ovidio (*Epistulae ex Ponto* 1.8.38) sulla fruizione di questi *pulchri horti*.
Si frequentavano le terme anche per discutere, ascoltare conferenze, letture poetiche ed esibizioni musicali [10], in sale (*musaea*) dove erano possibili queste attività, e che erano decorate con pregiate sculture. Queste sale non hanno una struttura che permetta di identificarne l'utilizzazione con certezza. Nel caso delle Terme di Caracalla le statue provenienti dagli ambienti di una delle due grandi esedre del recinto indurrebbero ad interpretare come *musaea* questi vani. Dallo stesso edificio provengono opere celeberrime quali il Toro Farnese, la Flora Farnese, l'Ercole Farnese, il Torso Belvedere e le due vasche ora parte della fontana di Piazza Farnese. Il gruppo del Laocoonte proviene invece dalle Terme di Traiano.
Le sale adibite a conferenze e letture pubbliche prendevano il nome di *auditoria*: è possibile riconoscere uno di questi ambienti in una delle due esedre, in buono stato di conservazione, poste nell'angolo orientale del recinto delle Terme di Diocleziano [11].
Probo, una fonte tarda della fine del IV secolo, nella *Historia augusta* (2.1), ci informa dell'esistenza di una biblioteca nelle Terme di Diocleziano. La presenza di biblioteche nei complessi termali è il segno più evidente del ruolo culturale che questi

51. **Terme e attività culturali.**

ultimi svolgono. I vani delle biblioteche sono stati identificati con sicurezza nelle Terme di Traiano e in quelle di Caracalla e forse in quelle di Diocleziano. La loro identificazione è certa data la loro conformazione particolare: si tratta, infatti, di vasti ambienti caratterizzati dalla presenza di nicchie rettangolari, ricavate nel muro, per ricevere gli armadi in legno (*plutei*) che contenevano i *volumina*.

Nelle Terme di Traiano, ad esempio, sono chiari i due ordini di nicchie rettangolari servite da pianerottoli lignei, non conservati, di cui si vedono i vuoti delle mensole [12]. L'arredo delle biblioteche era costituito, a parte i già citati ballatoi lignei, appunto dai *plutei*, in legno, spesso prezioso, definiti dal *Digesto* (30.41) *bibliothecae parietibus inherentes*. I *volumina* vi erano collocati affiancati e sovrapposti, e ognuno aveva legati cartellini pendenti con titoli scritti ben visibili.

L'illuminazione e l'aerazione erano assicurate dalle finestre e dalle porte che si aprivano su di un portico addossato alla parete anteriore della biblioteca e, verosimilmente, da lucernari aperti nel tetto. Era largamente diffuso l'uso di porre, ad ornamento delle biblioteche (Plinio, *Naturalis historia* 35.10), statue di scrittori illustri; talvolta le statue erano sosti-

52. Terme e cure estetiche.

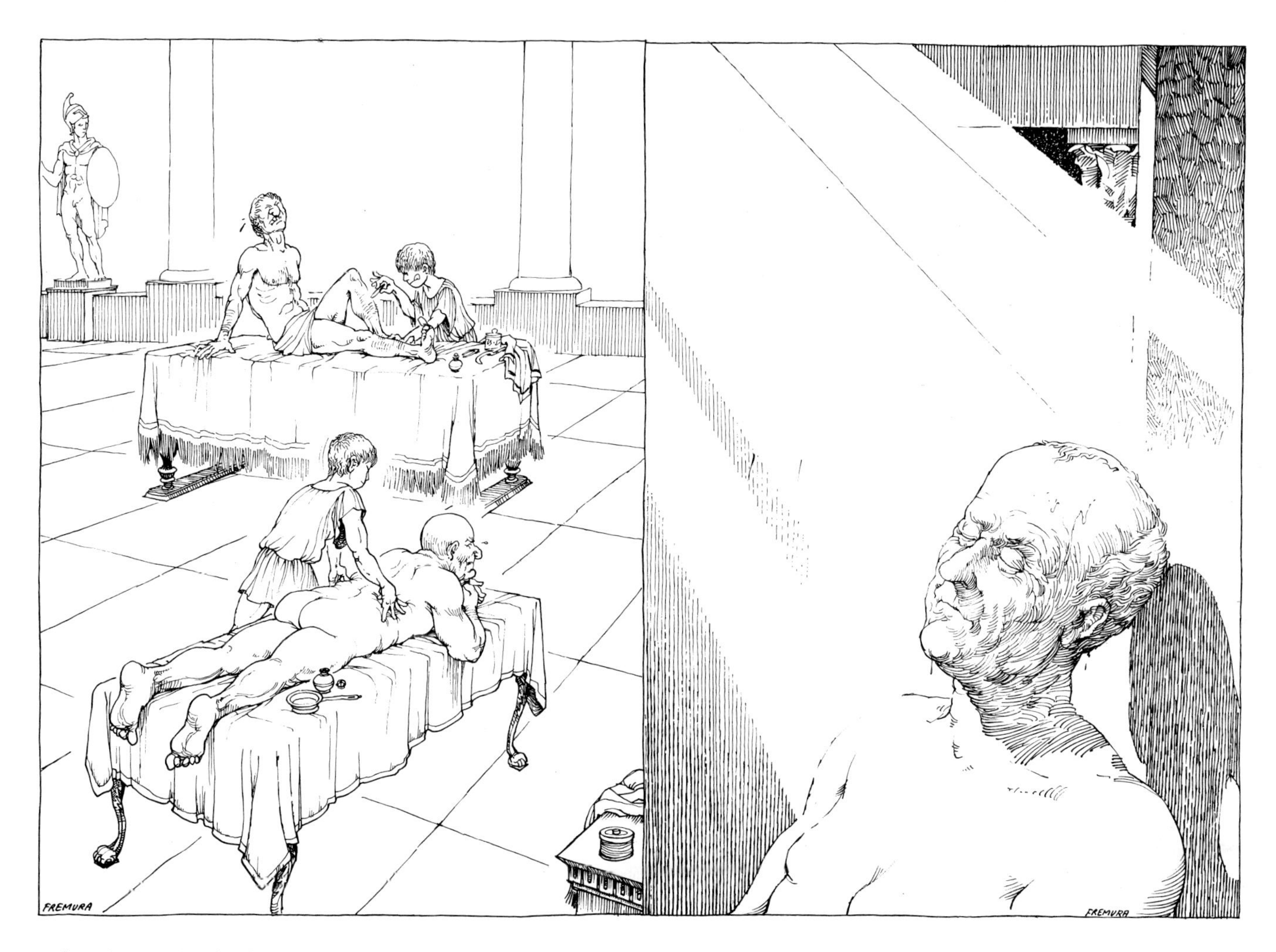

tuite da medaglioni, dipinti per lo più sugli armadi nei quali erano conservate le loro opere [13].
Adeguata alla grandiosità delle strutture era ovviamente anche la decorazione e l'abbondanza delle suppellettili.
Tutto questo per quanto riguarda le grandi terme imperiali. La situazione è diversa se i complessi termali sono gestiti da un privato. Roma pullulava, infatti, di una miriade di stabilimenti minori a conduzione privata, le cui risorse erano ovviamente inferiori a quelle dei complessi dovuti alla volontà imperiale; stabilimenti di cui abbiamo la vivace descrizione fattane da Seneca (*Epistulae ad Lucilium* 66.1.2).
Anche questi impianti erano luoghi di appuntamento e di incontro. Qui si svolgevano, come nel foro e nelle strade, attività di economia, oggi diremmo, sommersa, come la vendita ambulante di bibite, salsicce e dolci o l'offerta di servizi di ogni genere. Venivano inoltre offerti ai clienti di questi stabilimenti gli stessi servizi particolari, come il massaggio e la depilazione [14], di cui potevano giovarsi i frequentatori delle grandi terme imperiali (è pensabile che il livello dei servizi offerti nei grandi complessi fosse qualitativamente superiore). Erano anche i luoghi frequentati da chi viveva alla giornata,

come il Selio di Marziale (*Epigrammata* 2.14), che si spostava continuamente da una terma all'altra sperando di «rimediare» un invito a pranzo, e da chi era dedito ad attività illecite, come la prostituzione.
Forte era la concorrenza fra le varie terme private, fatto che possiamo intuire soprattutto da testimonianze epigrafiche, e senza dubbio ciò doveva riflettersi nell'elemento decorativo. È ovvio che stucchi, marmi, mosaici ed affreschi servivano da richiamo per i clienti e le varie terme private dovevano fare a gara nell'offrire ambienti confortevoli ed esteticamente piacevoli (le esigenze dei Romani in questo senso sono ben testimoniate da Seneca, *Epistulae ad Lucilium* 86.5-8). In questo caso, dunque, l'elemento decorativo ha un compito di «richiamo» del tutto diverso da quello propagandistico-didascalico delle terme di Stato.
Un'ulteriore distinzione va fatta per le terme, pubbliche e private, che sorgono in cittadine provinciali.
A Pompei, per esempio, le terme che in piccolo riproducono i precetti vitruviani che stanno alla base della concezione che ispira le grandi terme imperiali della capitale sono le Terme Centrali, progettate dopo il terremoto del 62 d.C. ed ancora incomplete nel 79. Esse coprono la superficie di un *insula*, presentano sale identificabili come *musaea* e sale di riunione. La palestra ha dimensioni tali da essere anche luogo di passeggio; vi è anche un cortile porticato presso cui era prevista una grande piscina rimasta incompiuta.
Era anche nell'intenzione dei costruttori la trasformazione in giardino provvisto di portici (ci sono le tracce dei pilastri) di un cortile alle spalle delle sale termali e con ingresso autonomo su una trasversale di via di Nola [15].
Per quanto riguarda la decorazione ben poco possiamo dire, perché al momento dell'eruzione i marmi, gli stucchi, le colonne, i rilievi non erano ancora messi in opera e le pareti non ancora affrescate.
Dalla fase più antica delle Terme Stabiane e dalle Terme del Foro, di epoca sillana, possiamo comunque farci un'idea di quella che sarebbe stata, verosimilmente, la decorazione a lavori ultimati: soffitti a cassettoni di stucco a varie figurazioni, colonne intonacate, affreschi, mosaici, pavimentazioni e rivestimenti in marmo etc.
Nelle terme di questo tipo mancano le biblioteche annesse ai *balnea* ed i monumentali giardini che sono caratteristici delle grandi terme imperiali di Roma e delle province. Queste sono comunque, a parte i problemi sia urbanistici (di disponibilità di spazi edificabili), sia economici (le casse della *res publica* delle città minori non avevano certo l'opulenza dei fondi imperiali a Roma), in gran parte acquisizioni post domizianee (81-96 d.C.).
Anche a Pompei e nel suburbio esistevano terme private, la più famosa delle quali è certamente quella istallata nei *praedia* di *Iulia Felix*, ma ve ne erano delle altre, come testimonia ad esempio un'iscrizione pubblicitaria della villa «di Cicerone» (*C.I.L.* X, 1063).
Anche per queste è valido il discorso di «concorrenza» fatto per Roma. In conclusione, dunque, terme come veicolo di relazioni sociali e di cultura in senso lato; come mezzo di propaganda del potere e di diffusione della cultura ufficiale, ma anche di sussistenza economica per i privati. Ma soprattutto terme come elemento essenziale e caratteristico della vita romana, tanto che la presenza di questi edifici in ambito provinciale è segno specifico e originale di romanizzazione.

M. B. – C. G.

Note

1) Che Adriano abbia rifatto le Terme di Agrippa è testimoniato da un passo di Spartiano nella *Historia augusta* 1.15.
2) Per farsi un'idea della grandiosità dello *Stagnum* si veda TACITO, *Annales* 15.37: Tigellino vi organizzò un *convivium* sopra una zattera trascinata da altre imbarcazioni.
3) COARELLI 1980, p. 202.
4) La simmetria del recinto delle Terme di Caracalla deve essere ancora confermata: cfr. IACOPI 1985.
5) COARELLI 1980, pp. 201-205, 254-257, 332-335.
6) GRIMAL 1969, pp. 188-196.
7) Un *solarium* è presumibilmente identificabile con la sala ottagona delle Terme del Foro di Ostia; PAVOLINI 1983 pp. 106-107. Ciò dimostra che questi ambienti non erano necessariamente presenti solo nelle grandi terme della capitale, oggetto del nostro discorso.
8) COARELLI 1980, p. 334.
9) Di uno *xystus*, quello della sua villa sulla via Laurentina, ci parla Plinio (*Epistulae* 2.17-20). Si può presumere che la struttura degli *xysti* delle terme sia analoga.
10) HOMO 1951, p. 460.
11) COARELLI 1980, p. 257.
12) LUGLI 1957, tav. CCI, fig. 2.
13) DE FELICE 1952.
14) MAU, cc. 2757-8. Cfr. SENECA, *Epistulae ad Lucilium* 66.1.2.
15) A. e M. DE VOS 1982, pp. 206-209, per una descrizione esauriente delle Terme Centrali e della loro pianta.

53. La vita quotidiana alle terme: Seneca, *Epistulae* 56, 1-2.

25. Gli ambienti: la *latrina*.

54. Settefinestre (Orbetello, Grosseto), villa romana: ricostruzione assonometrica e sezione della *latrina*.

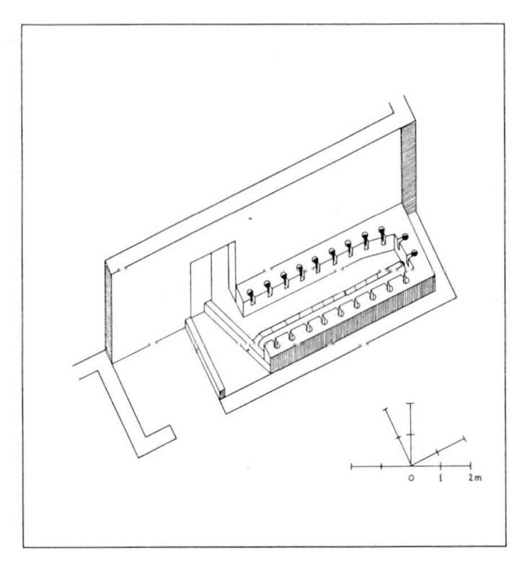

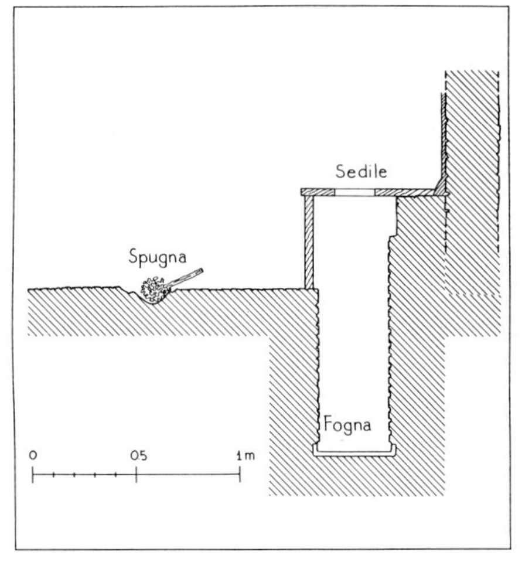

La parola *latrina*, sincope dall'originario termine *lavatrina*, deriva dal verbo latino *lavare* (a torto alcuni autori e lessicografi la fanno derivare da *latere* – nascondersi, appartarsi, stare lontano – per cui la latrina sarebbe «il luogo dove ci si apparta» [1]).
In epoca arcaica per *latrina* si intende un locale dalla struttura molto semplice, istallato accanto alla cucina (*culina*) per potere utilizzare, per l'igiene della persona, l'acqua sempre calda proveniente da un recipiente posto sul fornello (Varrone, *De lingua latina* 5.118; Vitruvio, *De architectura* 6.6.2). Quando, dal III sec. a.C., sotto l'esempio dei Greci, i Romani cominciarono a costruire dei bagni pubblici, in cui si offrono a buon mercato il lusso e la comodità, la *lavatrina* privata scompare dalle abitazioni più modeste e le famiglie ricche costruiscono nelle loro residenze bagni con ipocausti, la latrina sola (nel senso che le diamo oggi) rimane accanto alla cucina conservando il nome derivatole dalla sua funzione primitiva. Esempi di latrine isolate dal bagno in abitazioni private si trovano a Pompei, ad esempio nella Villa dei Misteri [2] ed in una casa (VIII, 9, 4, 63) dietro l'edificio di Eumachia [3]; in ambedue i casi è presente un sistema di latrine poste a diversi piani delle costruzioni, aventi in comune la tubazione adduttrice dell'acqua di scarico. Per quanto riguarda l'uso pubblico, a parte i sistemi igienici rudimentali, consistenti in recipienti di terracotta ed anfore con il collo segato (*dolia*, *testa*, *curtus*: cfr. Lucrezio, *De rerum natura*, 4.1023 e Marziale, *Epigrammata*, 12.48.8) posti nelle pubbliche vie ad uso di urinatoi, la presenza di latrine in scala «monumentale» è da segnalare fin da età piuttosto antica [4].
Complessi sistemi igienici compaiono ovunque ci sia una forte concentrazione di persone, come ville rustiche con massiccia presenza di manodopera [5], luoghi pubblici di centri abitati ed avamposti militari [6].
Nelle città le latrine sono prospicienti vie molto frequentate [7], nelle immediate vicinanze dei fori come a Pompei [8] o ad Ostia [9], o – per citare un caso provinciale – Timgad [10], nelle palestre [11] e naturalmente nelle terme.
Il funzionamento delle latrine in scala «monumentale» è pressoché identico in tutte: un canale, in cui passa continuamente acqua corrente [12], corre lungo tre lati del perimetro dell'ambiente.
Sopra di esso, ad uguale distanza l'uno dall'altro, sono impostati supporti in pietra o in muratura che fanno da sostruzione a sedili, anche essi in pietra, od in marmo nei casi di maggior prestigio [13]. L'acqua corrente sotto i sedili si getta, tramite un collettore, nella cloaca più vicina. Dove lo scarico non avviene direttamente nella fogna, ma in pozzi neri, lo spurgo è opera di un imprenditore (*conductor foricarium* o *foricarius*) che prende in appalto l'impresa (Giovenale, *Saturae* 3.38; *Digesto*, 12.1.17), e viene attuato durante la notte, caricando il materiale su carri (*plaustra*) [14].
A completamento dei servizi igienici della latrina, in una canaletta, scavata a pochi centimetri di distanza lungo tutto il basamento dei sedili (e nei casi di ambienti più piccoli, al centro del pavimento [15]), scorre un rivolo d'acqua, alimentato dall'acquedotto tramite un piccolo lavabo o una vaschetta costantemente ricolmi, ubicati nel lato del vano non occupato dai sedili. Qui, verosimilmente, venivano immerse le spugne immanicate [16] di cui parlano Seneca (*Epistulae ad Lucilium*, 1.70.20) e Marziale (*Epigrammata*, 12.48.7) e che, con ogni probabilità, venivano utilizzate per la pulizia.
I vani delle latrine, inseriti in contesti monumentali come le terme, non potevano mancare di una loro dignità estetica: presentavano decorazioni e rifiniture anche di un certo livello

55. ***Cuicul*** **(Djemila, Algeria): la *latrina* delle Grandi Terme.**

quali pitture parietali [17], mosaici o modanature artistiche [18].

Per quanto riguarda la suppellettile mobile deperibile, possiamo solo fare riferimento alle *cetera minutalia* («altre cosette») di cui parla Trimalcione (Petronio, *Satyricon* 47).

Come al giorno d'oggi i muri delle latrine erano ricoperti di salaci iscrizioni graffite [19], oppure scritte con il carboncino o con il gesso, come annota Marziale (*Epigrammata*, 12.51. 9-10).

M. B. – C. G.

Note

1) *Lavatrina*, in Th.l.L., cc. 1036-1037.
2) Maiuri 1945.
3) Thedenat 1918, p. 990.
4) Un testo risalente al II sec. a.C.: C. Titius in Macrobio, *Saturnalia* 2.12 testimonia la presenza, in questo periodo, a Roma, di latrine pubbliche monumentali.
5) *Settefinestre* 2, pp. 69-72.
6) Collingwood-Richmond 1969, pp. 124-125.
7) Hallier-Humbert-Pomey 1982, pp. 55-71.
8) Maiuri 1942, pp. 30-35.
9) Adam 1984, p. 278; Pavolini 1983, pp. 133-134.
10) Thedenat 1918, p. 989.
11) Maiuri 1939, pp. 190-193: riguarda la latrina della Palestra Grande di Pompei. Interessante da notare l'uso razionale che si fa dell'acqua di scarico della *natatio*, utilizzata come acqua di drenaggio della latrina stessa. Analoghe intenzioni ebbero i costruttori delle incompiute Terme Centrali di Pompei: cfr. A. e M. De Vos 1982.
12) Maiuri 1942, pp. 30-35; Maiuri 1939, pp. 190-193; Hallier-Humbert-Pomey 1982, pp. 55-71; *Settefinestre* 2, pp. 69-72; Thedenat 1918, p. 989.
13) In *Settefinestre* 2 si ipotizza l'esistenza di sedili in legno.
14) *C.I.L.* I 161, I 66; *Digesto* 33.7.12.10.
15) *Settefinestre* 2, p. 70.
16) Thedenat 1918, p. 991; per le varie ipotesi di uso delle spugne.
17) Hallier-Humbert-Pomey, 1982.
18) Thedenat 1918, pp. 989-990.
19) *C.I.L.* IV, 3146 e 2375.

26. Le terme a Pompei.

Terme pubbliche

Intorno alla fine del IV sec. a.C., se non già alla fine del V, in una delle zone più vitali di Pompei, a breve distanza dal quartiere dei teatri, sorse il primo complesso termale pubblico: una serie di piccoli ambienti con vasca [1] e una latrina, serviti da un pozzo, annessi ad una palestra trapezoidale [2].

Nel II sec. a.C., al momento della pianificazione urbanistica [3], la palestra e i bagni annessi vennero inglobati nelle Terme Stabiane, dotate di una sezione femminile e di una maschile, che occuparono il settore meridionale dell'*insula* I della VII *regio*, all'incrocio del decumano inferiore (Via dell'Abbondanza) con il cardine massimo (Via Stabiana).

Nei primi decenni del I sec. a.C. alle Terme Stabiane si aggiunsero due nuovi *balnea*: le Terme Repubblicane e le Terme del Foro.

Il primo complesso, di uso pubblico, ma probabilmente di proprietà privata, pur essendo piuttosto piccolo [4] era costituito da un settore maschile e da uno femminile. Fu edificato fra gli ultimi anni del periodo sannitico e i primi della colonia sillana [5] sulla Via dei Teatri [6], a breve distanza dalle Terme Stabiane, evidentemente perché queste ultime si erano rivelate insufficienti alle esigenze del quartiere centrale e meridionale della città.

Il secondo edificio, le Terme del Foro, venne costruito nei primi anni della colonia sillana all'incrocio del decumano superiore (Via di Nola) con Via del Foro, nella zona del Foro Civile, centro commerciale e culturale della città [7].

Le terme sono divise in due settori: uno femminile, con ingresso da Via delle Terme, e uno maschile, dotato di tre ingressi (da Vicolo delle Terme, da Via del Foro, da Via delle Terme).

All'epoca della deduzione della colonia sillana sono anche datati, da una iscrizione rinvenuta nell'ala Nord [8], alcuni interventi edilizi relativi alle Terme Stabiane: la costruzione del *laconicum* e del *destrictarium* e la ricostruzione dei portici e della palestra.

Il quadro rimase invariato fino ai primi decenni dell'età augustea, quando vennero soppresse le Terme Repubblicane.

Nella prima età claudia (fra il 30 e il 40 d.C.), nella zona tra il Foro Civile e il quartiere dei Teatri, vennero installate le Terme del Sarno, annesse ad un grande caseggiato su cinque piani con appartamenti da affitto. Si tratta di un bagno pubblico – con settore femminile e settore maschile adiacente ad una palestra – gestito da una privata, *Poppaea Note*, liberta di *Priscus*.

A causa dei danni subiti durante il terremoto che colpì Pompei nel 62 d.C., dopo questa data nelle Terme del Foro e nelle Terme Stabiane si intrapresero lavori di restauro [9]. Contemporaneamente si intraprese la costruzione delle Terme Centrali, destinate ad essere le nuove terme della città e mai portate a termine [10]. Esse occuparono l'intera *insula*, le cui costruzioni precedenti furono demolite, all'incrocio del decumano superiore (Via di Nola) con il cardine massimo (Via Stabiana) e vennero costruite affinché la zona residenziale Nord-Est della città fosse dotata di un complesso termale moderno, sia nella tecnica costruttiva [11], sia nell'organizzazione dello spazio [12]. La loro posizione indica che il centro economico e sociale della città si stava spostando dal Foro per concentrarsi in Via Stabiana e in Via dell'Abbondanza, dove si aprono botteghe, officine, alberghi. L'edificio è dotato di tre ingressi: uno per ognuna delle due strade principali e un terzo, di servizio, sul vicolo Sud.

Lo stesso clima di crisi economica successivo al terremoto del 62 d.C. spiega l'iscrizione [13] che ci dà notizia dell'affitto, da parte di *Iulia Felix*, dell'elegante *balneum* facente parte della sua proprietà, posta sul decumano inferiore (Via dell'Abbondanza) in una zona molto frequentata, nei pressi della Porta del Sarno e dell'Anfiteatro.

Al momento dell'eruzione del 79 d.C. erano funzionanti a Pompei le Terme del Sarno e il settore femminile delle Terme Stabiane [14] nella zona Sud, il settore maschile delle Terme del Foro [15] nella zona Sud-Ovest, il *balneum* dei *Praedia* di *Iulia Felix* nella zona Est.

Terme private

Dopo la seconda guerra punica l'influsso ellenistico proveniente dalle città della costa (Pozzuoli, Cuma, Napoli) si fece sempre più profondo e si verificò un aumento della ricchezza grazie ai commerci con l'Oriente ellenistico, agevolati dall'espansione del potere romano. In questo modo i *mercatores* ottennero maggiori mezzi economici e vennero a contatto con nuovi modelli architettonici che permisero di introdurre nelle loro abitazioni ulteriori raffinatezze, tra cui anche il bagno [16].

Si trattò, fino al momento della deduzione della colonia sillana, di un angusto ambiente riscaldato da un braciere [17]. Nel bagno della Villa dei Misteri [18], la cui costruzione risale al

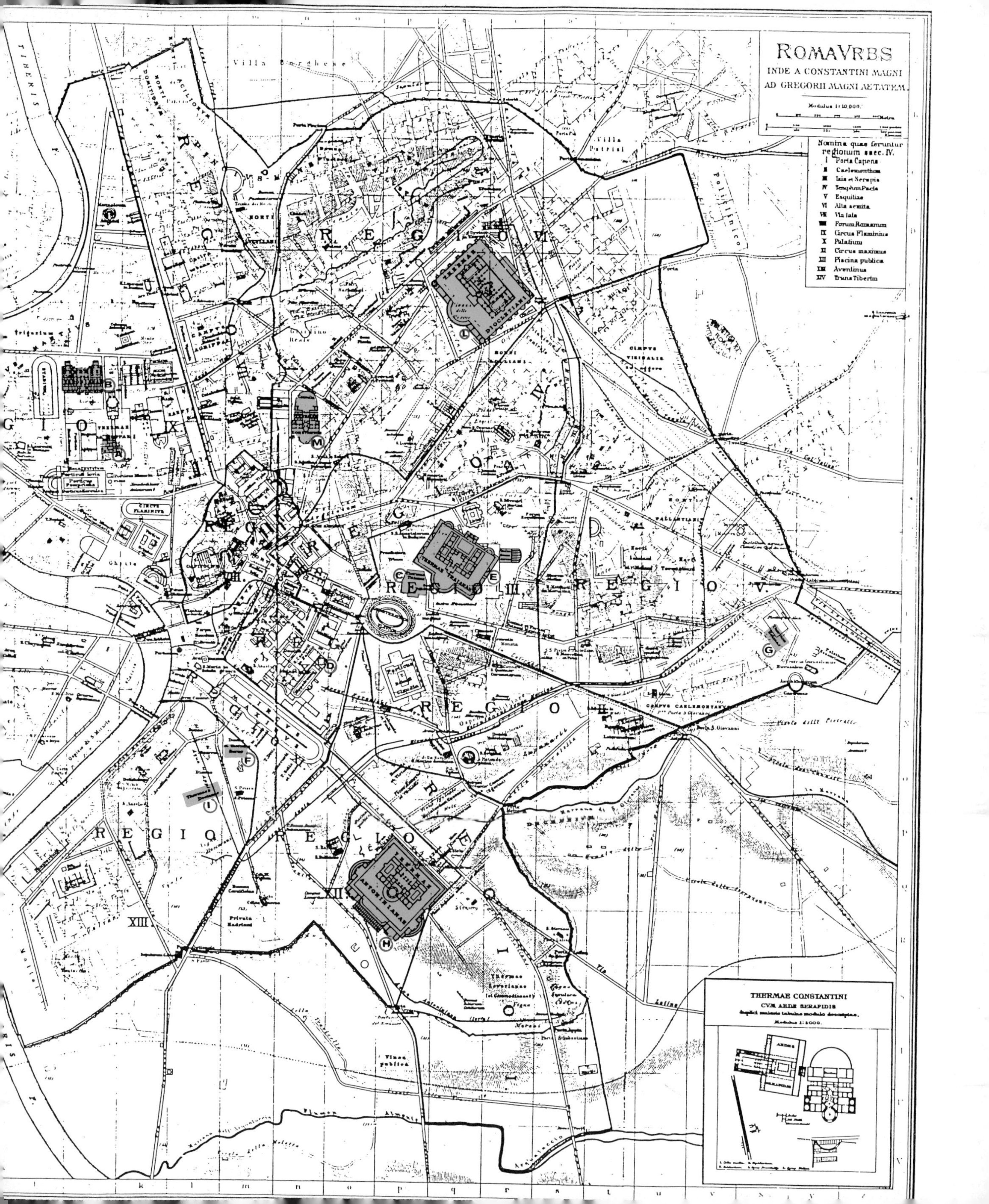
ROMAVRBS
INDE A CONSTANTINI MAGNI
AD GREGORII MAGNI AETATEM
Nomina quae feruntur regionum saec. IV.
I Porta Capena
II Caelemontium
III Isis et Serapis
IV Templum Pacis
V Esquiliae
VI Alta semita
VII Via lata
VIII Forum Romanum
IX Circus Flaminius
X Palatium
XI Circus maximus
XII Piscina publica
XIII Aventinus
XIV Trans Tiberim
THERMAE CONSTANTINI
CVM AEDE SERAPIDIS
THERMAE DIOCLETIANI
THERMAE TRAIANI
THERMAE ANTONINIANAE
Thermae Severianae
CIRCVS FLAMINIVS
CIRCVS MAXIMVS
CAMPVS AGRIPPAE
CAMPVS VIMINALIS
CAMPVS CAELEMONTANVS
HORTI PALLANTIANI
Villa Borghese
Villa Patrizi
Policlinico
TIBERIS F.
REGIO

struire le assai più grandiose terme, che da lui presero nome [10] (E nella pianta); fondate in parte sui resti della *Domus Aurea*, ebbero da questa un orientamento del tutto diverso, dovuto alla ricerca di una migliore posizione rispetto al sole e ai venti dominanti (tale orientamento lo riscontreremo nelle maggiori terme romane, quelle di Caracalla, Diocleziano, Decio). L'opera, interamente traianea, fu iniziata dopo il 104 e inaugurata il 22 giugno del 109, quando fu inaugurata anche l'*Aqua Traiana*, che attraversando Trastevere giungeva ad alimentarla. Questo complesso, il cui architetto fu Apollodoro di Damasco (già architetto del Foro di Traiano) fu, con l'aggiunta al corpo centrale del grande recinto con l'esedra, il primo esempio completo di grandi terme in Roma [11], imitato poi dalle successive Terme di Caracalla e di Diocleziano.

Sull'Aventino, che in età imperiale ospitava un quartiere abitato da illustri personaggi posto in prossimità della *Via Ostiensis* e dell'*Emporium*, l'importante porto fluviale di Roma, Traiano fece inoltre costruire le terme dette Surane [12] (F nella pianta), in onore dell'amico Licinio Sura [13]. Tali terme, alimentate dall'*Aqua Marcia*, furono restaurate una prima volta da Gordiano III (238-244) ed ancora nel 414 da Onorio dopo il sacco di Alarico.

In età severiana fu costruito un complesso termale sul Celio [14] (G nella pianta): l'edificio, poi restaurato da Elena, madre di Costantino, dopo un incendio (e da allora noto con il nome di «Terme Eleniane»), è posto in prossimità della *Porta Praenestina* e dell'omonima via, nonché della *Via Caelimontana*, lungo la quale erano le case di alcune delle famiglie più importanti della aristocrazia del IV secolo; serviva un quartiere che ospitava ben 4 caserme: quella della V coorte dei *Vigiles* (pompieri), le due degli *Equites Singulares* (le guardie a cavallo dell'imperatore), i *Castra Peregrina* (per i soldati degli eserciti provinciali impiegati in Roma).

Ancora in prossimità dell'Aventino, comprese tra la *Via Ardeatina* da un lato e le vie *Appia* e *Latina* dall'altro, si ergevano le Terme di Caracalla [15] (H nella pianta), costruite interamente durante il regno di questo imperatore [16] a partire dal 212 fino circa al 217 (con la sola eccezione della *porticus* esterna, opera degli imperatori Elagabalo e Alessandro Severo). Per alimentarle fu creato un ramo particolare dell'*Aqua Marcia*, che prese il nome di *Aqua Antoniniana*. Alcuni restauri furono eseguiti da Aureliano, Diocleziano e Teodorico, fino a che le terme non cessarono di funzionare nel 537 a causa del taglio degli acquedotti operato da Vitige. L'edificio misurava, nella sua più ampia estensione, circa m 450x328 e, nel suo corpo centrale, m 220x114: tali misure saranno superate soltanto dalle Terme di Diocleziano.

Dall'imperatore Decio (249-251) fu fatto costruire, ancora una volta sull'Aventino (a Sud-Ovest delle Terme Surane) un altro impianto termale [17] (I nella pianta), del quale abbiamo resti scarsi e le cui dimensioni possono essere ricostruite in m 70x35.

A questo proposito dobbiamo osservare che troviamo sull'Aventino (coerentemente con le sue caratteristiche sociali di quartiere aristocratico) due stabilimenti balneari particolarmente raffinati, vale a dire le Terme Surane e quelle Deciane, mentre per i più popolati quartieri della XII regione augustea c'erano le più grandiose, ma anche popolari, Terme di Caracalla.

Le Terme di Diocleziano [18] (L nella pianta) erano situate nei pressi dei *Castra Praetoria* e delle porte urbane della *Via Nomentana* e della *Via Salaria* (che collegava Roma con la costa adriatica) e servivano i quartieri a edilizia intensiva all'estremità dei colli Quirinale, Viminale, Esquilino; esse furono costruite tra il 298 ed il 306 occupando un'area di circa m 380x370 ed erano alimentate da un ramo dell'*Aqua Marcia*: è stato calcolato [19] che più di 3000 persone (il doppio rispetto alle Terme di Caracalla) potevano contemporaneamente far uso dei servizi di questo impianto termale, che senza dubbio è il più grande di Roma.

A sottolineare il carattere intensivo dei quartieri del Quirinale contribuisce anche l'esistenza, in quel luogo, delle Terme di Costantino [20] (M nella pianta), che l'imperatore fece costruire probabilmente dopo il 315; più piccole e raffinate delle Terme di Diocleziano, servivano la porzione di quartiere meno popolare, posta nella parte Sud-Ovest del colle.

Per avere un'idea dei servizi termali offerti alla popolazione dell'Urbe in età imperiale (e precisamente alla metà del IV secolo), bisogna considerare le cifre riportate dai Cataloghi Regionari [21]: da 856 a 951 *balnea* e 11 grandi stabilimenti termali per una popolazione che, secondo i calcoli del Carcopino [22], contava quasi un milione e mezzo di individui.

M. V.

Note

1) SAGLIO 1877 c, p. 653.
2) PLINIO, *Naturalis historia* 36, 121.
3) COARELLI 1975, pp. 257-258; NASH 1961, II, pp. 429-433; PLATNER-ASHBY 1929, pp. 518-520.
4) Un tentativo di classificazione dei vari tipi di terme in Roma, che individua un tipo detto «pompeiano», uno detto «imperiale», un altro definito «intermedio», lo troviamo in STACCIOLI 1958, p. 273 ss.
5) Cfr. la nota 2.
6) COARELLI 1975, p. 266; NASH 1961, II, pp. 460-464; PLATNER-ASHBY 1929, pp. 531-532.
7) COARELLI 1975, pp. 203-204; LUGLI 1946, pp. 353-355; NASH 1961, II, pp. 469-471; PLATNER-ASHBY 1929, pp. 533-534.
8) Descritti da SVETONIO, *Nero* 31.
9) COARELLI 1975, pp. 158-159; LUGLI 1946, p. 517; PLATNER-ASHBY 1929, p. 530.
10) COARELLI 1975, pp. 204-205; LUGLI 1946, pp. 355-358 e 369-373; NASH 1961, II, pp. 472-477; PLATNER-ASHBY 1929, pp. 534-536.
11) Vale a dire di «*thermae* imperiali con il corpo dei bagni ordinato simmetricamente ai lati di un grande asse centrale e tutto compreso entro un recinto cui fanno capo gli impianti complementari»: STACCIOLI 1961, p. 92.
12) COARELLI 1975, pp. 296 e 299; NASH 1961, II, pp. 467-468; PLATNER-ASHBY 1929, pp. 532-533; STACCIOLI 1961, pp. 94-96.
13) O, forse, esse furono fatte costruire dallo stesso Licinio Sura; cfr. COARELLI 1975, p. 296 e PLATNER-ASHBY 1929, p. 532.
14) COARELLI 1975, p. 189; NASH 1961, II, pp. 454-457; PLATNER-ASHBY 1929, p. 530; STACCIOLI 1958, p. 277.
15) COARELLI 1975, pp. 302-306; NASH 1961, II, pp. 434-441; PLATNER-ASHBY 1929, pp. 520-524.
16) Alcuni (anche CARCOPINO 1986 [2], p. 292) ritengono che l'edificio sia stato iniziato da Settimio Severo nel 206.
17) COARELLI 1975, p. 301; PLATNER-ASHBY 1929, pp. 526-527.
18) COARELLI 1975, pp. 229-231; NASH 1961, II, pp. 448-453; PLATNER-ASHBY 1929, pp. 527-530.
19) COARELLI 1975, p. 230.
20) COARELLI 1975, p. 221; NASH 1961, II, pp. 442-447; PLATNER-ASHBY 1929, pp. 525-526.
21) VALENTINI-ZUCCHETTI 1940.
22) Cfr. CARCOPINO 1986 [2], p. 24 ss.

28-38. Alcuni esempi di edifici termali.

Gli esempi che seguono sono stati scelti per illustrare sinteticamente le caratteristiche essenziali e l'evoluzione architettonica delle terme romane: dall'età ellenistica in poi esse vennero realizzate con planimetrie e strutture diverse, condizionate dalle disponibilità economiche dei costruttori e dalla qualità e quantità degli utenti (*balnea* in *domus* private/terme imperiali private /terme pubbliche edificate a spese di privati o dello Stato), dal contesto topografico (urbano/extraurbano/rurale), dalla ubicazione geografica e dalle relative caratteristiche climatiche, da particolari finalità (ad esempio sono note terme costruite per scopi terapeutici: cfr. il significativo caso di Baia, o per determinate categorie sociali: terme militari e di *collegia*).

Durante l'età repubblicana gli edifici termali presentano planimetrie asimmetriche e irregolari: la disposizione dei vani, più che da motivazioni estetiche, è dettata da esigenze di funzionalità ed economia [1]. Ad esempio, per quanto riguarda i più antichi bagni privati, costituiti da uno o più ambienti, vediamo che erano ubicati in diretta comunicazione con la cucina, come consigliava Vitruvio (*De architectura*, 6.6.2), evidentemente per sfruttare adeguatamente le stesse fonti di calore. Il bagno della Casa del Centenario può costituire un chiaro esempio di tale organizzazione funzionale, che persiste anche nel I sec. d.C. ed oltre.

Per quanto riguarda le città, in età tardo-repubblicana cominciarono a diffondersi le terme pubbliche, per soddisfare le esigenze di un numero assai vasto di frequentatori, appartenenti a tutti i ceti sociali, e in particolare alle classi più povere, che non potevano permettersi *balnea* privati. Pompei ed Ostia offrono esempi ben conservati di terme urbane: le Terme Stabiane di Pompei, fra le altre, permettono di ricostruire le attività svolte in un edificio termale pubblico di una cittadina «di provincia», fra l'età tardo-repubblicana e la prima età imperiale; in particolare, la divisione in settori maschile e femminile, con percorsi distinti, mirava a conservare la buona reputazione delle matrone che frequentavano l'edificio. Queste terme costituiscono inoltre, sia nel settore maschile che in quello femminile, un tipico esempio di complesso «a percorso assiale», cioè articolato lungo la direttrice *frigidarium -tepidarium -caldarium* [2].

Ad Ostia, oltre alle tre grandi terme pubbliche (Terme di Porta Marina, Terme di Nettuno, Terme del Foro), erano numerosi *balnea*, per così dire «di quartiere», gestiti da privati: la pianta di questi molto spesso era irregolare, con percorsi tortuosi ed una successione non canonica di vani: tali caratteristiche erano in genere dovute alla preesistenza di altri edifici. Questi *balnea*, da noi esemplificati con le Terme dei Sette Sapienti, molto spesso erano privi di palestra [3].

Come è noto, nel mondo romano le terme costituivano un importante polo di aggregazione: l'esistenza di bagni di *collegia* (corporazioni) [4], come sembrerebbero essere le cosiddette Terme dei *Cisiarii*, sottolineano che tali complessi, oltre ad assolvere funzioni igienico-sanitarie, potevano favorire e rendere più produttivi contatti ed incontri di lavoro.

Dall'età neroniana in poi, per mecenatismo degli imperatori, si svilupparono grandi complessi, costruiti secondo una planimetria assiale; con il principato di Traiano diventò canonica la disposizione di ambienti simmetrici intorno ad un corpo centrale, che permetteva così ai frequentatori «un doppio percorso anulare» [5]. In tali terme, oltre agli ambienti riservati ai bagni, erano *musaea*, biblioteche, sale per conferenze, giardini, etc., che costituivano spazi per incontri ricreativi e culturali. Il fine per cui tali terme venivano costruite è, chiaramente, la *captatio benevolentiae* da parte dell'imperatore nei confronti del popolo: le Terme di Caracalla, aperte gratuitamente al pubblico, ne sono un significativo esempio.

Gli imperatori, oltre che per le necessità dei sudditi, facevano costruire terme per il proprio *comfort*, come dimostra la residenza di Adriano a Tivoli, dotata di ben quattro edifici termali dalla complessa planimetria, ad uso del sovrano e della sua corte.

Nel mondo romano, inoltre, le terme erano ubicate sia lungo le più importanti arterie stradali (in molte *mansiones*), sia in ambito rurale, ove erano pertinenti a residenze private (cfr. l'esempio della *villa* di Francolise) oppure erano costruite per soddisfare le esigenze igieniche degli abitanti dei distretti rurali (cfr. gli esempi di Villa Speciosa, Cagliari, e di Kerkouane in Tunisia). Le Terme rivestivano un ruolo importante nella vita militare (cfr. ad es. il *Castrum* di *Cilurnum*).

M. C. – S. M.

Note

1) Adam 1984, p. 294.
2) Cicerchia 1985, p. 48.
3) Pavolini 1986, p. 222.
4) Pavolini 1986, p. 139.
5) Cicerchia 1985, p. 48.

28. Un bagno privato in contesto urbano: la Casa del Centenario a Pompei.

La *domus* venne detta del Centenario perché scavata nel 1879, in occasione del diciottesimo centenario della distruzione di Pompei [1]. La casa, costruita nel II sec. a.C. [2], era di vaste dimensioni, con due atrii tuscanici e un peristilio, in fondo al quale era un ninfeo che conteneva una statua di ermafrodito [3]. Nel settore meridionale erano gli ambienti riservati agli schiavi, con accesso indipendente che si apriva sul vicolo. All'inizio del I secolo d.C. la *domus* fu ampiamente ristrutturata e ridecorata con mosaici pavimentali bianco/neri [4]; le pareti presentavano pitture, ora perdute, di III stile iniziale, il cui *terminus ante quem* si ricava da un graffito sicuramente datato al 15 d.C. In questa medesima fase, per le necessità dei padroni, venne installato anche un bagno [5] probabilmente costituito solo da due ambienti attigui alla cucina [6]. Successivamente, nell'ultima fase di vita della città, il *balineum* subì rifacimenti [7]; nella seconda metà del I secolo d.C. presentava questa planimetria: un lungo e stretto corridoio di accesso (E) immetteva in (F), *frigidarium* con una grande vasca scoperta (G) [8], cui si accedeva tramite gradini. Le pareti del *frigidarium* erano decorate con pitture di IV stile, mentre sopra la vasca erano raffigurazioni egittizzanti su fondo giallo [9]. La pavimentazione era in marmo policromo [10]. Il vasto ambiente rettangolare (H) decorato con pitture di III stile, era probabilmente l'*apodyterium*. Il *tepidarium* (I) e il *caldarium* (J) erano privi di *suspensurae* e ricevevano calore dal forno per pane ubicato nella cantina sottostante e dalla parete dell'attigua cucina (K) [11]. Il pavimento del *tepidarium* era costituito da un mosaico bianco

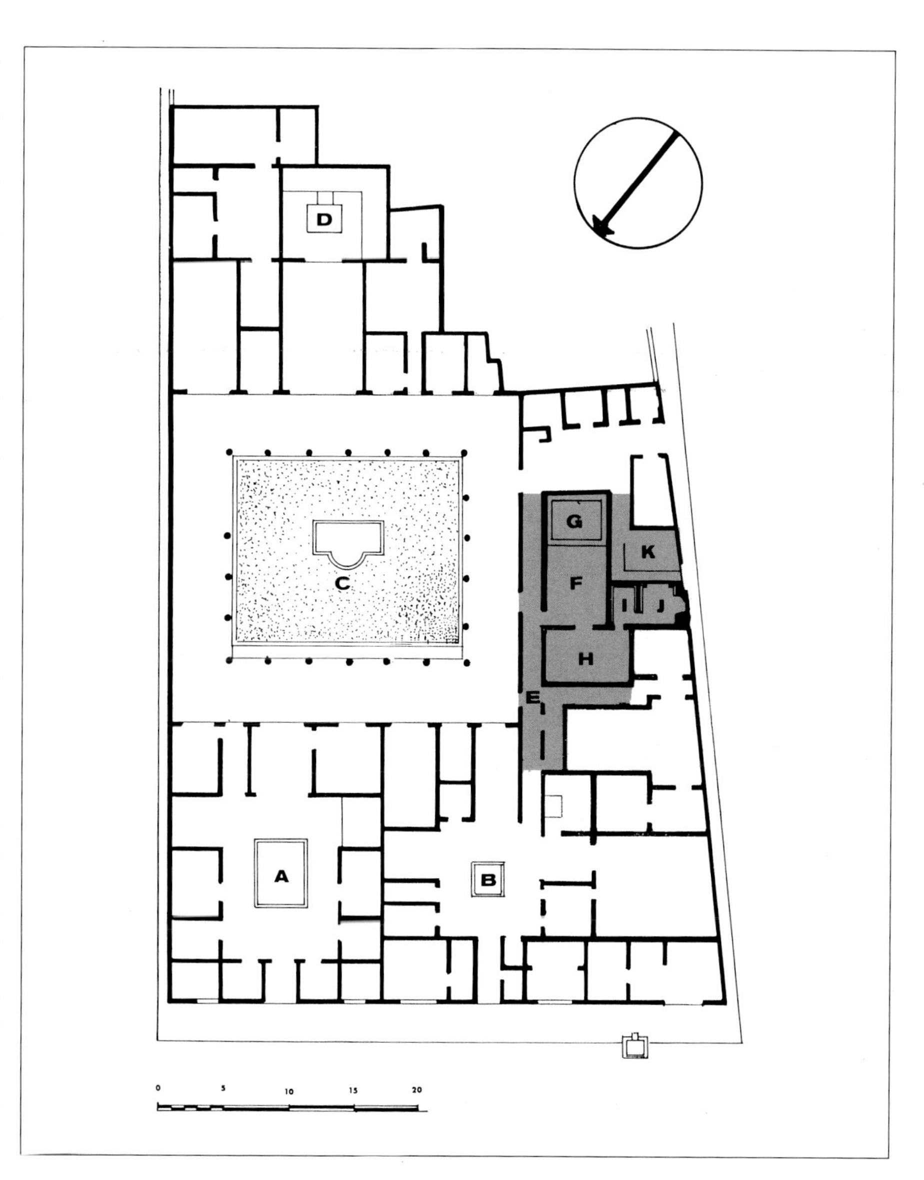

58. Pompei, Casa del Centenario, pianta: è evidenziato il settore termale.

59. **Pompei, Casa del Centenario: il *caldarium*.**

e nero, raffigurante un polipo con pesci e foglie [12], mentre il *caldarium* presentava *scutulae* marmoree romboidali, di cui oggi rimangono solo le impronte [13]. Le pareti dei due ambienti erano decorate con pitture di IV stile. Il *caldarium* presentava due nicchie: una, semicircolare, doveva contenere il *labrum*, nell'altra, rettangolare, era murata una vasca.

M. C.

Note

1) Sogliano 1879, p. 121; Overbeck 1884, p. 353; Mau 1900, p. 346; Brilliant 1979, p. 131.
2) A. e M. De Vos 1982, p. 213.
3) A. e M. De Vos 1982, p. 213.
4) M. E. Blake (1930, p. 98) ritiene che tale ristrutturazione venne effettuata nel periodo compreso fra il I secolo a.C. e il I secolo d.C.
5) A. e M. De Vos 1982, p. 213; secondo J.P. Adam (1984, p. 289) non è escluso che l'impianto termale risalga al II secolo a.C.
6) Fabbricotti 1976, p. 73.
7) Fabbricotti 1976, p. 73.
8) Adam 1984, p. 336.
9) Overbeck 1884, p. 358; Fabbricotti 1976, p. 73.
10) Pernice 1938, p. 44.
11) Overbeck 1884, p. 358; Di Capua 1931-40, p. 129; Adam 1984, p. 290. Probabilmente la cantina e il relativo forno subirono un rifacimento dopo il terremoto del 62 d.C. (Fabbricotti 1976, p. 74).
12) Overbeck 1884, p. 358; Blake 1930, pp. 117-118.
13) Overbeck 1884, p. 358; Fabbricotti 1976, pp. 73-74.
14) Overbeck 1884, p. 358.

29. Bagni pubblici in contesto urbano: le Terme dei Cisiarii e dei Sette Sapienti ad Ostia.

Il complesso termale detto dei *Cisiarii*, (cioè dell'associazione dei conduttori e fabbricanti di un particolare tipo di carretto, il *cisium*), datato nella sua fase originaria ai primi decenni del II sec. d.C., deriva dalla ristrutturazione dell'ala Nord di un preesistente edificio commerciale di età repubblicana [1], in origine identificato come *horrea* [2]. Si articola in vari ambienti, fra i quali è A: ampia sala a volta adibita a *frigidarium*, pertinente alla fase originaria del complesso termale, decorata con un mosaico ugualmente riferibile ai primi decenni del II sec. d.C. In tale mosaico sono raffigurate due cinte di mura urbane e, all'esterno di queste, episodi tipici della vita dei *Cisiarii*. Sappiamo che nel mondo romano i carrettieri, come altre categorie di lavoratori [3], si riunivano in associazioni (*collegia*). In particolare, le sedi dei *Cisiarii* erano di solito nei pressi delle mura e delle porte urbane, poiché i carri non potevano circolare all'interno della città [4]: tenendo conto dell'ubicazione dell'edificio (nei pressi della Porta Romana) e del soggetto decorativo del mosaico, si ritiene che il complesso possa identificarsi con le terme di tale associazione. La presenza di *Cisiarii* ad Ostia è peraltro attestata dall'iscrizione *C.I.L.* XIV, 409.
Gli altri ambienti B e C sono entrambi riscaldati ed ornati da un mosaico. La decorazione di B, di soggetto marino, è contemporanea ad una ristrutturazione dell'edificio effettuata nel III sec. d.C.; nel mosaico di C, di età adrianea, è rappresentata una scena di caccia. Il vano E, quadrangolare e con abside, presenta un mosaico frammentario con scene di atleti (palestra?). Gli ambienti B e C sono fra loro collegati tramite D, ampio vano di disimpegno, con al centro un bacino [5].
La pianta di tale terma è irregolare e il percorso tortuoso, come in genere è stato riscontrato nei *balnea* di Ostia condizionati da edifici preesistenti [6]. Erano comunque assicurati i servizi essenziali per un'adeguata sosta igienico-ricreativa: le associazioni tendevano a garantire ai propri membri questo tipo di *confort*, come attesta un'epigrafe ostiense in cui, fra i vari servizi in uso in un *collegium* non identificabile, è citato un intero bagno con apparato per riscaldarlo.

S. M.

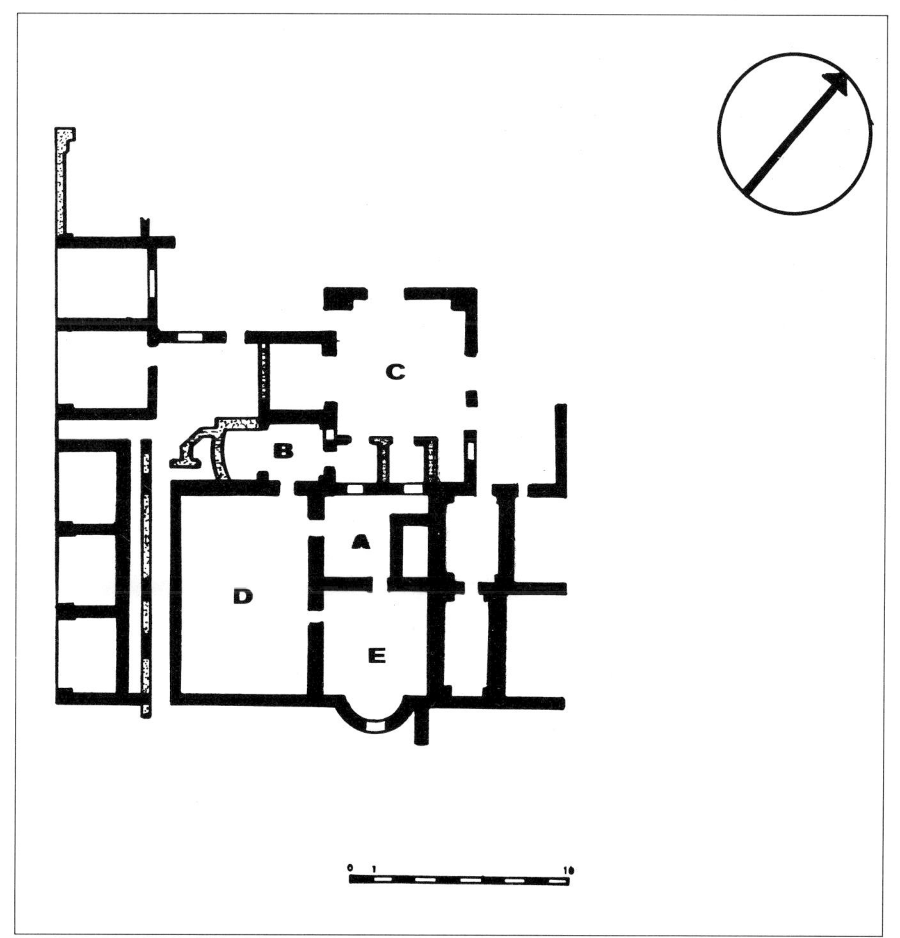

60. Ostia, Terme dei *Cisiarii*, pianta.

POTISCVS BAROSVS
PVDES POSVS
DAC ROS

61. Ostia, Terme dei *Cisiarii, frigidarium*: mosaico pavimentale.

62. Ostia, Terme dei Sette Sapienti, pianta.

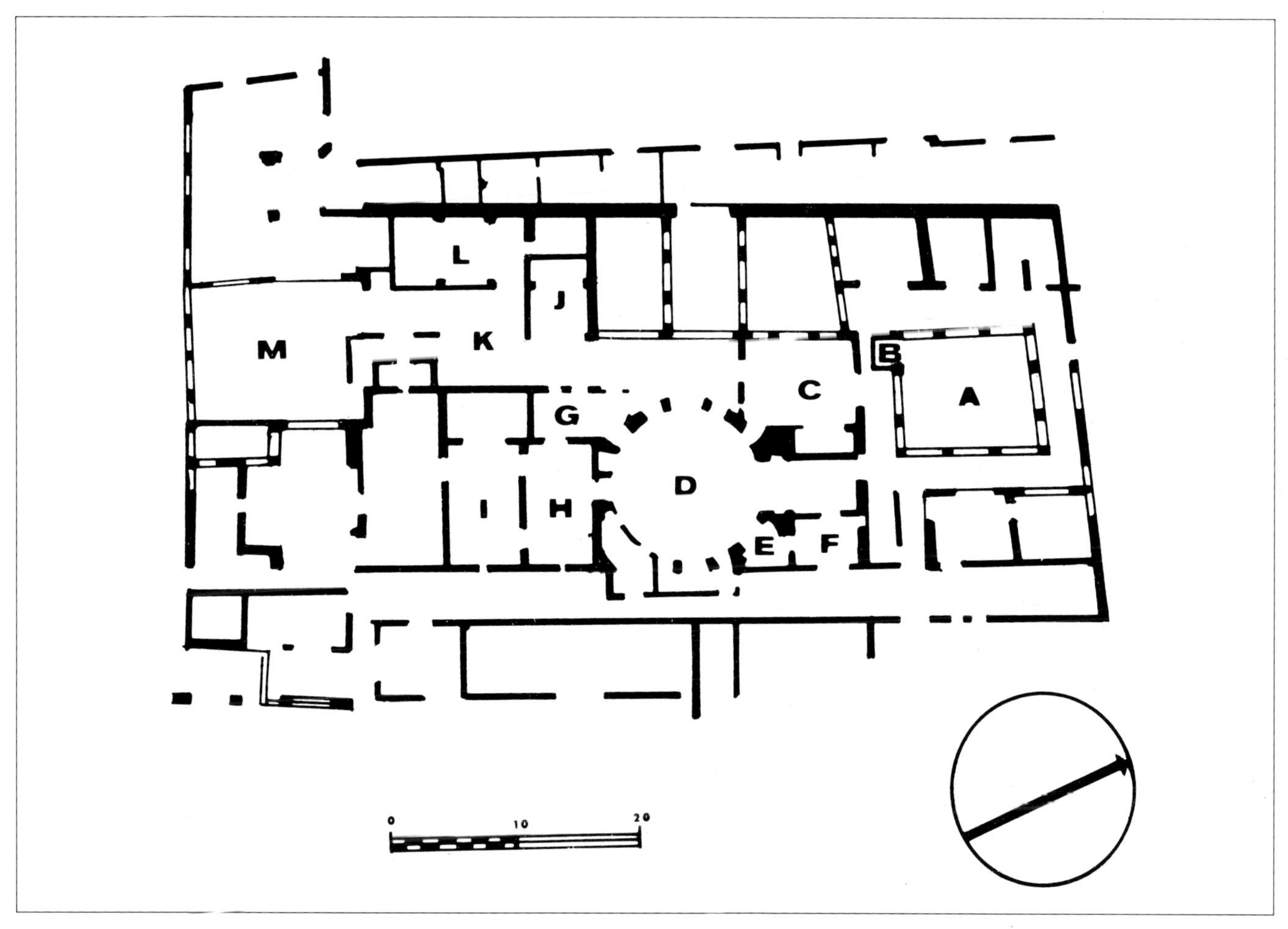

Le terme dei Sette Sapienti sono comprese fra il caseggiato del Serapide e il caseggiato degli Aurighi datati, sulla base dei bolli laterizi e della tecnica muraria, all'età adrianea e, in particolare, agli anni 125-130 d.C. [8]. Più incerta rimane la datazione dell'edificio termale che, comunque, può essere anch'esso riferito alla medesima fase cronologica. Si ritiene che le terme funzionassero, oltre che per gli abitanti dei due caseggiati adiacenti, anche per un pubblico più vasto, costituendo un tipico esempio di terma di «quartiere». L'edificio, a planimetria particolarmente irregolare e complessa, presentava due ingressi rispettivamente in comunicazione con il caseggiato del Serapide (A) e degli Aurighi (M). Al centro del complesso era il *frigidarium* (D), grande sala circolare, anticamente coperta a cupola, decorata con mosaico pavimentale bianco e nero detto «della Caccia», datato al 130 d.C. circa. Dal *frigidarium* si accedeva ad un ambiente di passaggio (G), pavimentato con un mosaico rappresentante una figura maschile nuda, *Iulius Cardus* interpretabile come il proprietario e/o bagnino della terma [9]. Questo mosaico, datato intorno al 205 d.C., venne messo in opera dopo un rifacimento del vicino *tepidarium* (H) e *caldarium* (I), le cui *suspensurae*, pavimenti e vasche vennero più volte restaurati in età antonina e severiana. L'ambiente J era un altro *frigidarium*, più piccolo e con vasca rettangolare, che presenta una raffigurazione pittorica di Venere Anadiomene [10]. Un *apodyterium* è identificabile nel vano (F): questo piccolo ambiente in origine era una *popina* (osteria) inserita in un edificio di età traianea, poi inglobata nella struttura termale [11]. L'antica destinazione dell'ambiente è evidenziata dalle pitture che ornano la parte superiore delle pareti e le volte: sono raffigurate infatti anfore, una delle quali con la scritta «*Falernum*», celebre vino campano. Sulle pareti, nel registro centrale, si conservano le immagini di Solone, Talete e Chilone (tre dei Sette Saggi della Grecia a cui si deve il nome attuale delle Terme), con massime alludenti a funzioni intestinali (ad esempio: *ut bene cacaret ventrem palpavit Solon*); nel registro inferiore, assai frammentario, appaiono teste di personaggi coinvolti nelle medesime attività, che vengono sottolineate da scritte altrettanto scherzose: *agita te, celerius pervenies* [12]

S. M.

63. Ostia, Terme dei Sette Sapienti: pitture parietali dell'ambiente F, interpretabile come *apodyterium*.

Note

1) Becatti 1961, p. 40 con bibl. precedente; Pavolini 1983, p. 48 ss.
2) Vaglieri 1910; Paribeni 1920.
3) Cfr. Waltzing 1961 (rist. anast.), p. 340 ss.
4) *Lex Iulia Municipalis* 56; Svetonio, *Divus Claudius*, 25.5.
5) Becatti 1961, pp. 39-44; Pavolini 1983, p. 48 ss.
6) Pavolini 1986, p. 222.
7) Pavolini 1986, p. 139.
8) Bloch 1947, p. 70; Becatti 1961, p. 133.
9) Pavolini 1986, p. 222.
10) Becatti 1961, p. 133 ss.; Pavolini 1983, p. 133 ss.
11) Calza 1939; Hermansen 1982, pp. 157-159; Pavolini 1986, p. 231.
12) Pavolini 1986, p. 231.

30. Bagni pubblici in contesto urbano: le Terme Stabiane a Pompei.

Le terme derivano il nome dalla via Stabiana, che ne costeggia il lato Nord-Est [1]. È il più antico complesso termale di Pompei: il nucleo originario, costituito da sette piccoli ambienti con vasche, una cisterna, un pozzo e, probabilmente, una latrina, nasce alla fine del V [2] o alla fine del IV secolo a.C. [3], come bagno per gli atleti che frequentavano l'attigua grande palestra. Questa era di forma trapezoidale perchè condizionata dalla preesistenza di due strade e di un *heredium* (orto), in seguito occupato da una *domus* con atrio e peristilio [4]; a Nord-Ovest della palestra era anche un vano sepolcrale ipogeo di forma rettangolare con nicchie e *dromos*, in seguito inglobato nell'area termale [5].

Successivamente l'edificio subì notevoli cambiamenti e ristrutturazioni; nel II secolo a.C. poi, in occasione della generale riorganizzazione urbanistica di Pompei, il complesso venne trasformato in un bagno pubblico con un settore maschile ed uno femminile [6]. Molto significativa è una iscrizione rinvenuta nel 1856 (*C.I.L.* X 1, 829) che attesta ampliamenti e restauri effettuati proprio dopo la deduzione della colonia sillana (80 a.C.). L'edificio fu danneggiato dal terremoto del 62 d.C., e furono necessari lavori di restauro, in alcuni settori ancora in corso al momento dell'eruzione del 79 [7].

L'ingresso principale A si trova nel lato meridionale aperto su Via dell'Abbondanza; da esso si entra nella palestra B: vasto cortile di forma trapezoidale che, come abbiamo detto, faceva parte del nucleo originario del complesso. Tale cortile era delimitato su tre lati da un portico, le cui colonne furono ricoperte da un pesante strato di stucco durante i restauri del periodo 62-79 d.C. [8]. Ad Ovest della palestra, sul lato non porticato, si apre la *natatio* C, costruita alla metà del I secolo a.C. nell'area precedentemente occupata dalla *domus* con atrio e peristilio. Ai lati della *natatio* erano due ambienti rettangolari D-E, con bassi bacini in cui i frequentatori potevano lavarsi i piedi prima di tuffarsi nella piscina. I muri erano decorati con affreschi raffiguranti scene nilotiche e pitture di giardino, oggi perdute, e nella parete di fondo erano nicchie che dovevano contenere statue. All'angolo Sud-Ovest della palestra era lo spogliatoio F [9]; la facciata esterna degli ambienti D-E-F era decorata con stucchi policromi raffiguranti vari oggetti (Zeus con scettro ed aquila, Eracle ebbro, atleta che si deterge con lo strigile, etc.).

Sul lato opposto erano i vani destinati ai bagni costruiti nel II secolo a.C. [10], distinti in un settore maschile ed in uno femminile [11]. L'accesso alle terme maschili era dato da un vano di passaggio, ad Est dell'ingresso principale G; all'esterno di tale ambiente fu rinvenuto, frammentario, un orologio solare con iscrizione osca (Vetter 1953, 12), che doveva essere ubicato sull'orlo del tetto. H-I-J erano probabilmente ambienti destinati ai servitori che attendevano i padroni [12]. Da G si poteva accedere al *frigidarium* K: vano circolare con piscina e quattro nicchie; le pareti presentavano pitture raffiguranti giardini, mentre la copertura, a cupola, era decorata ad imitazione del cielo stellato; l'acqua era fornita da una fontana ubicata in una nicchietta disposta a Nord. In una fase precedente il vano era un *laconicum* riscaldato con bracieri, probabilmente costruito nel I secolo a.C. [13]. L'ambiente cui si accede tramite G è un *apodyterium* (L) con volta riccamente decorata da stucchi; segue il *tepidarium* M, il cui pavimento è sostenuto da *suspensurae*; sul lato Est era una vasca con acqua riscaldata mediante una *testudo alvei*; sulle altre pareti si aprivano nicchie in cui probabilmente i frequentatori deponevano le vesti ed altri oggetti (strigili etc.). N è il *caldarium*: presenta sul lato Est un'ampia vasca rettangolare e, sul lato Ovest, un'abside in cui era il *labrum*; ancora visibili sono i mattoni tubolari che permettevano il passaggio del fumo caldo. L'ambiente O è il *praefurnium*, destinato ad alimentare i *caldaria* e gli attigui *tepidaria*, sia delle terme maschili che femminili: l'ubicazione del *praefurnium* al centro dei due settori riscaldati è chiaramente dettata da motivi di economia. L'attiguo vano S era utilizzato come deposito per la legna [14].

Alle terme femminili si accedeva da due ingressi aperti rispettivamente: sul vicolo del Lupanare (P), originariamente contrassegnato dal termine *mulier* dipinto sul muro, e sulla Via Stabiana (Q), decorato con portali di tufo. Dai due ingressi si poteva accedere all'*apodyterium* R, nelle cui pareti erano nicchie per il deposito dei vestiti. Poiché il settore femminile era privo del *frigidarium*, nell'*apodyterium* venne sistemato, in una fase più tarda, un bacino per le abluzioni di acqua fredda. T-U sono rispettivamente il *tepidarium* e il *caldarium*, nelle cui volte e pareti erano impiegate *tegulae mammatae*. Nel *caldarium* era un *labrum*, la cui acqua veniva riscaldata sia da una *testudo*, sia dai gas di combustione prodotti in un piccolo ambiente attiguo V [15]. X, vano quadrangolare che

64. Pompei, Terme Stabiane, pianta.

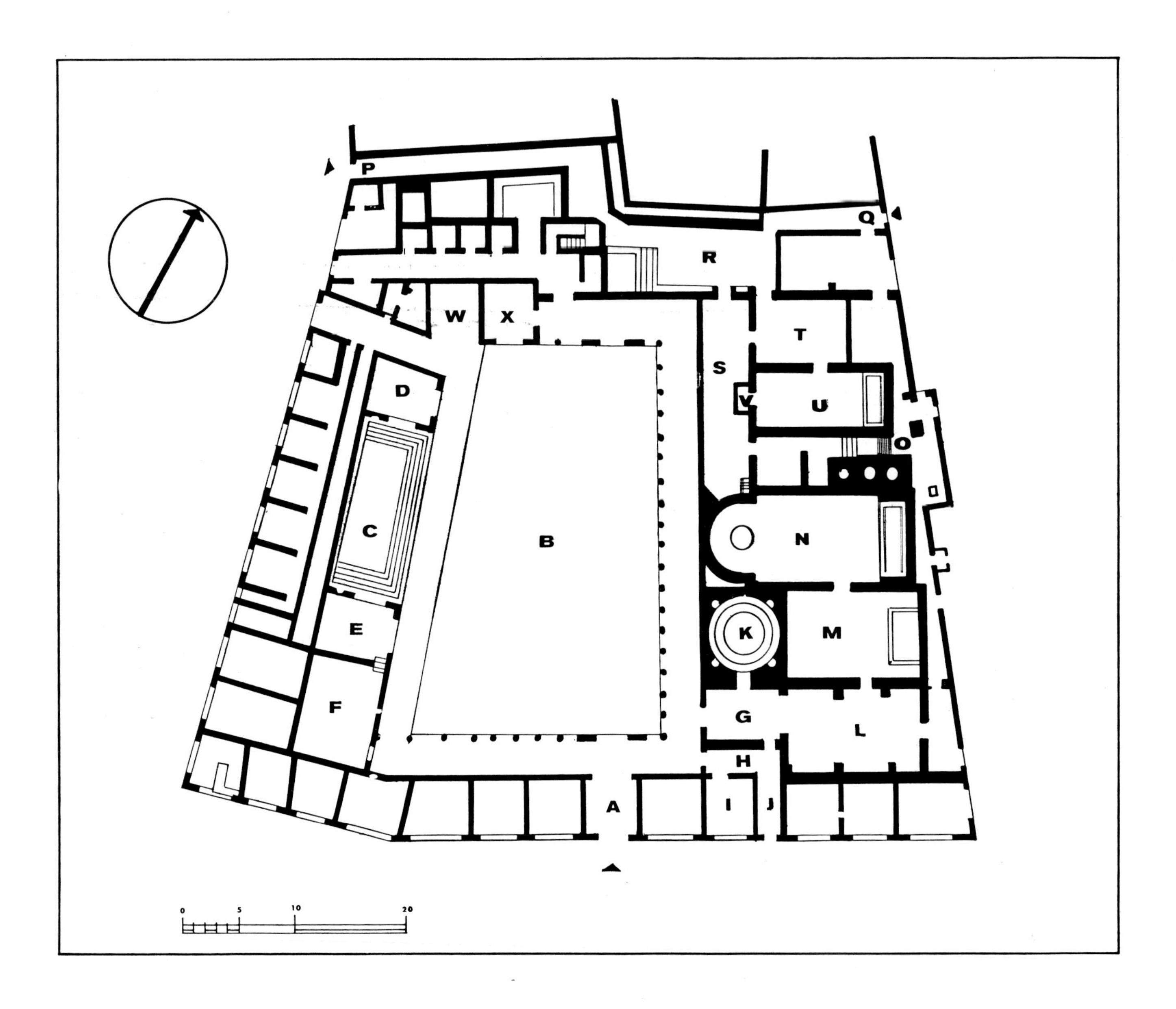

65. **Pompei, Terme Stabiane, ricostruzione.**

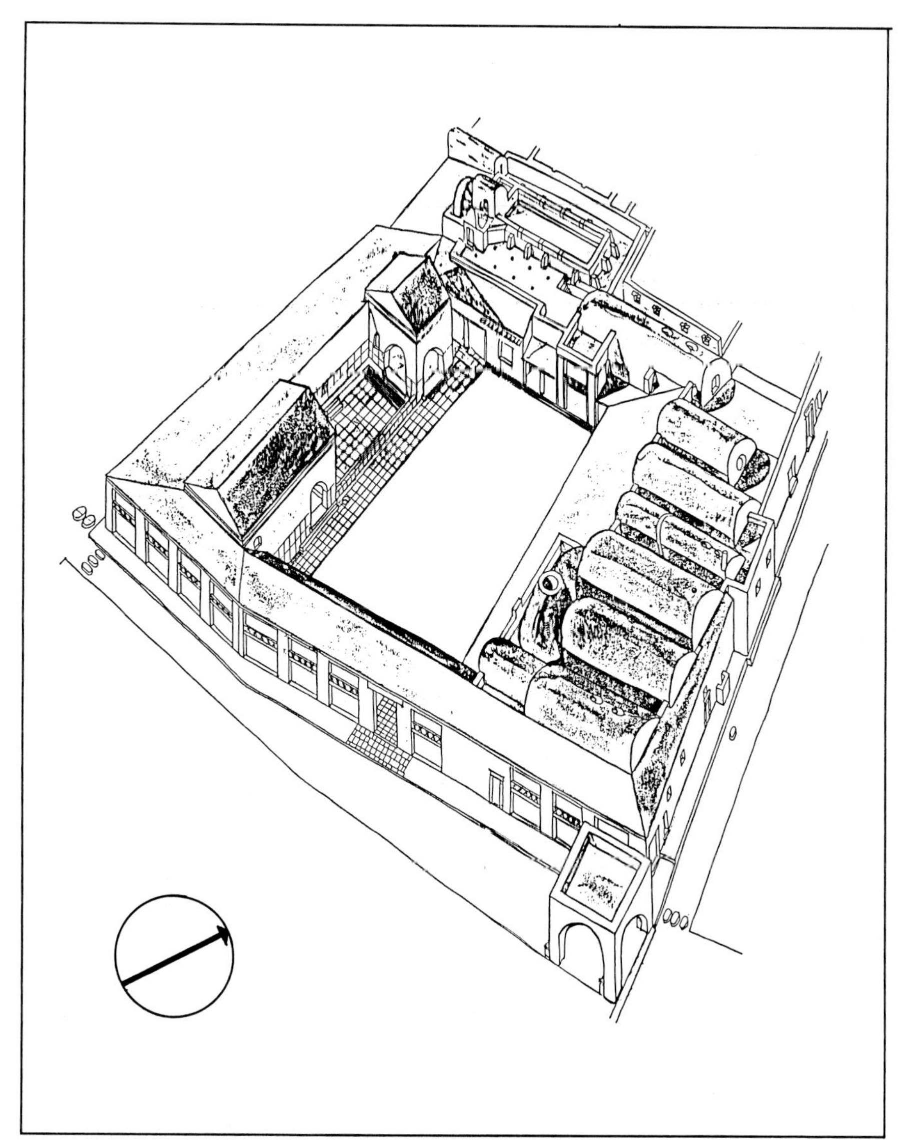

66. **Pompei, Terme Stabiane, vasche singole della I fase edilizia.**

si affacciava sulla palestra, era la stanza del *balneator*, cioè del caposervizio. W è stato interpretato come possibile *sphaeristerium* (l'ambiente destinato al gioco della palla) [16].
I frequentatori delle Terme Stabiane, sia nel settore maschile che in quello femminile, seguivano dunque un percorso «assiale», articolato secondo la sequenza *frigidarium-tepidarium-caldarium*: tale schema planimetrico non era molto funzionale poiché il percorso di andata coincideva con quello di ritorno e si potevano verificare quindi intralci nella percorribilità degli ambienti e nella fruizione dei servizi termali [17].
Nel settore Nord-Ovest, attiguo alle cellette per bagni singoli ed anch'esso pertinente alla fase originaria del complesso termale, era un pozzo che garantì l'approvvigionamento idrico alle terme sino al I sec. a.C., quando cominciò a funzionare l'acquedotto cittadino [18]. L'acqua dal pozzo veniva sollevata mediante una ruota idraulica che, data la ristrettezza dell'ambiente, veniva azionata non da animali bensì da schiavi condannati a tale pena (*in antliam condamnati*) [19].

S. M.

Note

1) Per la storia degli scavi «scientifici» di questo monumento, iniziati nel 1853 e per la relativa, ricca bibliografia, si rimanda a ESCHEBACH 1979, p. 2 ss.
2) ESCHEBACH 1979, p. 64.
3) A. e M. DE VOS, 1982, p. 194; MAIURI (1931, p. 566) invece data la fase più antica al III secolo a.C.
4) A. e M. DE VOS 1982, p. 194.
5) MAIURI 1932, p. 514 ss.; ESCHEBACH 1979, p. 64.
6) MAIURI 1932, p. 511; YEGUL 1979, pp. 110-111; ESCHEBACH 1979, p. 65; A. e M. DE VOS 1982, p. 196. In particolare ESCHEBACH 1979 ha individuato sette diverse fasi edilizie.
7) ESCHEBACH 1979, p. 70; A. e M. DE VOS 1982, p. 196. Secondo MAIURI 1931, p. 574 ss. le terme, dopo il terremoto, rimasero in uno stato di «quasi completa rovina» e non erano in uso al momento dell'eruzione. Cfr.anche ADAM 1986, p. 74.
8) A.e M. DE VOS 1982, p. 198.
9) A.e M. DE VOS 1982, p. 199.
10) ESCHEBACH 1979, p. 86 ss.; A. e M. DE VOS 1982, p. 199.
11) ESCHEBACH 1979, A. e M. DE VOS 1982, p. 198 ss.
12) A. e M. DE VOS 1982, p. 200.
13) Cfr. *CIL* X, 1, 829, su cui cfr. A. e M. DE VOS 1982, p. 200, e BRÖDNER 1983, pp. 15-16; HEINZ 1983, pp. 80 e 179. Anche il *laconicum* delle Terme del Foro venne trasformato in *frigidarium* (A. e M. DE VOS 1982, p. 51).
14) ESCHEBACH 1979, *passim*; A. e M. DE VOS 1982, p. 200.
15) ESCHEBACH 1979, p. 40 ss.; A. e M. DE VOS 1982, p. 201.
16) A. e M. DE VOS 1982, p. 202.
17) CICERCHIA 1985, p. 48.
18) MAIURI 1931, p. 567 ss.
19) MAIURI 1931, p. 511; A. e M. DE VOS 1982, p. 202; cfr. la ricostruzione grafica di ESCHEBACH 1979, fig. 11 d.

31. Bagni e acque salutari: le Terme di Baia.

La più antica utilizzazione a scopo terapeutico di vapori endogeni e di sorgenti termominerali si ebbe nella regione dei Campi Flegrei, per sua natura particolarmente ricca di tali fenomeni vulcanici secondari. Conosciute fin da età molto remota [1], le emissioni di vapori e di acque termali già nel II sec. a.C. venivano utilizzate a scopo salutare: Livio (*Ab urbe condita* 41.16.3-4) testimonia che nel 178 a.C. il console Cn. Cornelio si recò nella regione di Cuma per curare con l'idroterapia i postumi di una caduta.
Nell'ambito dell'area flegrea, i più importanti impianti termali sorsero sulle colline intorno al golfo di Baia, dove, soprattutto nella zona tra la Punta Epitaffio e il cosiddetto «tempio di Venere» [2], le fumarole e le polle idrominerali sembra fossero particolarmente numerose [3].
Molte sono le testimonianze delle fonti classiche sull'utilizzazione terapeutica delle acque e dei vapori del comprensorio baiano [4], per il cui sfruttamento sorsero complessi termali di difficile inquadramento tipologico perché determinati nella loro ubicazione e struttura dai condizionamenti imposti dalla topografia locale e dalla presenza delle sorgenti [5].
Le fonti classiche, e in particolare Orazio (*Epistulae* 1.15) e Celso (*De medicina* 2.17; 3.21), concordano nell'affermare che le terme più importanti di Baia si trovavano sulla collina, tra i mirteti. Il nucleo originario era costituito da ambienti scavati nella roccia e riscaldati dai vapori che scaturivano naturalmente dal sottosuolo [6]: in tal modo veniva praticata la terapia dei bagni di sudore, atti, secondo la medicina antica, ad espellere gli umori della malattia [7]. In questi *laconica*, o in ambienti adiacenti, venivano utilizzate anche le acque termominerali che vi sgorgavano naturalmente, o vi erano convogliate, per il bagno successivo alla sudorazione [8].
In seguito, agli ambienti scavati nella roccia si aggiunsero edifici in muratura, costruiti sulle pendici del colle [9]: furono così notevolmente ampliati gli spazi termali, che vennero riscaldati, ad imitazione dei *laconica* naturali in grotta, immettendo il vapore endogeno, per mezzo di condotti, nell'intercapedine di pavimenti e pareti. Secondo le fonti classiche [10], si deve ad un geniale imprenditore di Baia, Sergio Orata, vissuto alla fine del II sec. a.C., l'idea di riprodurre artificialmente il fenomeno che nei sudatorii di Baia avveniva naturalmente: sostituendo alle fumarole una comune sorgente di calore, egli rese possibile adottare in qualsiasi altro luogo il sistema di riscaldamento ad aria calda e *suspensurae*, determinante per il successivo sviluppo del sistema termale in tutto il mondo romano.
Il successo di tale invenzione fu sanzionato anche dalle prescrizioni dei medici, tra cui il celebre Asclepiade, che in sostituzione dei sistemi usati in precedenza per sudare (coprirsi con molte vesti, abbrustolirsi presso il fuoco, correre al sole), raccomandarono con entusiasmo i benefici effetti del nuovo sistema di *balinea pensilia*, cioè su *suspensurae* [11].
L'estensione degli impianti termali di Baia lungo le pendici del colle permise anche l'utilizzazione delle numerose polle idrominerali che sgorgavano soprattutto ai piedi del declivio, in prossimità del litorale, ma anche nel mare stesso: Plinio (*Naturalis historia* 31.2.4-6) riferisce che, nel I sec. d.C., M. Licinio Crasso Frugi costruì un'isola artificiale per sfruttare le acque bollenti di una sorgente sottomarina nello specchio d'acqua antistante il litorale baiano [12].
Le terme di Baia, dunque, oltre ai vapori endogeni (utilizzati sia nella terapia dei bagni di sudore che nel riscaldamento dei *caldaria* e dei *tepidaria*), sfruttavano le sorgenti idrominerali, il cui uso e le cui proprietà terapeutiche sono accuratamente descritti da Plinio [13]. La testimonianza pliniana conferma che l'impiego delle acque a Baia avveniva sia per bagno che per bevanda, e a tali usi dovettero evidentemente corrispondere diverse tipologie edilizie.
Nelle zone più elevate della collina, invece, sorsero portici, criptoportici e terrazze per permettere le passeggiate di lunghezza stabilita prescritte dai medici [14].
Nel corso della prima età imperiale, l'edilizia termale baiana subì consistenti ristrutturazioni, legate sia alla necessità di ampliare gli impianti per adeguarli alla sempre crescente affluenza di frequentatori e all'aumentata richiesta di lusso e monumentalità, sia all'evoluzione dei criteri medici. Alla terapia delle *sudationes*, infatti, assai diffusa intorno alla metà del I sec. a.C. [15], si aggiunse, a partire dall'età augustea, l'idroterapia fredda [16], volta a ritemprare il corpo dopo il rilassamento provocato dalla sudorazione [17]. La moda del bagno freddo comportò ovunque, e quindi verosimilmente anche a Baia, modifiche nella tipologia termale per l'aggiunta dei *frigidaria* [18].
Successive ristrutturazioni degli impianti termali, soprattutto nel III sec. d.C. [19], testimoniano che in quel periodo la terapia si basava soprattutto sull'uso delle acque e sui mas-

67. Baia, Terme: «Tempio di Diana».

68. Baia, Terme: pianta.

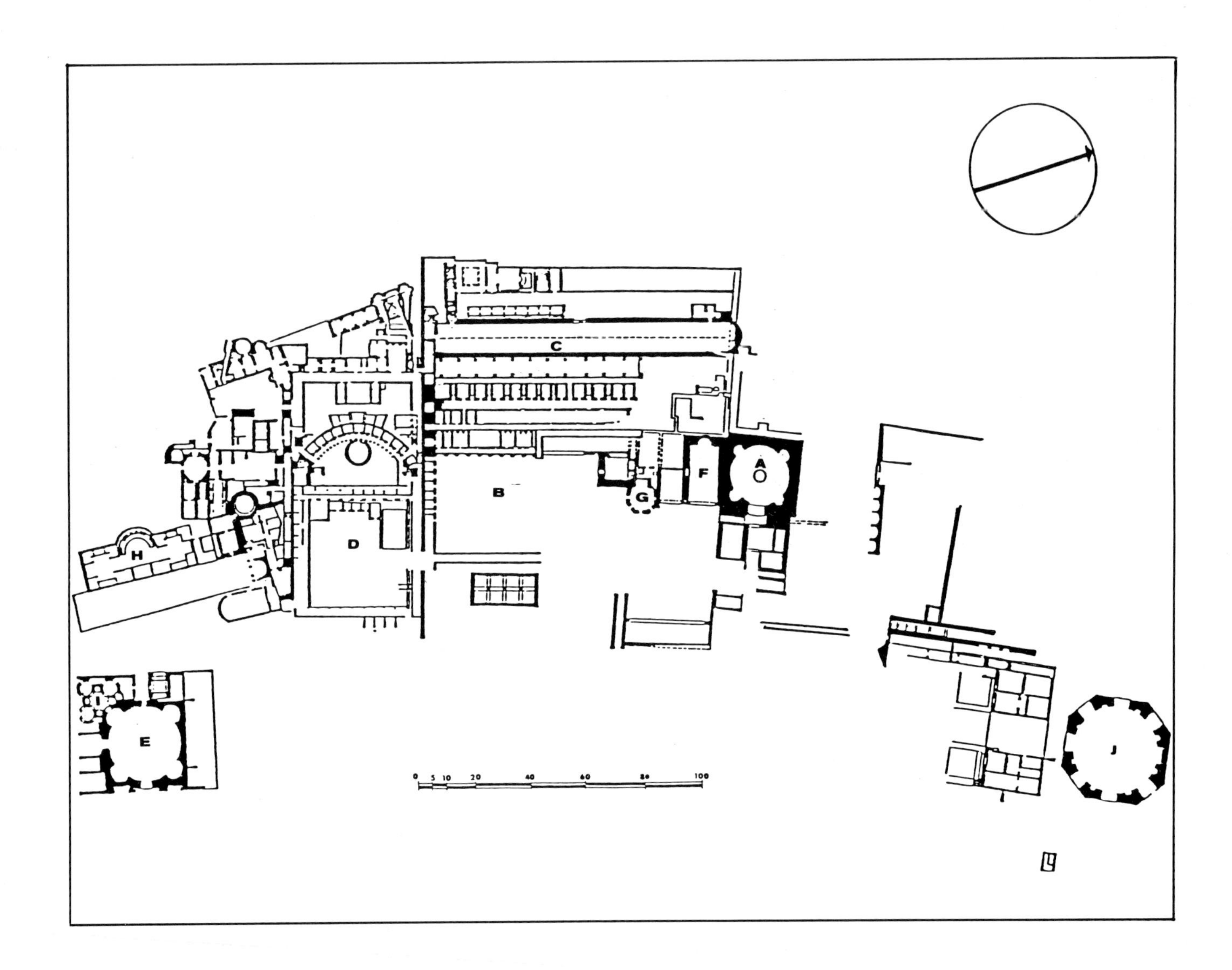

A - «Tempio» di Mercurio
B - «Terme Inferiori»
C - «Terme dalle Terrazze»
D - «Terme di Sosandra»
E - «Tempio» di Venere
F - *Tepidarium*
G - Ninfeo
H - Sala absidata
I - *Caldarium*
J - «Tempio» di Diana

saggi curativi, praticati negli impianti ubicati ai piedi della collina e nella fascia litoranea, mentre sembra decadere la cura dei bagni di sudore, probabilmente perché erano esaurite, o in declino, le sorgenti di vapore della zona collinare [20].
Gli scavi compiuti a partire dal 1941 [21] hanno indagato un'area, attualmente compresa nel parco monumentale di Baia [22], al cui interno è stato messo in luce un complesso edilizio organizzato su terrazze digradanti dalla sommità della collina (dove sono stati riconosciuti i resti dell'acquedotto augusteo del Serino [23]) fino al mare, che per effetto del bradisismo ha sommerso le costruzioni dell'antico litorale [24].
Tradizionalmente interpretato come un grande impianto termale [25], in realtà il complesso non è un monumento unitario, ed è di difficile lettura ed interpretazione anche per la particolarità delle tipologie edilizie e per la sovrapposizione delle strutture, che spesso non è agevole distinguere le une dalle altre [26]: se per alcuni impianti minori è sicuro il carattere termale, per il nucleo centrale, a pianta ortogonale, la definizione termale è assai più difficile da provare [27].
Indubbia destinazione termale hanno gli edifici gravitanti intorno al cosiddetto «tempio di Mercurio» (A), una grande sala circolare (∅ m 21,55) che costituisce il primo esempio, nell'architettura romana, di cupola interamente girata [28]. Datata tra la fine dell'età repubblicana e l'età augustea [29] o, secondo altri, al periodo giulio-claudio [30], è interpretata come *laconicum* [31] o *natatio* [32].
In epoca più tarda, forse adrianea o antonina [33], oppure severiana [34], questo impianto termale venne ampliato verso Sud con la costruzione di alcune sale in laterizio, tra cui un ambiente rettangolare absidato ritenuto un *tepidarium* (F) [35] e una sala ottagona interpretata come un ninfeo (G) [36].
Carattere termale ha anche il complesso più meridionale, comprendente il cosiddetto «tempio di Venere» (E) ed una serie di ambienti allineati su di un asse che, per adeguarsi alla topografia dei luoghi [37], è fortemente obliquo rispetto ai più settentrionali comprensori di Sosandra e delle Terrazze. Alcuni di questi ambienti, disposti simmetricamente ai lati di una grande sala rettangolare absidata con volta a semicupola (H), hanno nicchie e vasche di fontane; altri, invece, sono *laconica* e stanze di servizio, e alcuni di essi sono stati successivamente trasformati in cisterne [38]. Il «tempio di Venere», grande edificio circolare all'interno (∅ m 26,30) e poligonale all'esterno, è stato datato, in base all'ampio uso del laterizio e alla copertura (oggi crollata) con cupola a ombrello, intorno alla metà del II sec. d.C. [39], ed è stato interpretato come un grande ninfeo [40] o salone d'ingresso alle terme [41]. Sembra invece un *caldarium* l'attiguo ambiente a pareti inflesse (I) [42].
All'estremità settentrionale del complesso termale baiano sorge un altro imponente edificio, il cosiddetto «tempio di Diana» (J), a pianta circolare (∅ m 29,50) inscritta in un ottagono. In *opus listatum* nella parte inferiore e in laterizio fino all'imposta della copertura, l'ambiente conserva parzialmente la grande cupola a sesto acuto, realizzata con anelli progressivamente aggettanti di materiali via via più leggeri [43]. Sulla funzione dell'edificio sono state avanzate diverse ipotesi [44], e anche la datazione è incerta: oscilla infatti tra l'età adrianea [45] o antonina [46] e quella severiana [47]. Gli ambienti circostanti, oggetto in passato di scavi non sistematici [48], sono oggi quasi completamente interrati.

M. A. V.

Note

1) STRABONE, 5.4.5. Per gli antichi tali fenomeni erano dovuti a combustioni sotterranee di minerali (VITRUVIO, *De architectura* 2.6.2).
2) I.G.M. 184, II NO.
3) Per questo problema cfr. DE ANGELIS D'OSSAT 1977, p. 227. Molte di queste fumarole e sorgenti termominerali sono oggi esaurite, o sono scomparse a causa dei terremoti e del bradisismo che ha profondamente mutato la morfologia costiera, provocando un consistente abbassamento del livello del suolo. Per l'importanza degli impianti di Baia nello sviluppo delle terme romane cfr. YEGUL 1979, p. 109, nota 4 e bibl. ivi cit.
4) Oltre agli accenni di vari autori (cfr. bibl. cit. in BORRIELLO-D'AMBROSIO 1979, p. 18, n. 92), cfr. soprattutto CELSO, *De medicina* 2.17 e 3.21; VITRUVIO, *De architectura* 2.6.2; PLINIO, *Naturalis historia* 31.2; STRABONE, 5.4.5.
5) DE ANGELIS D'OSSAT 1977, p. 229; BORRIELLO-D'AMBROSIO 1979, p. 69; HEINZ 1983, pp. 164-165.
6) VITRUVIO, *De architectura* 2.6.2.
7) Cfr. DE CARO-GRECO 1981, p. 55; CELSO, *De medicina* 2.17.
8) MARZIALE, *Epigrammata* 4.57; SIDONIO APOLLINARE, *Epistulae* 5.14; cfr. SGOBBO 1929, p. 187.
9) SGOBBO 1929, p. 187.
10) VALERIO MASSIMO, *Factorum et dictorum memorabilium* 9.1.1; PLINIO, *Naturalis historia* 9.54; cfr. DI CAPUA 1940, p. 95 ss.
11) PLINIO, *Naturalis historia* 26.8.16.
12) Si tratta, verosimilmente, della medesima polla sottomarina ricordata da PAUSANIA, 8.7.3 (SGOBBO 1929, p. 191). Lo stesso M. Licinio Crasso Frugi anche a Pompei possedeva terme con acqua dolce e marina (*C.I.L.* X, 1063).
13) PLINIO, *Naturalis historia* 31.2.4-6. La fama delle acque baiane continuò anche nel Medio Evo, a tal punto che Pietro d'Eboli, un poeta della corte sveva, nella prima metà del XIII sec. compose un «de balneis Puteolanis», sorta di guida turistica ad uso dei visitatori, ai quali indicava le fonti termali ancora in uso e le proprietà terapeutiche di ciascuna. La grande diffusione di tale opera anche nei secoli successivi testimonia l'ininterrotto interesse per le terme di Baia, che ancora nel XVII sec. il viceré spagnolo Pedro Antonio di Aragona fece parzialmente ripristinare e restituire all'uso (SGOBBO 1977, p. 290 ss.; DE CARO-GRECO 1981, p. 55).
14) SGOBBO 1934, p. 293 ss.
15) PLINIO, *Naturalis historia* 26.8.
16) Per la diffusione dell'idroterapia fredda a scopo terapeutico cfr. *supra*.

17) PLINIO, *Naturalis historia* 25.38.77. In età neroniana l'applicazione, in uno stabilimento termale della regione flegrea, del metodo basato sul brusco passaggio dal *laconicum* al *frigidarium* è testimoniato da PETRONIO, *Satyricon* 28.1.
18) SGOBBO 1977, p. 310. Sulla presenza di *frigidaria* a Baia, però, non tutti concordano: cfr. GIULIANI 1977, p. 372.
19) Profonde ristrutturazioni sono testimoniate per l'età di Severo Alessandro: *Historia augusta, vita Alexandri Severi* 26.9.10; cfr. SGOBBO 1977, p. 314.
20) DE ANGELIS D'OSSAT 1977, pp. 229 e 271 ss. Per le vicende di Baia nel III e IV sec. d.C. cfr. BORRIELLO-D'AMBROSIO 1979, p. 19 ss. Successivamente, i danni provocati dall'abbandono, dal bradisismo, dall'attività agricola e, più recentemente, dall'apertura di cave e dall'intensa urbanizzazione, hanno obliterato le strutture archeologiche, le cui residue emergenze monumentali vennero utilizzate come stalle e masserie (cfr. BORRIELLO-D'AMBROSIO 1979, p. 65; CORRETTI 1984, p. 368 ss.).
21) MAIURI 1951.
22) L'area scavata, che si estende per circa 300 m parallelamente alla costa e per circa 140 m sulle pendici delle colline, con un dislivello di circa 40 m, è oggi delimitata da presenze moderne: la strada Pozzuoli-Bacoli ad Est, la ferrovia cumana a Nord. I cosiddetti templi di Venere e di Diana, oggi non compresi nell'area del parco archeologico, appartengono comunque allo stesso complesso (BORRIELLO-D'AMBROSIO 1979, p. 69).
23) Tale acquedotto, che riforniva il porto militare di Miseno, provvedeva anche alle necessità di acqua non termominerale delle terme di Baia (SGOBBO 1938, p. 96). Nella parte superiore delle collina si trova anche un imponente sistema di cisterne (BLAKE 1973, p. 268).
24) Sono stati individuati edifici sommersi fino a circa 400 m dall'attuale linea di costa (DE CARO-GRECO 1981, p. 57; CORETTI 1984, p. 374 ss.).
25) Il complesso è stato tradizionalmente diviso in cinque settori, denominati, da Nord a Sud, terme di Mercurio (A), Inferiori(B), delle Terrazze(C), di Sosandra (D) (conosciute anche con il nome popolare di «Acqua della Rogna»), di Venere (E): cfr. DE CARO-GRECO 1981, p. 57. La tradizione erudita ha definito, senza alcun fondamento, le tre grandi sale circolari «templi di Mercurio, Venere e Diana». Esse sono anche note con il termine «truglio», di origine bizantina, indicante una cupola (DE ANGELIS D'OSSAT 1977, p. 247).
26) Per questa problematica cfr. BORRIELLO-D'AMBROSIO 1979, p. 65 ss.
27) BORRIELLO-D'AMBROSIO 1979, p. 69. Recentemente è stata proposta l'interpretazione del complesso delle Terrazze e di parte delle terme di Mercurio come villa tardorepubblicana (DE ANGELIS D'OSSAT 1977, p. 230 ss.). Problematica è l'identificazione dell'impianto di Sosandra (così chiamato dal rinvenimento, in uno dei suoi ambienti, di una copia romana dell'Afrodite Sosandra di Calamide: NAPOLI 1954), la cui particolarissima tipologia ha indotto gli studiosi a riconoscervi ora un complesso termale con teatro-ninfeo (MAIURI 1951, p. 363; BLAKE 1973, p. 270; DE CARO-GRECO 1981, p. 59) e piscina (MAIURI 1951, p. 363; BLAKE 1973, p. 270; DE ANGELIS D'OSSAT 1977, p. 238) e palestra (SGOBBO 1934, p.301), ora invece quartieri abitativi (DE ANGELIS D'OSSAT 1977, p. 243). Ad Ovest del complesso a schema ortogonale si trovano alcuni impianti ad evidente destinazione termale (DE ANGELIS D'OSSAT 1977, p. 239 ss.). Per altre interpretazioni cfr. DE FRANCISCIS 1965, p. 174 ss., ripreso da DE CARO-GRECO 1981, p. 61 e da BRÖDNER 1983, p. 163 ss. (ma su questa proposta cfr. le riserve di MINGAZZINI 1977, p. 279 ss.); cfr. anche GIULIANI 1977, p. 375 ss.; DE ANGELIS D'OSSAT 1977, p. 229 ss.; BORRIELLO-D'AMBROSIO 1979, p. 21 e da ultimo CORRETTI 1984, p. 362 ss. e bibl. ivi cit.
28) BRÖDNER 1983, p. 165 ss.; DE CARO-GRECO 1981, p. 58.
29) MAIURI 1933, p. 68; HEINZ 1983, p. 163.
30) Cfr. bibl. cit. in DE ANGELIS D'OSSAT 1977, p. 235.
31) SGOBBO 1934, p. 397.
32) MAIURI 1933, p. 68 ss.; DE CARO-GRECO 1981, p. 58; HEINZ 1983, p. 163.
33) BORRIELLO-D'AMBROSIO 1979, p. 67.
34) Cfr. bibl. cit. in DE ANGELIS D'OSSAT 1977, p. 236.
35) HEINZ 1983, p. 163. Per la problematica relativa a questo ampliamento cfr. DE ANGELIS D'OSSAT 1977, p. 236 ss. e bibl. ivi cit.
36) SGOBBO 1934, p. 294.
37) DE ANGELIS D'OSSAT 1977, p. 244.
38) MAIURI 1951, p. 361; GIULIANI 1977, p. 372. Cfr. anche SGOBBO 1934, p. 303 e BLAKE 1973, p. 269. Secondo DE ANGELIS D'OSSAT 1977, p. 272 tale ristrutturazione avviene nel III sec.
39) NAPOLI 1958, p. 961; BLAKE 1973, p. 269; DE ANGELIS D'OSSAT 1977, p. 243 e bibl. ivi cit.; BORRIELLO-D'AMBROSIO 1979, p. 76; DE CARO-GRECO 1981, p. 61.
40) SGOBBO 1977, p. 292; BORRIELLO-D'AMBROSIO 1979, p. 76.
41) DE ANGELIS D'OSSAT 1977, p. 250.
42) DE ANGELIS D'OSSAT 1977, p. 252.
43) BORRIELLO-D'AMBROSIO 1979, p. 61; DE CARO-GRECO 1981, p. 62; HEINZ 1983, p. 164.
44) Secondo alcuni autori si tratta di un *laconicum* o di una piscina di raccolta delle acque termali (MAIURI 1933, p. 67; HEINZ 1983, p. 164); per altri è invece un ninfeo (SGOBBO 1977, p. 293; DE CARO-GRECO 1981, p. 62) o una sala di trattenimento per i frequentatori delle terme (BORRIELLO-D'AMBROSIO 1979, p. 63).
45) NAPOLI 1958, p. 961.
46) BLAKE 1973, p. 270.
47) DE ANGELIS D'OSSAT 1977, p. 256 ss.
48) Cfr. bibl. cit. in BORRIELLO-D'AMBROSIO 1979, p. 62, nota 448.

32. Un bagno privato in contesto rurale: la Villa di San Rocco a Francolise.

I resti della villa si trovano su una sporgenza rocciosa a circa 400 m a Nord-Est dal paese di Francolise (Caserta), nei pressi di una cappella dedicata a San Rocco.

Il sito archeologico venne individuato negli anni '40 durante i lavori di sterro per la costruzione di un ospedale, e in seguito (1962-1966) venne indagato sistematicamente con campagne di scavo promosse dalla British School at Rome e dall'Institute of Fine Arts della New York University [1].

La villa era ubicata nell'*ager Calenus* [2], un territorio particolarmente fertile e, in età ellenistica e romana, rinomato per la produzione agricola (vino, olio) e artigianale (soprattutto ceramica: sono famosi i vasi a vernice nera decorati a rilievo, detti appunto «vasi Caleni»). Un'efficiente viabilità, che aveva nella via Appia e nelle sue diramazioni i principali assi di scorrimento, permetteva rapidi collegamenti tra questo territorio e le città circostanti (*Cales*, *Suessa*, *Teanum*, *Sinuessa*, *Casilinum*, *Capua*).

La fase originaria della villa risale agli inizi del I secolo a.C.; l'edificio era costituito da una *pars urbana* e da una *pars rustica*; per le dimensioni relativamente modeste, poteva essere gestita con un numero ridotto di schiavi [3].

Intorno al 30 a.C. l'edificio, forse divenuto proprietà di un sostenitore di Ottaviano, fu notevolmente ingrandito con una totale ristrutturazione [4]: solo alcuni muri e pavimenti del periodo più antico vennero inglobati nella nuova pianta. In questa fase la *pars urbana* della villa era costituita da quattro ali di diverse dimensioni, articolate intorno ad un peristilio quadrato; a Sud e ad Ovest erano terrazze con portici, che degradavano con effetti scenografici. Sul lato Nord venne costruita una grande cisterna.

La *pars rustica* era separata dal corpo residenziale tramite uno stretto passaggio e constava di due ampi cortili, intorno ai quali erano gli alloggi degli schiavi. Su un terrazzo inferiore si trovava un ampio *hortus* [5].

Alla metà del I secolo d.C. alla villa si aggiunsero un *balineum*, un *torcularium* (torchio per frangere le olive) e una *figlina* (fornace per mattoni), i cui prodotti recavano il nome del probabile proprietario, *L. Billienus*, forse ricordato anche da un'iscrizione rinvenuta nel territorio di Capua (*C.I.L.* X 1, 4044), La villa continuò ad essere abitata senza mutamenti strutturali sino all'inizio del III secolo d.C.; dall'analisi delle stratigrafie risulta che non vi fu una improvvisa e traumatica cesura nella prima età severiana ma, piuttosto, un lento e progressivo abbandono [6].

Il complesso termale si inserisce nell'ala Nord della villa, precedentemente occupata da *cubicula*, da stanze di soggiorno e da un *triclinium*. La tecnica edilizia prevalente è costituita da *opus reticulatum* in alternanza con *opus latericium*. Dagli ambienti residenziali si accede ai bagni tramite un corridoio A che immette in un *frigidarium* B (m 3,15x3,72) ornato da un mosaico a disegno geometrico pertinente alla fase di età augustea e lasciato *in situ* durante la ristrutturazione. La vasca C è ubicata ad Ovest, immediatamente al di fuori del *frigidarium*, e vi si entra mediante un passaggio aperto nel muro comune. Non è chiaro come avvenisse l'approvvigionamento idrico della vasca: forse l'acqua poteva fluire dalla cisterna collocata nella soprastante terrazza (ma non sono state trovate tracce di tubature) oppure, più probabilmente, veniva portata con secchi. A Nord del *frigidarium* è il *sudatorium* D (m 2,37x3,50) riscaldato dal *praefurnium* E: il calore era distribuito, oltre che dall'ipocausto costituito da *suspensurae*, anche da *tubuli* rettangolari appoggiati alle pareti Nord, Ovest, Est dell'ambiente e ricoperti da uno spesso strato di *opus signinum*. L'ambiente era pavimentato con lastre di marmo una delle quali è ancora *in situ*. Da D si accede al *caldarium* G (m 2,80x3,08) che presenta nel lato Est una piccola vasca; un gradino, che poteva essere utilizzato anche come sedile, ne facilitava l'accesso. L'acqua della vasca era riscaldata mediante una *testudo alvei* metallica, di cui rimane solo il basamento, ubicata nell'angolo Nord-Ovest del vano H, identificato come *culina*, e pavimentato in *opus spicatum*. L'acqua contenuta nel recipiente metallico doveva essere scaldata da un braciere e giungeva, tramite tubature, nella vasca del *caldarium*. Il costante approvvigionamento idrico della *testudo alvei* era favorito dalla vicinanza della cisterna.

Il pavimento del *caldarium*, formato da *bipedales*, poggiava su *suspensurae* e lungo le quattro pareti erano collocati *tubuli* rettangolari che permettevano una omogenea distribuzione del calore. La decorazione pavimentale è costituita da lastre di marmo di Carystos (cipollino), che presenta il caratteristico colore bianco con venature azzurre. L'ambiente F, forse solo parzialmente coperto, poteva essere utilizzato come deposito per il combustibile necessario al funzionamento del *praefurnium* E.

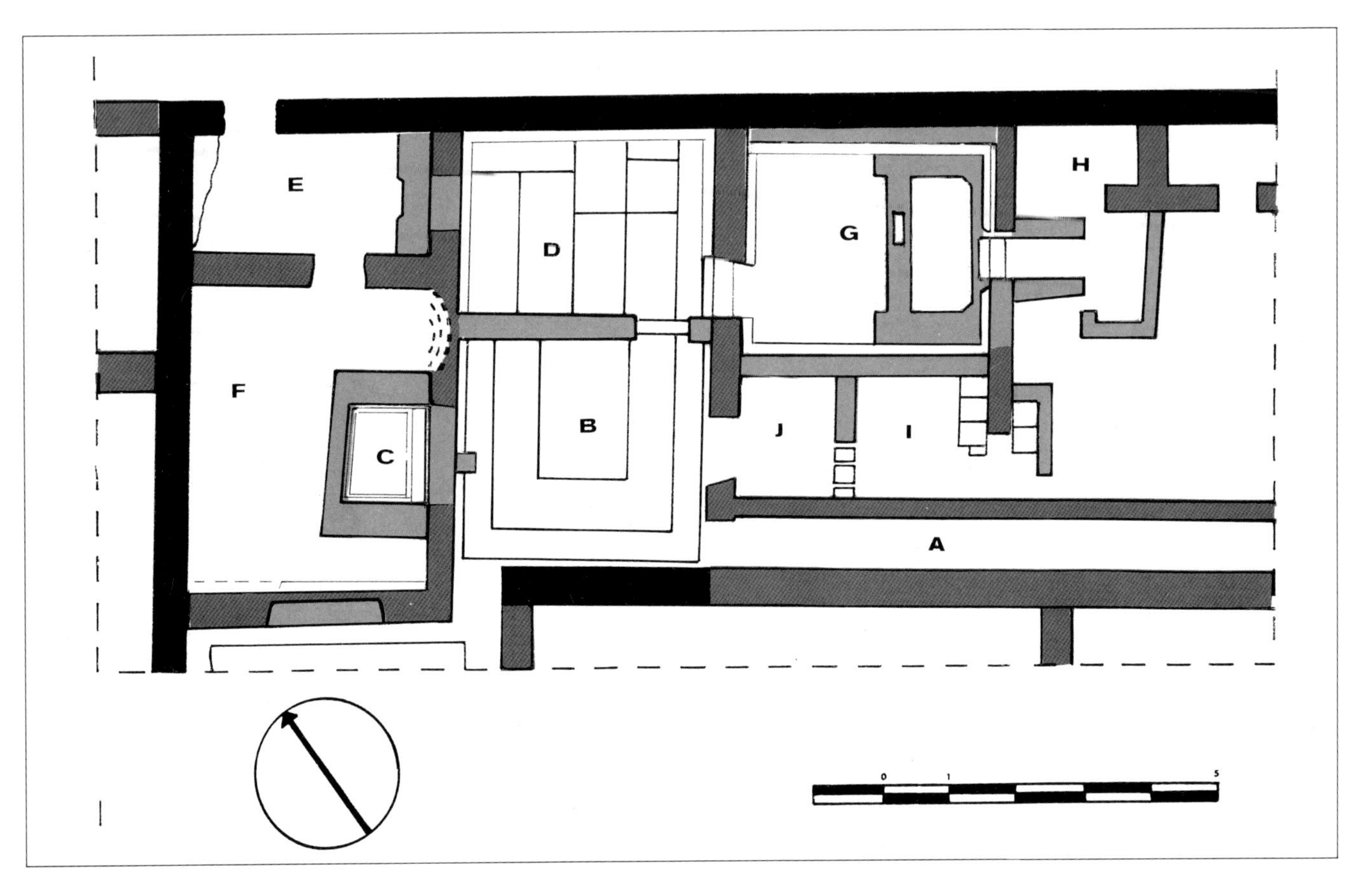

69. San Rocco (Francolise, Caserta), villa romana: pianta del settore termale.

I fase (inizio del I sec. a.C.)
II fase (età augustea)
III fase (metà del I sec. d.C.)

Sul lato Sud del *caldarium* è ubicata un'altra area di servizio, costituita dagli ambienti I e J, attraverso cui dalla *culina* si accede al complesso termale; le pareti di questi vani non presentano rivestimenti e i pavimenti sono in semplice terra battuta.
Molti dei mattoni utilizzati per la costruzione del *balineum* recano il bollo di *L. Billienus* [7].

M. C.

Note

1) Cotton-von Blanckenhagen -Ward-Perkins 1965, pp. 237-238; Cotton-Métraux 1985, pp. XXXIII-XXXIV.

2) Per l'edificio, in generale, cfr. anche von Blanckenhagen -Cotton -Ward-Perkins 1965, p. 55 ss.; Boëthius-Ward-Perkins 1970, pp. 319-321, fig. 124; Rossiter 1978, p. 29; De Caro-Greco 1981, pp. 230-231.

3) Cotton-Métraux 1985, p. 11 ss.

4) In questo periodo gran parte della pianura intorno a Francolise fu distribuita a veterani dedotti da Ottaviano. Le dimensioni e le caratteristiche edilizie della villa di San Rocco suggeriscono che il proprietario fosse un personaggio legato all'*entourage* del futuro imperatore: solo a tali condizioni infatti questa proprietà avrebbe potuto essere conservata (e ampliata) o acquisita (cfr. Small 1985, p. XXVII ss.).

5) Cotton-Métraux 1985, p. 35 ss.

6) Cotton-Métraux 1985, p. 78 ss.

7) Cotton-Métraux 1986, p. 59 ss.; per il complesso termale cfr. anche Fabbricotti 1976, p. 59.

33. Bagni pubblici in contesto rurale: alcuni esempi in Italia e nelle provincie.

Le terme, data la loro importanza nella vita quotidiana, erano presenti, in Italia e nelle provincie, non solo in contesto urbano ed in ricche residenze di campagna, ma anche in aree rurali ove potevano costituire un vivace centro di aggregazione. Fonti letterarie e cartografiche, inoltre, ci informano che nelle *mansiones* (stazioni di posta e ristoro lungo i principali assi viari) spesso erano ubicati veri e propri complessi termali per garantire ai viandanti un adeguato sollievo dalle fatiche del viaggio [1]. In Italia, al momento, non sono molti gli esempi ben documentati di terme in contesto extraurbano: ad esempio è certo che nel territorio di Bologna fosse ubicato un edificio termale il cui proprietario, *C. Legiannus Verus*, prometteva ai clienti servizi igienico-ricreativi «urbani» [2], ma tale edificio non è stato ancora identificato.

Probabilmente terme rurali pubbliche, intorno alle quali in età tardo antica si aggregò un *vicus*, erano quelle ubicate in località San Cromazio (Villa Speciosa, Cagliari). Tale edificio, in uso a partire dal III secolo d.C., presentava un *frigidarium* con due vasche, un *caldarium* ed altri ambienti riscaldati da uno o più (?) *praefurnia* [3]. Il complesso, dato il precario stato di conservazione, non permette ulteriori precisazioni ed offre una documentazione, grafica e fotografica, ipotetica e di difficile lettura.

Molto più numerose e meglio conservate sono le terme pubbliche extraurbane identificate nelle provincie romane, soprattutto in Africa [4]. Di queste, particolarmente significative e ben documentate sono le strutture ubicate nell'area dell'attuale Kerkouane, sul promontorio di Capo Bon, in Tunisia [5]. In tale territorio, durante l'età romana, erano distribuiti piccoli villaggi abitati da contadini che lavoravano, prevalentemente a grano, le campagne circostanti. Probabilmente le terme di Kerkouane afferivano ad uno di questi villaggi, di cui non rimane traccia perché le abitazioni erano costruite in mattoni crudi ed altro materiale deperibile.

Il complesso termale non era particolarmente grande e presentava una planimetria asimmetrica e irregolare. I muri erano costituiti da pietre cementate con malta; nelle volte, oltre a questi materiali, erano in opera *tubuli* di terracotta infilati l'uno nell'altro. Tale tecnica edilizia era molto diffusa in Africa tra la fine del III secolo d.C. e la prima metà del IV [7].

L'entrata A era ubicata ad Est; da questa si accedeva al *frigidarium* B: vasto ambiente rettangolare che presentava sul lato Nord-Ovest un'ampia piscina absidata C, con tre finestre e copertura a volta; la vasca era pavimentata con un mosaico a tessere bianche. Ad Est del *frigidarium*, si apriva un piccolo vano quadrangolare D, in pessimo stato di conservazione, interpretabile come *apodyterium*.

Il *tepidarium* E era pavimentato con un mosaico raffigurante diversi soggetti (geometrici, floreali, etc.); tra questi è, ripetuta due volte in asse con l'entrata, la rappresentazione di un paio di sandali. Com'è noto, questo era un motivo molto diffuso nei *tepidaria* e nei *caldaria* delle terme romane, e poteva costituire un simpatico avvertimento per i clienti distratti che accedevano scalzi agli ambienti surriscaldati [8]. Il mosaico si data alla fine del III secolo d.C./inizi IV e conferma l'ambito cronologico suggerito dalla tecnica edilizia. Dal *tepidarium* si accedeva al *caldarium* F, oggi in pessimo stato di conservazione, a Nord-Ovest del quale si apriva una piscina absidata G. In una piccola sala con i muri ad andamento curvilineo H si identifica la *sudatio*, probabilmente riscaldata, come G, da un *praefurnium* ubicato a Nord-Ovest, del quale non sono rimaste tracce; un altro *praefurnium* I era certamente sul lato meridionale. La presenza di due *praefurnia* in un complesso termale relativamente piccolo e in una regione a clima temperato-caldo può stupire, ma in realtà ciò è giustificabile perché né il *tepidarium*, né il *caldarium* presentavano intercapedini nelle pareti e quindi solo l'ipocausto poteva trasmettere calore. L'approvvigionamento idrico era garantito da due cisterne J e K.

S. M.

Note

1) Levi A. e M. 1978, p. 117 ss.
2) *CIL* XI, 721; cfr. Corlaita Scagliarini 1975, p. 162. Per un analogo «cartello pubblicitario», proveniente dal suburbio romano, cfr. *C.I.L.* XIV 4015, su cui Giacomini 1985, p. 31.
3) Pianu-Tronchetti *et al.* 1982, p. 387 ss.; Pianu-Pinna-Stefani 1985, p. 375 ss.; Maddeddu-Pianu 1986, p. 155 ss.
4) Lassère 1977, p. 592 ss.
5) Courtois 1954, p. 195 ss.; Lassère 1977, p. 592.
6) Courtois 1954, p. 196; Lassère 1977, p. 592, in particolare nota 154.
7) Courtois 1954, pp. 197-198.
8) Cfr. Courtois 1954, p. 200 e bibl. ivi cit.
9) Courtois 1954, p. 196 ss.

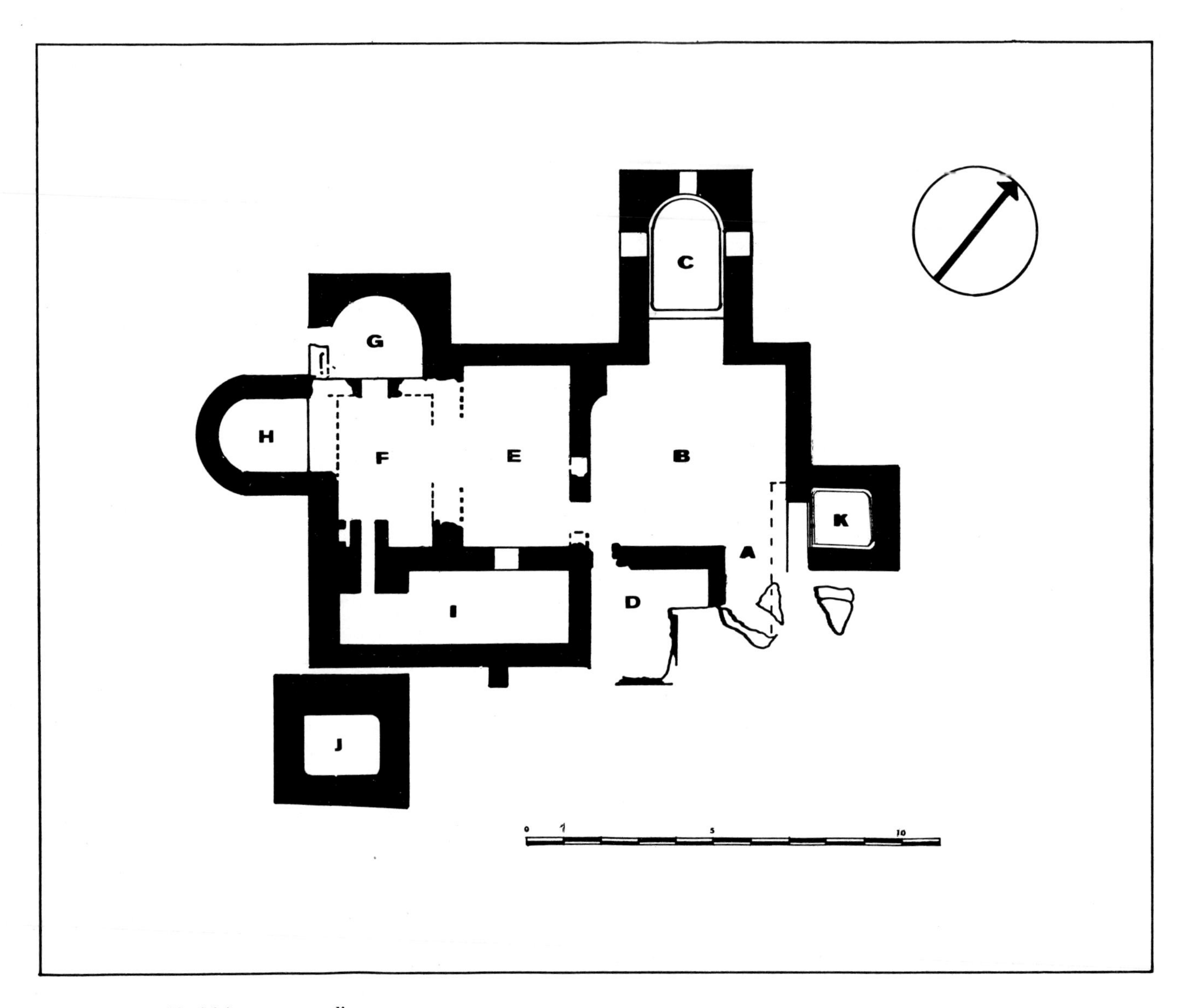

70. Kerkouane (Tunisia), terme «rurali»: pianta.

34. Bagni pubblici e vita militare: i *castra* lungo il *vallum* di Adriano in *Britannia*.

71. *Cilurnum* (Chesters, Inghilterra), terme del *castrum*: ricostruzione.

Il vallo di Adriano costituisce una linea fortificata che si snoda nel settore settentrionale dell'attuale Inghilterra, collegando i fiumi Tyne e Solway. La sua costruzione, che rientrava nella politica adrianea di consolidamento dei confini dell'Impero [1], venne iniziata non prima del 120 d.C. [2] e probabilmente finita nel 132; la fortificazione, abbandonata sotto Antonino Pio perché il *limes* era stato spostato più a Nord, fu rioccupata in un periodo compreso fra il 163 e il 180 e sino al 387, ed oltre, costituì l'estremo confine della *Britannia* [3]. Il vallo, lungo 80 miglia romane (118 km circa), constava di un largo e profondo fossato seguito da un terrapieno su cui si ergeva il muro alto circa 7 metri, con parapetto e merli. Parallela al vallo correva un'importante strada militare [4]. I soldati di guarnigione erano sistemati in piccoli presidi ubicati all'intervallo regolare di un miglio, entro il quale erano anche due torrette [5]. Ad una distanza variabile dalle tre alle nove miglia erano gli insediamenti militari più grandi, i *castra*: è significativo notare che la maggior parte di essi (*Segedunum, Condercum*, *Hunnum*, *Cilurnum*, *Brocolitia*, *Vindolanda*, *Aesica*, *Magna Aballava*, *Maia*), oltre alle strutture necessarie alla vita militare, presentava complessi termali per l'uso dei soldati. Le terme, infatti, non solo assolvevano ovvie funzioni igienico-sanitarie, ma costituivano anche un polo di aggregazione sociale, nella vita militare come in quella civile [6]. Un esempio di insediamento inserito nel *Vallum* di Adriano con complesso termale ancora ben leggibile è il *castrum* di *Cilurnum* (attuale Chesters), sede dell'*ala II Astorum* (reparto di cavalleria costituito da 500 ausiliari di provenienza spagnola). Tale *castrum* venne edificato nei pressi del fiume Tyne (che qui era attraversato da un importante ponte), nell'area di una precedente torre [7]. *Cilurnum* presentava la pianta standard degli insediamenti militari, con suddivisione in tre settori: di questi, i due laterali erano occupati dagli alloggiamenti per i soldati, dalle stalle e dall'infermeria, mentre in quello centrale erano il quartiere generale (*principia*), i magazzini e gli alloggi per gli ufficiali, dotati anche di un piccolo complesso termale con ambienti riscaldati. Sotto i *principia* era un seminterrato che fungeva da camera di sicurezza dove svolgeva la sua attività l'ufficiale pagatore. Il rifornimento idrico dell'accampamento era garantito da un acquedotto fatto costruire dal governatore Ulpio Marcello, la cui attività viene datata al principato di Commodo o di Caracalla [8]. Al di fuori del *castrum*, come di consueto dato il pericolo degli incendi [9], era il complesso termale utilizzato dai soldati, ubicato lungo le rive del fiume Tyne. Questo constava di un portico A, di un vasto *apodyterium* rettangolare con nicchie per il deposito dei vestiti B, e di una spaziosa latrina C; D e E erano stanze di passaggio: E immetteva in F, piccolo *sudatorium*; da D si accedeva al *frigidarium* G che, per la rigidità del clima inglese e per la vicinanza del fiume, era di dimensioni ridotte. Gli altri ambienti (H, I, J, K, L) erano destinati ai bagni caldi ed erano riscaldati dai *praefurnia* M e N; una *testudo alvei* era ubicata nell'ambiente K. Le *suspensurae* degli ipocausti erano in pietra e la loro altezza era notevole: in questo modo era garantito un adeguato riscaldamento, necessario per fronteggiare le asprezze del clima [10].

M. C.

72. ***Cilurnum*** **(Chesters, Inghilterra), terme del** ***castrum: apodyterium.***

73. ***Cilurnum*** **(Chesters, Inghilterra), terme del** ***castrum: praefurnium.***

Note

1) Elio Spartiano, *Scriptores Historiae Augustae, Vita Adriani*, V, 1-4; XI, 2.
2) Daniels 1976, p. 370; Hanson-Maxwell 1983, p. 52; Steer 1967, p. 35; Salway 1981, p. 175.
3) Daniels 1976, p. 370; Steer 1967, p. 35; Luttwak 1981, pp. 122-123.
4) Daniels 1976, p. 370; Luttwak 1981, p. 96, fig. 2.3.
5) Salway 1981, p. 176; Daniels 1976, p. 371; Birley 1981, p. 4.
6) Daniels 1976, pp. 371-372; Hanson-Maxwell 1983, p. 22. Naturalmente complessi termali erano presenti anche nei *castra* del *limes* renano-danubiano e del *limes* africano (cfr. Brödner 1983, p. 179 ss.) e negli insediamenti militari delle altre zone di confine.
7) Hübner 1899, c. 2546; Salway 1981, p. 178.
8) Salway 1981, p. 250; Hanson-Maxwell 1983, p. 198 ss. e bibl. ivi cit. Cfr. l'iscrizione RIB 1463.
9) Hanson-Maxwell 1983, p. 22.
10) Birley 1981, p. 39.

35-36. Una terma imperiale privata: le strutture termali di Villa Adriana.

La grande Villa costruita a Tivoli per l'imperatore Adriano si estende su un vasto pianoro digradante da Sud-Est a Nord-Ovest, alle pendici dei Monti Tiburtini. Il complesso si presenta non come una struttura unitaria, bensì come una serie di padiglioni monumentali distribuiti nell'ambiente naturale secondo un ordine apparentemente dettato dal caso, frutto invece di una disposizione meditata e accuratamente adattata alla morfologia del terreno, in funzione della resa scenografica.

È verosimile, sulla base delle fonti antiche pervenuteci [1], che Adriano sia intervenuto direttamente nella progettazione del complesso, ricco di ardite soluzioni architettoniche [2]. Trattandosi di una villa imperiale, gli edifici di rappresentanza erano particolarmente lussuosi, con raffinati mosaici e decorazioni parietali in marmo pregiato; vi erano numerose statue originali e copie di autori famosi; fra queste, molte raffiguravano Antinoo, favorito dell'imperatore.

Il complesso adrianeo nasce attorno ad un'area precedentemente occupata da una villa di età repubblicana (fine II/inizi I sec. a.C.), forse poi venuta in proprietà di Vibia Sabina, moglie di Adriano; tale villa costituisce il nucleo centrale della residenza imperiale.

H. Bloch, sulla base dei bolli laterizi utilizzati nel complesso, aveva individuato tre fasi edilizie, databili dal 118 al 138 d.C. [3]; negli studi più recenti, invece, si ritiene che la villa sia stata realizzata in due fasi comprese fra il 118 e il 133 d.C., mentre negli ultimi anni di regno dell'imperatore vi furono solo piccoli interventi o restauri [4].

Oltre al vero e proprio palazzo imperiale sono state identificate altre strutture monumentali particolarmente scenografiche, ad esempio le cosiddette Biblioteche (in realtà due triclini estivi) e il «Teatro Marittimo», cioè una villa in miniatura (con un piccolo complesso termale costituito da *apodyterium*, *frigidarium*, *caldarium* e *latrina*) costruita su un'isola formata artificialmente da un canale circolare, destinata al ristoro e all'isolamento dell'imperatore. Sono significativi, inoltre, un grande ninfeo (il cosidetto Stadio), una *cenatio* estiva (aperta su un canale artificiale, che imitava quello esistente tra Alessandria e la città di Canopo) e ampi portici, come quello detto del Pecile. Vi sono poi edifici utilitari, destinati alla residenza dei pretoriani (gli «Ospitali»), del personale servile impiegato nel palazzo (la «Caserma dei Vigili»), e dei numerosissimi schiavi adibiti ai più umili e pesanti lavori (le «Cento Camerelle»: serie di numerosi ambienti che costituivano la costruzione della piazza intorno alla quale si articolava il portico del Pecile) [5].

Sotto la villa si snoda un complesso sistema di passaggi, alcuni dei quali percorribili con carri, altri pedonali destinati al personale servile, che così poteva efficientemente provvedere al funzionamento del complesso, senza interferire nella vita del livello superiore [6].

Nella Villa Adriana, oltre al piccolo bagno individuato nel «Teatro Marittimo», sono identificabili tre edifici termali: le *Terme con heliocamino*, le *Grandi Terme* e le *Piccole Terme*.

Terme con heliocamino: l'analisi di questo edificio è particolarmente complessa e la funzione di alcuni ambienti rimane del tutto oscura.

Nel settore Sud-Ovest, in pessimo stato di conservazione, sono un *caldarium* A, a pianta quadrangolare con una vasca inserita in un'abside, e un *tepidarium* B [7], a pianta quadrata con vasca rettangolare. Un altro *tepidarium* forse era ubicato in un ambiente ottagonale con quattro absidi (C) [8]. Si passa poi in un'ampia sala circolare (D), cui si deve il nome di questa terma: è il cosiddetto «*heliocaminus*», un ambiente coperto a cupola, occupato quasi completamente da una sorta di vasca cui si accede tramite tre gradini; il pavimento è sostenuto da alte *suspensurae*, attraverso le quali circolava l'enorme calore prodotto da tre *praefurnia*. Nei muri perimetrali si aprivano cinque finestroni: per questo si era pensato ad una stanza adibita al bagno di sole [9] (e di qui il nome di *heliocaminus*). D'altra parte, poiché mancano installazioni idrauliche (ad eccezione di due piccole *fistulae* che potevano apportare solo l'acqua necessaria per la formazione di vapori nell'ambiente surriscaldato) e dato che si tratta di un vano riscaldato, si preferisce ritenere che, in realtà, l'ambiente fosse una *sudatio* [10].

Sul lato Nord-Est era un *frigidarium* articolato in due settori: un'area rettangolare, porticata, con *natatio* centrale (E) ed un ambiente coperto, con una vasca semicircolare (F).

Grandi Terme. Un ingresso è identificabile sul lato Est; da esso si accede al *frigidarium* A, ampia sala rettangolare con due piscine (a Nord, semicircolare, adorna di nicchie per statue; ad Est, rettangolare), entrambe precedute da due colonne di marmo cipollino. A sud del *frigidarium* è una vasta sala con volta a crociera

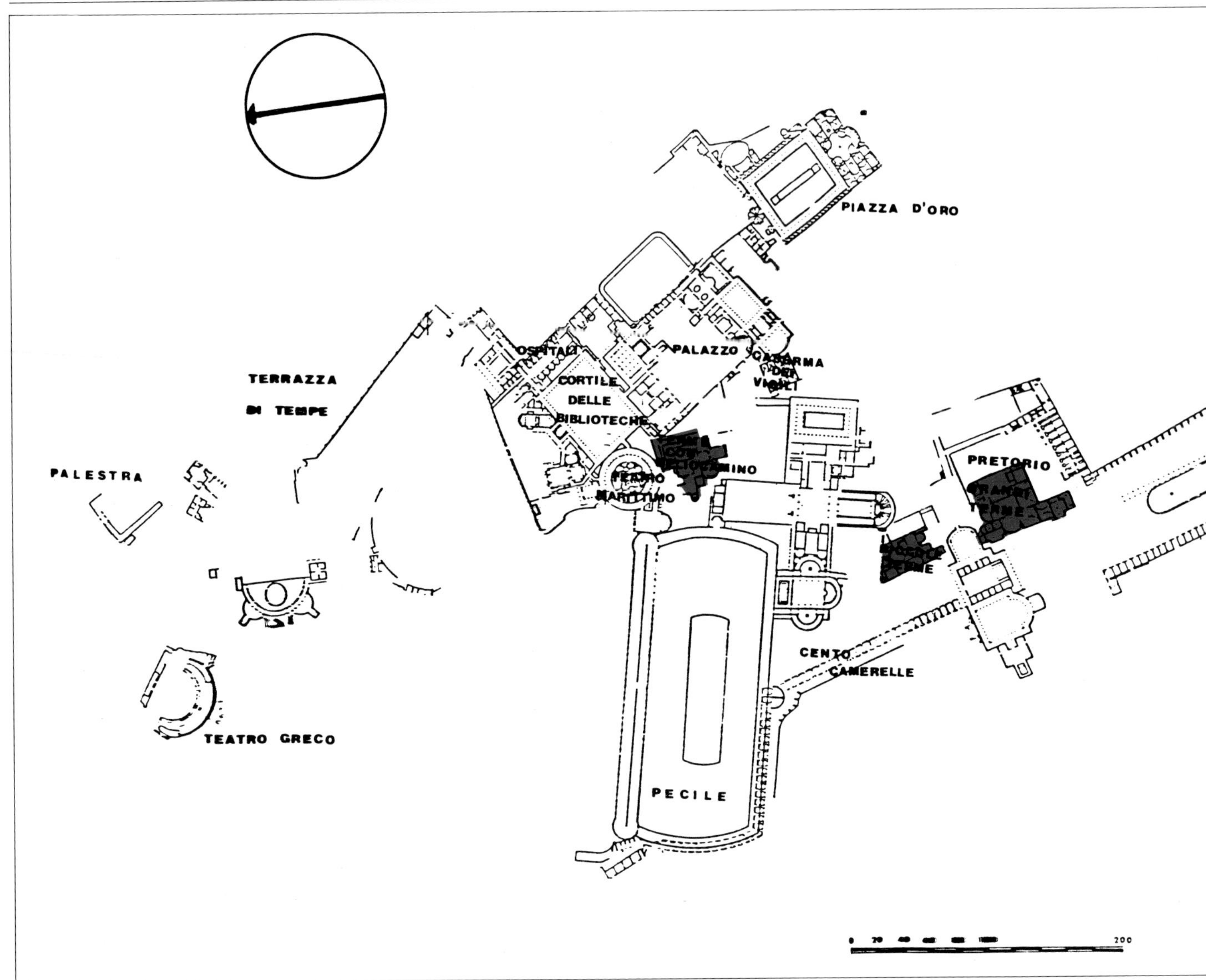

B, decorata da raffinati stucchi, interpretata come *apodyterium* [11]. L'ambiente C è, verosimilmente, una *latrina* [12]. D, sala rettangolare con pavimento in mosaico bianco, probabilmente coperta con un soffitto di legno, viene interpretata come *sphaeristerium* (ambiente per il gioco della palla) [13]. Gli ambienti riscaldati occupano il lato Ovest, a contatto con un lungo corridoio ove sono disposti i *praefurnia* E. Una grande sala circolare F, priva di impianti idraulici, viene interpretata come *sudatio* [14].

Procedendo verso Sud, si accede al *tepidarium* G, e, da questo, al *caldarium* H, quindi ad un ambiente I con tre piscine. Altre stanze riscaldate J-K-L, più piccole delle precedenti, sono state identificate nel settore Nord-Ovest [15].

Nell'area orientale doveva essere ubicata una grande palestra porticata M [16].

Piccole Terme. Rispetto alle *Grandi* presentano una planimetria movimentata, con prevalenza di ambienti curvilinei; la pianta dell'edificio sul lato Nord è stata condizionata dalla presenza di un muro pertinente ad un edificio più antico, il cosiddetto «Gruppo del *Triclinium*» [17]. Sul lato Nord è un'entrata A: ambiente con pavimento e pareti rivestite in marmo. Decentrata, sull'angolo Nord-Ovest, è una piccola *latrina* B, con finestra sul muro Ovest. A immette in C, stanza quadrangolare con tre ampie finestre nel muro Ovest, interpretata come *sphaeristerium*[18], oppure, più verosimilmente, come *apodyterium*[19].

Sul lato Ovest sono gli ambienti riscaldati: un vano circolare D, con

74. Tivoli, Villa Adriana, pianta: evidenziati i complessi termali.

75. Tivoli, Villa Adriana, pianta delle Terme con «*heliocaminus*».

76. Tivoli, Villa Adriana: Terme con «*heliocaminus*».

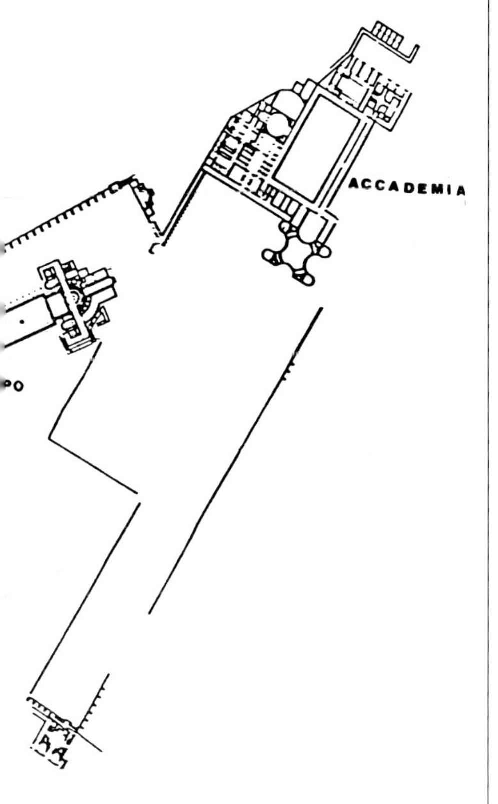

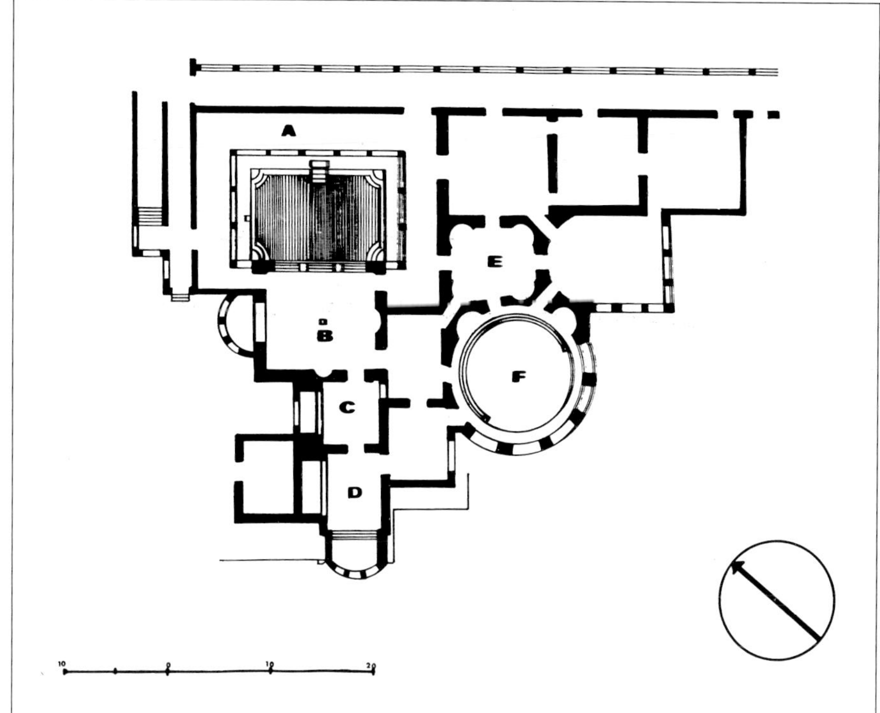

quattro grandi nicchie semicircolari, coperto a volta, interpretato come *caldarium* [20]. Si accede poi ad una vasta piscina E, con i lati minori curvi, in parte pavimentata con marmo bianco, e agli ambienti quadrangolari con vasche F-G, interpretati come *caldaria* [21]. Sul lato Est si trova un ampio *frigidarium* H, che presenta due vani absidati con piscine, completamente rivestiti di marmo bianco. L'ampia sala ottagonale I, con pareti alternativamente convesse e piane, coperta a cupola, è interpretabile come *vestibulum* [22]. Un

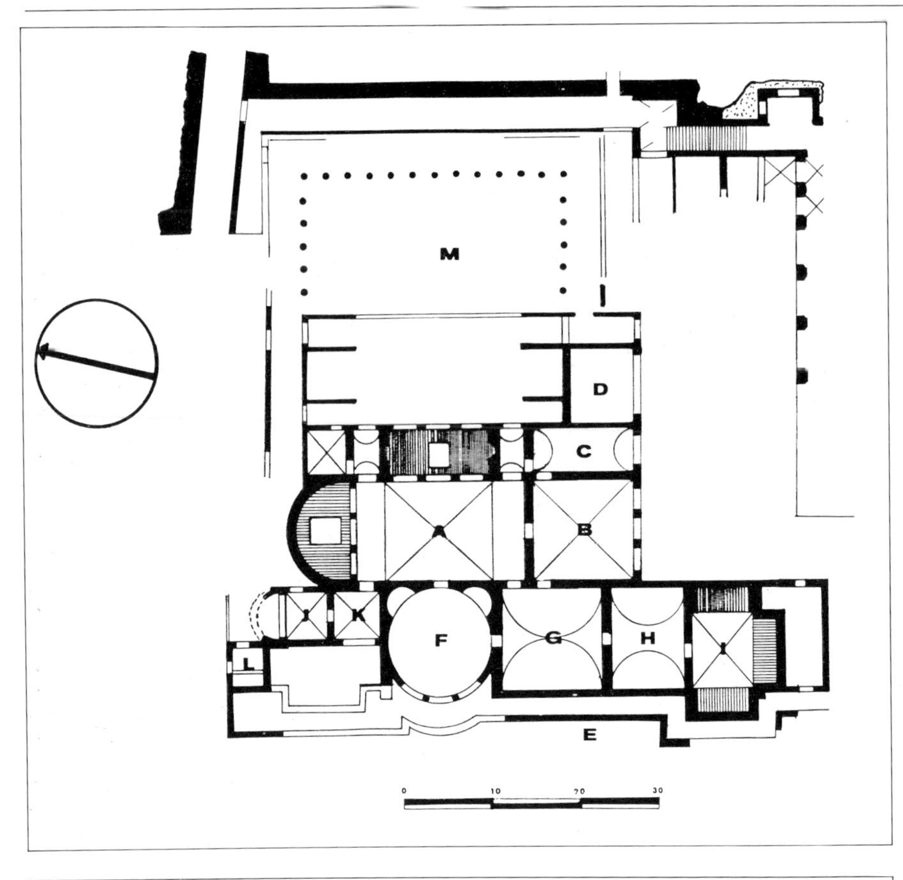

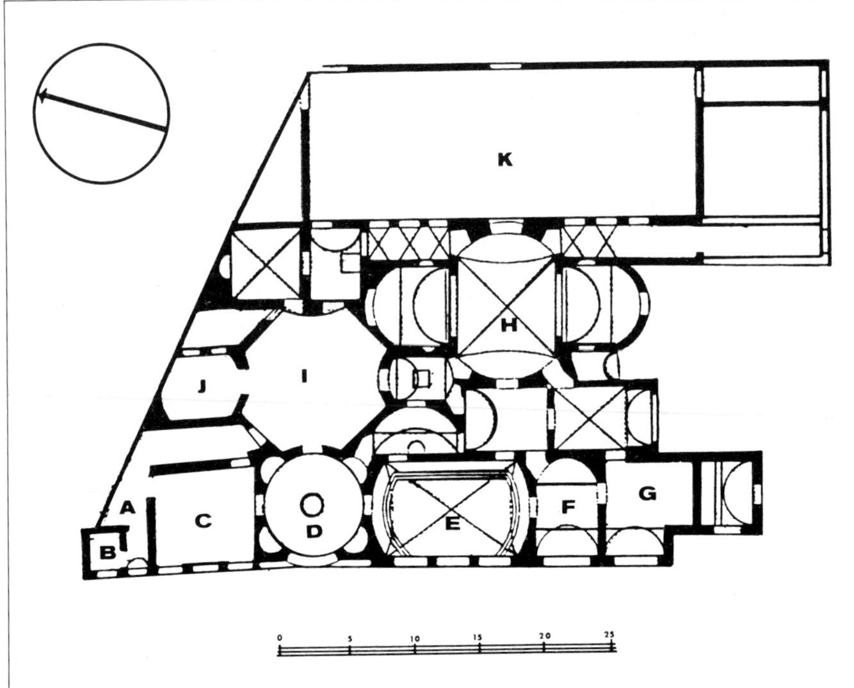

77. Tivoli, Villa Adriana, Grandi Terme: pianta.

78. Tivoli, Villa Adriana, Piccole Terme: pianta.

probabile ninfeo è ubicato nel vano J [23]; nel settore orientale deve essere localizzata la *natatio* K [24].
Un altro accesso al complesso termale è dato dall'ambiente L ubicato a Sud.
Per quanto riguarda la datazione di questi tre complessi termali, si ritiene, oggi, che le Terme con «heliocamino» e le *Grandi Terme* appartengano alla prima fase edilizia della Villa (118-125 d.C.), e che le *Piccole Terme* siano da riferire alla seconda fase (125-133 d.C.) [25].
Dalle rispettive ubicazioni e dalla tipologia degli impianti sembra di poter ritenere che le Terme con «heliocamino» fossero riservate all'uso dell'imperatore e del suo *entourage*, mentre le *Piccole* e le *Grandi Terme* potevano essere frequentate dal personale di servizio della Villa. La presenza dei due complessi termali vicini e quasi contemporanei può trovare spiegazione in un passo di Spartiano (*Historia Augusta*, *Hadrianus* 18.10), secondo cui l'imperatore aveva vietato l'uso promiscuo delle terme: con tutta probabilità, le *Piccole* e *Grandi Terme* erano destinate, rispettivamente, ad un pubblico femminile e maschile [26].

S. M.

Note

1) Dione Cassio, *Historia Romana*, 69.4.1.
2) Aurigemma 1961, p. 25; Ward-Perkins 1979, p. 176; Coarelli 1982, p. 44 ss.
3) Bloch 1947, pp. 182-183.
4) Sul problema cfr., con diverse interpretazioni: Smith 1978, p. 93; Mac Donald-Boyle 1980, p. 22; Coarelli 1982, p. 51.
5) Cfr. la bibliografia citata alla nota 2.
6) Giuliani 1973, p. 90 ss.; Salza Prina Ricotti 1973; Coarelli 1982, pp. 57 e 67-68, con diverse

79. Tivoli, Villa Adriana, Grandi Terme: *frigidarium*.

80. Tivoli, Villa Adriana, Piccole Terme.

interpretazioni.

7) CICERCHIA 1985, p. 50 ss.; P. VERDUCHI (1975, p. 76) invece considera questo ambiente un *caldarium*.

8) VERDUCHI 1975, p. 63 ss.

9) PARIBENI 1922, p. 244.

10) VERDUCHI 1975, p. 72; COARELLI 1982, p. 63; CICERCHIA 1985, p. 50.

11) MIRICK 1933, p. 125; BLAKE 1973, p. 254.

12) BLAKE 1973, p. 254.

13) BLAKE 1973, p. 254; COARELLI 1982, p. 267; per il termine cfr. PLINIO, *Epistulae*, 2.17.12; 5.6.27 e SVETONIO, *Divus Vespasianus*, 20.

14) COARELLI 1982, p. 67; P. VERDUCHI (1975, p. 91, nota 1) lo considera un *tepidarium*; M. E. BLAKE (1973, p. 255) un *heliocaminus*.

15) MIRICK 1933, p. 126; BLAKE 1973, p. 254.

16) MINIEK 1933, p. 125; BLAKE 1973, p. 254, BRÖDNER 1983, fig. 75.

17) MAC DONALD-BOYLE 1980, p. 5.

18) BLAKE 1973, p. 248.

19) MAC DONALD-BOYLE 1980, pp. 22-23, con bibliografia precedente.

20) AURIGEMMA 1961, p. 88; BLAKE 1973, p. 258; COARELLI 1982, p. 67; *contra* W. L. MAC DONALD-B. M. BOYLE (1980, p. 24), che lo ritengono un possibile *heliocaminus*.

21) MAC DONALD-BOYLE 1980, p. 25.

22) MAC DONALD-BOYLE 1980, p. 23; BRÖDNER 1983, p. 245; *contra* S. AURIGEMMA (1961, p. 8) e F. COARELLI (1982, p. 67), che lo ritengono un *apodyterium*.

23) MAC DONALD-BOYLE 1980 p. 23.

24) BLAKE 1973, p. 242; COARELLI 1982, p. 67.

25) SMITH 1978, p. 93; COARELLI 1982, p. 51.

26) COARELLI 1982, p. 67.

37-38. Una terma imperiale pubblica: le Terme di Caracalla.

Le Terme di Caracalla rappresentano un significativo esempio di struttura termale pubblica costruita per volontà imperiale secondo una planimetria che vide la sua prima realizzazione in età neroniana [1].
Spartiano ci informa che Caracalla fece costruire «*thermas eximias*» sin dall'antichità note con il nome di *Thermae Antoninianae* o di Caracalla (*Historia Augusta, Caracalla* 9.4-9). I dati letterari sembrano trovare conferma nei rinvenimenti archeologici: la maggior parte dei mattoni impiegati nelle Terme, infatti, presenta bolli datati agli anni 212-217 [2]; nel 212 venne realizzata anche l'*Aqua Antoniniana*, una diramazione dell'acquedotto dell'*Aqua Marcia* destinata ad alimentare le terme in corso di completamento [3].
Il complesso venne inaugurato nel 216 ed aperto gratuitamente al pubblico [4]; in seguito, per iniziativa di Elagabalo e Severo Alessandro, vennero aggiunte le *porticus* esterne [5].
Le Terme, sottoposte a restauri al tempo di Aureliano, Diocleziano e Teodorico [6], vennero frequentate sino al 537, quando i Goti, con il taglio degli acquedotti, posero fine al loro funzionamento [7]. Nel VI-VIII secolo parte dell'edificio venne occupato da una necropoli [8]. Nel Medio Evo il complesso, sempre imponente per quanto in rovina, era ben noto e conservava il nome di *Antoniniana* o *Palatium Antoninianum* [9]; da questo vennero asportati alcuni frammenti architettonici messi in opera nel 1139, con altri di incerta provenienza, nella chiesa di S. Maria in Trastevere [10]. Alla metà del XVI secolo le Terme divennero oggetto di ricerche volte al recupero di opere d'arte: per iniziativa di Papa Paolo III Farnese vennero fatti «scavi» e furono portate alla luce statue famose come la Flora, il Supplizio di Dirce e l'Eracle di Glykon [11]. Nel XVII e nel XVIII secolo gran parte dell'area al centro della quale sorgono le terme fu sottoposta a lavori agricoli e quindi i rinvenimenti occasionali dovettero essere abbastanza frequenti; nel corso del XIX secolo vennero effettuate numerose indagini [12], ma la prima relazione di scavo risale solo al 1912 [13].
Attualmente nell'area delle Terme sono in corso scavi sistematici ad opera della Soprintendenza Archeologica di Roma [14]: è auspicabile che i dati emersi da tali indagini permettano di chiarire molte delle problematiche al momento oscure, relative sia agli aspetti tecnici (impianti idrici, fognature, riscaldamento), sia all'interpretazione dei singoli vani.
Il complesso, edificato su un terrazzo in gran parte artificiale parzialmente occupato da costruzioni di età precedente [15], è costituto da un corpo centrale di m 220 × 114, circondato da un recinto di m 337 × 328. Tale recinto era costituito, nel lato Nord, e in parte dei lati Nord-Est e Nord-Ovest, da un portico A preceduto da una serie di ambienti su due piani, probabilmente utilizzati come botteghe [16]. Sui lati Sud-Est e Sud-Ovest si aprivano due ampie esedre, all'interno delle quali erano vari ambienti. E. Ghislanzoni, durante gli scavi effettuati nel 1912, aveva individuato nell'esedra Sud-Ovest una sala rettangolare absidata con fronte costituita da otto colonne B, ai lati della quale erano un ambiente ottagonale con volta a cupola C e una sala rettangolare D con una grande abside sul lato Sud-Ovest [17]. L'esedra Sud-Est è stata indagata nel 1982-1983: a giudicare dalla relazione preliminare, sembra che le due esedre non siano completamente simmetriche [18]; per quanto riguarda la interpretazione degli ambienti ivi contenuti, è verosimile che si trattasse di sale per riunioni ed incontri (*nymphaea, musea?*) particolarmente ricche di decorazioni scultoree [19]. Sul lato Sud era un'enorme conserva di acqua E, costituita da 64 ambienti disposti in duplice fila e su due piani, di fronte ai quali si apriva un'ampia gradinata F [20]. Ai lati della cisterna erano due sale absidate; quella di Sud-Ovest, ben conservata, era una biblioteca G, di cui sono state individuate anche le nicchie che contenevano gli *armaria* per i libri [21]. Durante gli scavi qui effettuati nel 1982-1983 sono stati messi in luce i resti di uno scalone monumentale che, probabilmente, costituiva uno degli ingressi alle Terme [22]. Lo spazio H compreso fra il complesso termale e il recinto era occupato da giardini ornati, come sembra, da fontane e statue [23]. All'interno del recinto si articolava una passeggiata sopraelevata rispetto ai giardini, probabilmente coperta con portici: come abbiamo visto, infatti, alcuni autori antichi ricordano che le Terme erano circondate da *porticus* [24].
Nella planimetria dell'edificio termale vero e proprio si possono individuare, ai lati, due settori simmetrici e speculari e, al centro, una struttura articolata lungo l'asse centrale, costituita da *caldarium, tepidarium, frigidarium* e *natatio*.
Vi si accedeva da quattro ingressi (I) sul lato Nord-Est; di questi, i due centrali immettevano in vestiboli comunicanti con due *apodyteria* J. Sui lati erano disposte simmetricamente due grandi palestre porticate K, su cui si affacciavano cinque ambienti

81. Roma, Terme di Caracalla: pianta.

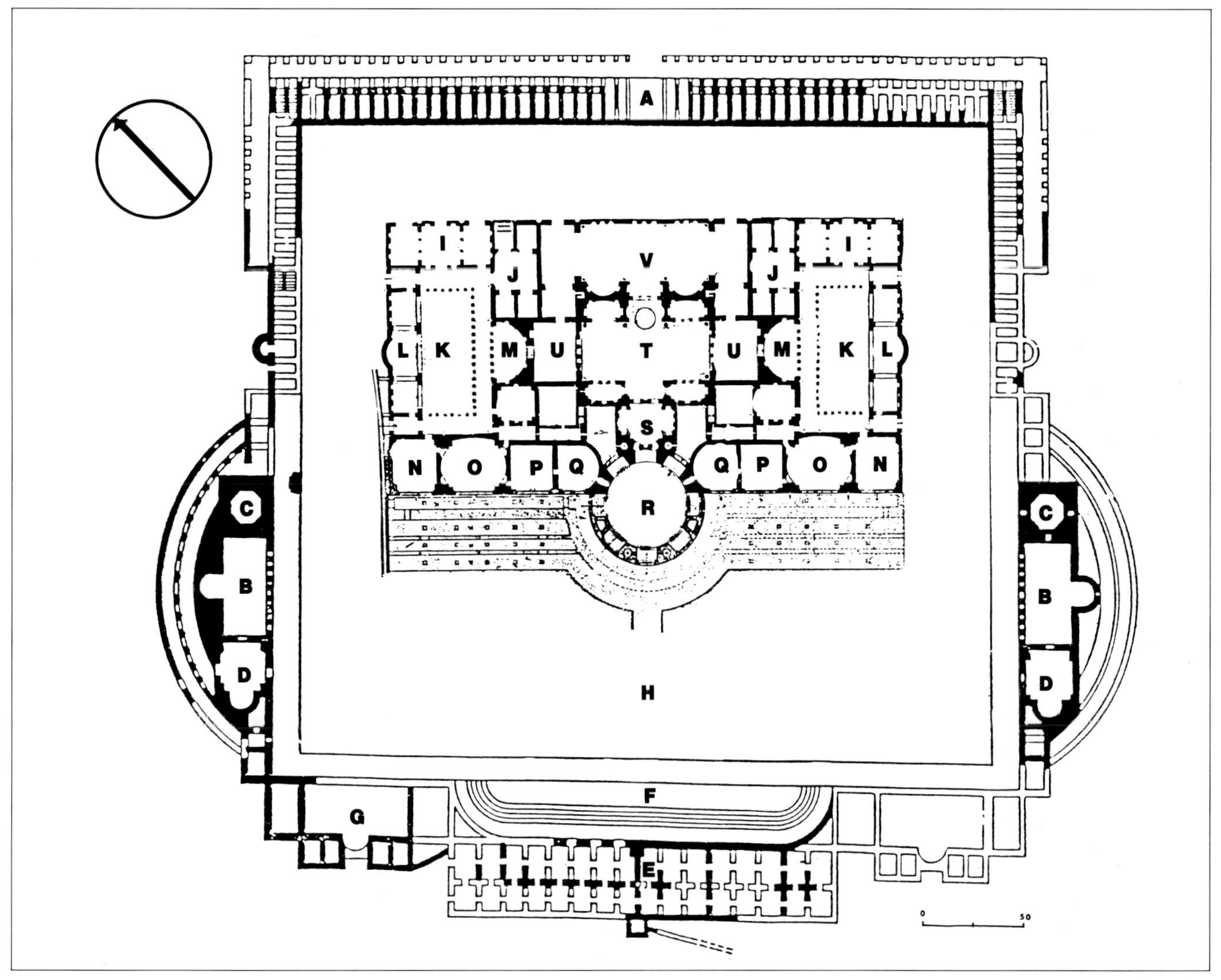

più piccoli: in quello centrale, che era absidato (L), dovevano essere ubicati grandi gruppi scultorei [25].
Sul portico della palestra, costituito da colonne di giallo antico, si apriva anche un grande emiciclo M, pavimentato con mosaici policromi raffiguranti atleti. Seguiva una serie di stanze di forme e dimensioni diverse (N-D-P-Q), alcune con vasche, sulla cui funzione non si conoscono dati certi: è sicuro comunque che fossero ambienti riscaldati con temperature variate; O, che presenta piccoli ingressi laterali per evitare le dispersioni di calore, probabilmente è da identificarsi con un *laconicum* [26]. Si giunge quindi al *caldarium* R: grande stanza circolare, coperta da una cupola sostenuta da otto pilastri, di cui solo quattro sono ricostruibili; due ordini di grandi finestre si aprivano sui muri di Sud-Ovest, per fruire sino al tramonto della luce e del calore solare [27]. Al centro dell'ambiente era una vasca circolare; sette più piccole erano ubicate fra

un pilastro e l'altro. Si passava poi nel *tepidarium* S, piccolo vano dotato di due vasche laterali con nicchie per statue, e nel *frigidarium* T, vastissimo ambiente (m 58 × 24) coperto da tre volte a crociera sostenute da otto pilastri, di fronte ai quali dovevano essere altrettante colonne in granito. Una di queste, dopo il 1563, venne asportata e collocata nella piazza di Santa Trinita a Firenze. Ai lati del *frigidarium* erano due ambienti rettangolari U, al centro dei quali dovevano essere due vasche in porfido: di queste attualmente una è collocata in piazza Farnese e l'altra nel cortile del Belvedere in Vaticano [28]. Attorno alla sala del *frigidarium* erano quattro vasche, ciascuna delle quali presentava quattro nicchie, che dovevano contenere sculture. Dal *frigidarium* si poteva accedere alla grande *natatio* V, sicuramente scoperta [29], la cui capacità era superiore ai 1400 m^3; questa si apriva a Nord-Est con una imponente *scaenae frons* costituita da nicchie colonnate, disposte su due piani, destinate a contenere statue [30].
Secondo la ricostruzione di E. Brödner, al piano superiore, sopra il portico delle palestre, si articolavano terrazze per i bagni di sole, cui si accedeva tramite scale di legno collocate nell'*apodyterium* [31]. Sotto il complesso si aprivano vasti sotterranei disposti su due piani; in quello inferiore scorreva l'acqua di scarico, convogliata poi nella grande fogna che si trovava lungo il lato Sud Ovest dell'edificio. Nel piano superiore erano condutture che distribuivano acqua alle varie vasche e fontane, e gli ambienti di servizio (*praefurnia*, magazzini per la legna etc.). Scale ricavate nell'interno dei muri permettevano al personale di salire dai sotterranei alle terrazze senza essere visti dai clienti delle Terme [32].
In una fase successiva parte della massa d'acqua del complesso venne utilizzata per il funzionamento di un molino con due macine, ubicato al di sotto della grande esedra di Sud-Ovest [33]. Nella stessa area è stato individuato anche un Mitreo [34].
Le Terme di Caracalla erano le più grandi di Roma dopo quelle di Diocleziano e, secondo il calcolo di G. Lugli, potevano soddisfare l'uso contemporaneo di 1600 bagnanti [35].
L'edificio termale era «a doppio percorso anulare»: erano possibili cioè due distinti percorsi simmetrici, che nel tratto terminale confluivano al centro nella struttura articolata secondo l'asse *caldarium-tepidarium-frigidarium-natatio*. I frequentatori quindi, dopo aver fruito dell'ultimo servizio termale (cioè la sosta nel *frigidarium*), concludevano il percorso passando direttamente nell'*apodyterium* a ritirare i vestiti ed altri eventuali oggetti lì depositati [36].
Le Terme di Caracalla, essendo ubicate in un quartiere popolare assai lontano dal centro urbano, ed essendo aperte alla contemporanea frequentazione maschile e femminile, dovevano essere utilizzate anche e soprattutto dalla plebe [37], come ci informa Spartiano (*Historia Augusta, Caracalla*, 9.9).

M.C.

Note

1) Coarelli 1980, p. 202.
2) Bloch 1947, p. 291 ss.; Coarelli 1980, p. 332. G. Lugli (1931, p. 414) E. Brödner (1983, pp. 221-222) collocano l'inizio della costruzione dell'edificio durante il regno di Settimio Severo.
3) *C.I.L.* VI 1245 = *I.L.S.* 98; cfr. anche Bloch 1947, p. 291; Coarelli 1980, pp. 332-333.
4) Staccioli 1965, p. 841; Coarelli 1980, p. 333; Brödner 1983, p. 222.
5) Cfr. Elio Lampridio, *Historia Augusta, Antoninus Elagabalus* 17.9; *Severus Alexandrus* 25.6. Cfr. anche Bloch 1947, p. 303; Nash 1962, p. 434.
6) Bloch 1947, p. 290.
7) Coarelli 1980, p. 333; Brödner 1983, p. 222.
8) Cecchini 1985, p. 592.
9) Staccioli 1965 p. 841.
10) Lanciani 1902-1912, I, p. 7; Marvin 1983, p. 348.
11) Lanciani 1902-1912, I, p. 179 ss.; Marvin 1983, p. 349.
12) Marvin 1983, p. 349 ss.
13) Ghislanzoni 1912, p. 305 ss.
14) Iacopi 1985, p. 578 ss.
15) Coarelli 1980, p. 332; Iacopi 1985, pp. 580-581 e p. 605 ss.
16) Coarelli 1980, p. 334.
17) Ghislanzoni 1912, p. 305 ss.
18) Iacopi 1985, p. 588.
19) Marvin 1983, p. 352 ss.; Lugli 1924 ipotizza che l'ambiente B sia una palestra, ma tale ipotesi è priva di fondamento.
20) Lugli 1931, p. 420; Coarelli 1980, p. 334; Heinz 1983, p. 132; Brödner 1983, p. 222.
21) Ghislanzoni 1912, p. 312.
22) Iacopi 1985, p. 581.
23) Lugli 1931, p.420; Marvin 1983, p. 374 ss.
24) Cfr. nota 5.
25) Forse dalla palestra di Sud-Est proviene il cd. «Supplizio di Dirce» o «Toro Farnese» (Marvin 1983, p. 367 ss.).
26) Coarelli 1980, p. 335.
27) Brödner 1983, p. 227. Forse questo ambiente è da identificarsi con la *cella solearis* ricordata da Spartiano (*Historia augusta Caracalla*, 9, 4-5).
28) Coarelli 1980, p. 335; Brödner 1983, p.224.
29) Heinz 1983, p. 135.
30) Coarelli 1980, p. 335; Marvin 1983, p. 351.
31) Brödner 1951; Brödner 1983, pp. 227-228.
32) Lugli 1931, p. 419; Brödner 1983, pp. 227-228.
33) Ghislanzoni 1912, p. 325; cfr. da ultimi Scholer-Wikander 1983.
34) Ghislanzoni 1912, p. 325.
35) Lugli 1931, p. 426.
36) Cicerchia 1985, p. 48.
37) Lugli 1931, p. 415.

82. Roma, Terme di Caracalla: foto aerea da bassa quota.

39. Terme e battisteri.

Il termine *baptisterium* (grecismo connesso con βαπτίζω, sommergere, immergere) è usato in descrizioni di Plinio (*Epistulae* 2.17.11 e 5.6.25) e Sidonio Apollinare (*Epistulae* 2.2.8) per indicare la vasca del *frigidarium* di bagni annessi a ville.

Il sacramento del battesimo fu amministrato nell'antichità principalmente per immersione ed è importante sottolineare come manchi inizialmente una formalizzazione rigida e come al contrario il rito possa essere celebrato nei luoghi più vari: nei fiumi ad esempio, in zone dal clima favorevole. Come spesso le case private furono prime sedi del culto, in pratica chiese, così anche sulla scorta di precise testimonianze letterarie [1] è possibile pensare all'amministrazione, in questo primo periodo, di battesimi domestici, che verosimilmente si tenevano proprio nelle stanze da bagno, evidentemente le più adatte allo scopo. Questa prima fase cede progressivamente il posto ad una maggiore formalizzazione, che implica fra l'altro atti di esorcismo e dopo il santo lavacro l'unzione della cresima. È proprio la solennità di questa celebrazione unita a questioni più materiali, come il gran numero di catecumeni, a favorire la creazione di appositi edifici: i battisteri.

Ciò che innanzitutto colpisce è la grande varietà di forme con cui vediamo strutturato l'edificio: praticamente si incontra tutta la gamma di varianti dello schema a simmetria centrale. Fra i vari tipi comunque prevale l'ottagono, semplice o movimentato da nicchie, forma interpretata in chiave simbolica: gli otto lati si riferiscono all'ottavo giorno, in cui Cristo risorse portando la salvezza agli uomini. Le considerazioni del De Angelis D'Ossat ci inducono però ad affrontare un altro aspetto della questione: in un conciso articolo [2] egli contesta l'idea che la forma ottagona sia di derivazione orientale e porta una nutrita serie di esempi di edifici romani con tale forma a partire dal I secolo. La maggior parte di questi esempi riguardano proprio sale di edifici termali. Per lo studioso i battisteri e gli edifici sacri si riallacciano a questa tipologia costruttiva romana, in primo luogo funzionale, perché consente una facile copertura con cupole, e ne garantiscono la continuità. Anche la lucida analisi del Perogalli [3] tende a legare strettamente l'architettura dei battisteri alle precedenti esperienze romane con particolare riguardo a quelle termali: si tratterebbe in definitiva della rinnovata funzionalità di un organismo già conosciuto e ampiamente sperimentato.

Sul piano di significative continuità, se la sovrapposizione ad edifici termali dei due battisteri di Ravenna, quello «degli Ortodossi» e quello «degli Ariani» [4], non è sicura, nel caso del Battistero Lateranense di Roma la Khatchatrian non ha dubbi: all'inizio del IV secolo una delle sale termali del Palazzo del Laterano fu trasformata in una sala battesimale probabilmente circolare; successivi interventi ne hanno poi modificato la struttura [5]. Sempre nel IV secolo a Salona, per la studiosa il battesimo è amministrato in una sala delle terme ad Est della basilica [6]. A proposito di Salona è interessante ricordare la ricostruzione del Dyggve [7] relativa alla distribuzione degli ambienti intorno al posteriore battistero cattolico; l'edificio è circondato da una serie di locali cui lo studioso attribuisce diverse funzioni: catecumeneo o sala dove si veniva spiritualmente preparati al sacramento, o spogliatoio e locale per la sacra unzione della cresima. Spontaneo, a mio parere, pensare ad un'eco della distribuzione degli ambienti nei bagni romani, ma la ricostruzione è, bisogna sottolinearlo, puramente ipotetica.

Rimane da accennare al cuore del battistero, cioè alla vasca in cui concretamente avveniva l'immersione purificatoria. Anche qui dominano, come per l'edificio, le forme più svariate; solitamente la vasca è scavata nel pavimento ma si conoscono casi di piscine sopraelevate quasi di un metro. La profondità è variabile, ma la media si aggira sui 75 cm e solitamente vi sono scalini che agevolano la discesa.

Quasi tutti i battisteri noti hanno un sistema di deflusso, ma non moltissimi presentano un impianto per l'afflusso dell'acqua; evidentemente in questi casi si ovviava con personale di servizio. Nel caso di alimentazione propria, l'acqua era spesso versata da maschere di animali (leoni, cervi, agnelli), un elemento che sembra essere di indiscutibile derivazione da motivi decorativi dei bagni antichi.

Per concludere, si può ricordare un epigramma di Ennodio [8] in cui il poeta, descrivendo il battistero della chiesa di S. Stefano a Milano, ne esalta le meraviglie idrauliche per cui l'acqua, grazie ad un'accurata strutturazione architettonica, cadeva in pioggia sui catecumeni: un artificio che ci fa pensare alle ardite raffinatezze di tante terme dell'età imperiale.

G.C.

Note

1) Le attestazioni letterarie sono riportate e discusse in Leclerq 1910, 385-6.

2) De Angelis D'Ossat 1936, p. 13 ss. con piante

83. *Sufetula* (Sbeïtla, Tunisia): battistero paleocristiano.

84. Roma: trasformazione di una delle sale termali del Palazzo del Laterano in una sala battesimale, probabilmente circolare.

ed abbondante bibliografia specifica.

3) Perogalli 1974, p. 73 ss. con suggestiva interpretazione per cui i battisteri riallacciandosi a tipologie architettoniche romane impiegate in ambienti di case private, terme e mausolei conserverebbero un nesso con i tre concetti di casa (come primitiva sede del sacramento), d'acqua (come più ovvia traduzione del Giordano dove Cristo fu battezzato), di tomba (con riferimento simbolico alla morte dell'uomo vecchio macchiato dal peccato).

4) Mazzotti 1961, pp. 255-6 e Breschi 1965, pp. 39-40 negano la sovrapposizione ipotizzata originariamente; la stessa Breschi comunque (p. 47 ss.) prende posizione a livello di concetto generale a favore di uno stretto rapporto fra battisteri ed edifici termali.

5) Khatchatrian 1962, sinteticamente pp. 122-3, con bibliografia ed indicazione delle piante.

6) Khatchatrian 1962, p. 125.

7) In Testini 1958, p. 625 con pianta e riferimento bibliografico. Testini 1958, p. 619 ss. offre una trattazione generale e riassuntiva sui battisteri.

8) L'epigramma è riportato e commentato in Leclerq 1910, c. 396.

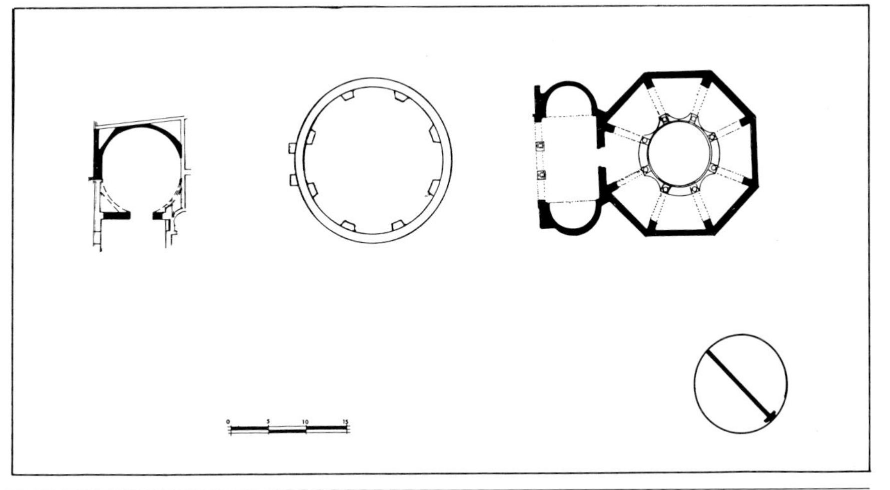

40. Terme e mondo musulmano.

85. Algeri, veduta di un *hammam* (1830).

Molti sono gli elementi di continuità con gli edifici termali di ambiente romano riscontrabili nei bagni del mondo musulmano, gli *hammam*.

Gli *hammam* si trovano in tutto il mondo musulmano, in un territorio che, a partire dalla penisola arabica, si estende fino alle regioni dell'Africa settentrionale e alla Spagna. La comparsa di questi edifici, databile al VII-VIII d.C., appare piuttosto improvvisa e questo ha fatto pensare ad un legame con le terme antiche, rintracciabile nella mediazione dell'ambiente bizantino.

Gli *hammam* che meglio conosciamo sono quelli dell'epoca del califfato omayade (661-750) [1], ma proprio questi ci fanno scartare l'ipotesi di pedante imitazione del modello fornito dalle terme romane e ci forniscono le prove di trasformazioni profonde imputabili in primo luogo a caratteristiche ambientali e culturali diverse. Una delle novità più importanti consiste nel fatto che l'*hammam* non presenta la sequenza tradizionale, *apodyterium- caldarium- tepidarium - frigidarium*, in quanto scompaiono il *frigidarium* e gli elementi ad esso connessi. La sala adibita a spogliatoio ed a luogo di riposo conserva, più o meno, le funzioni e l'aspetto del tradizionale *apodyterium*. Le sale riscaldate, che ricordano il *tepidarium* e il *caldarium*, acquistano, anche per la scomparsa del *frigidarium*, una importanza maggiore.

Lo schema generale di un *hammam* è il seguente: da un ambiente che funge da spogliatoio e da luogo di riposo, che comunica con le latrine, attraverso una saletta di passaggio più interna e non riscaldata, in cui ci si spoglia in inverno, si passa in un primo vano riscaldato, che ricorda il *tepidarium*; da esso si entra in una vera e propria sala calda cui possono essere annessi piccoli locali, banchi in muratura, rubinetti per l'acqua calda e fredda e piccole vasche riempite d'acqua. Alla caldaia e ai locali di servizio, che nessun passaggio lega al bagno vero e proprio, ha accesso soltanto il personale che cura il funzionamento dell'edificio. Il sistema di approvvigionamento idrico è spesso assicurato da una canalizzazione che si allaccia al sistema idrico urbano. L'acqua, arrivata alla caldaia, è messa in ebollizione da un fuoco costantemente alimentato e attraverso le tubature di distribuzione arriva al bagno. Per la moschea di Khirbat al-Mafjar [2] è documentata l'utilizzazione di un acquedotto romano per l'approvvigionamento della moschea e dell'edificio balneare annesso.

L'*hammam* era generalmente un edificio pubblico, ma lo si trova anche in alcuni grandi palazzi privati. Gli uomini e le donne vi si recavano

86. Qas el-Heir el Garbi (Giordania):
***hammam* di epoca omayade.**

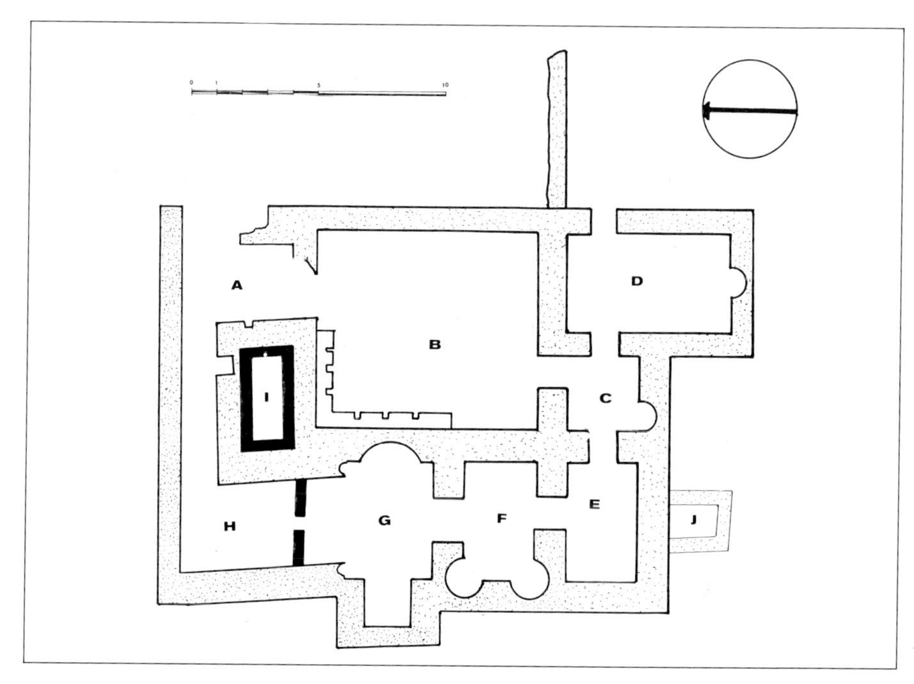

in ore o in giorni diversi e di conseguenza il personale era rispettivamente maschile o femminile. Oltre al gestore vi lavoravano operai addetti alla caldaia e alla alimentazione del fuoco, addetti al vestiario, barbieri e massaggiatori [3].
Lo schema generale esposto sopra presenta, nelle diverse epoche e località, modifiche più o meno profonde.
Individuare le diverse tendenze sarebbe lungo e difficoltoso. Tra le trasformazioni, come fatto importante, si registra a Damasco nel XII secolo l'abbandono del sistema di ipocausti. In un periodo ancora più tardo (XV secolo) si verifica, in un vasto ambito, la scomparsa del vano intermedio e si assiste al graduale accrescimento dell'ambiente caldo che arriva a dominare l'intero edificio durante il XVIII secolo.
Abbiamo scelto come esempio caratteristico di *hammam* il bagno di Qasr el-Heir el-Garbi (Giordania), risalente ad epoca omayade [4]. Il bagno si compone di due parti principali riservate ai frequentatori, delle quali una è riscaldata, cui sono annessi i locali di servizio riservati alle apparecchiature idrauliche e termiche.
Il vano A pare essere un cortile scoperto che permetteva anche l'entrata separata ai locali di servizio. Da questo cortile si passa nello spogliatoio (ambiente B), contornato ad intervalli regolari da piccole nicchie e provvisto di banchi in muratura e di una vasca di acqua fredda. La sala C deve forse essere considerata come una stanza di transizione. Il vano D, con il quale si conclude la serie delle stanze non riscaldate, presenta problemi di interpretazione, ma probabilmente vi si dovevano compiere abluzioni.
Le stanze E ed F sono riscaldate a bassa temperatura; con l'ambiente G ci troviamo nella sala calda vera e propria. Il vapore vi arrivava attraverso un'apertura nella parete che la divide dalla caldaia (H). tutte le sale riscaldate (E-F-G) sono costruite su ipocausti. La caldaia e il vano I, adibito ai servizi, non comunicavano con gli altri locali. L'accesso all'ipocausto era probabilmente permesso da una cameretta sotterranea (vano L).

P. S.

Note

1) Il nome deriva dalla stirpe Umayya della tribù di Quarays, cui appartenevano questi califfi che da Damasco governavano i territori arabi (cfr. PAREJA 1951, p. 79).
2) La moschea, databile al secondo quarto dell'VIII secolo, si trova a Nord di Gerico, in Palestina (cfr. SCERRATO 1972, p. 27).
3) Troviamo questi dati già in autori arabi del X secolo (cfr. SOURDEL-THOMINE 1975, p. 142 ss.).
4) Abbiamo scelto questo bagno in quanto è archeologicamente ben documentato e si uniforma al modello generale che è stato dato dell'*hammam* (cfr. SCHLUMBERGER 1939, p. 213 ss.).

41. L'eredità architettonica.

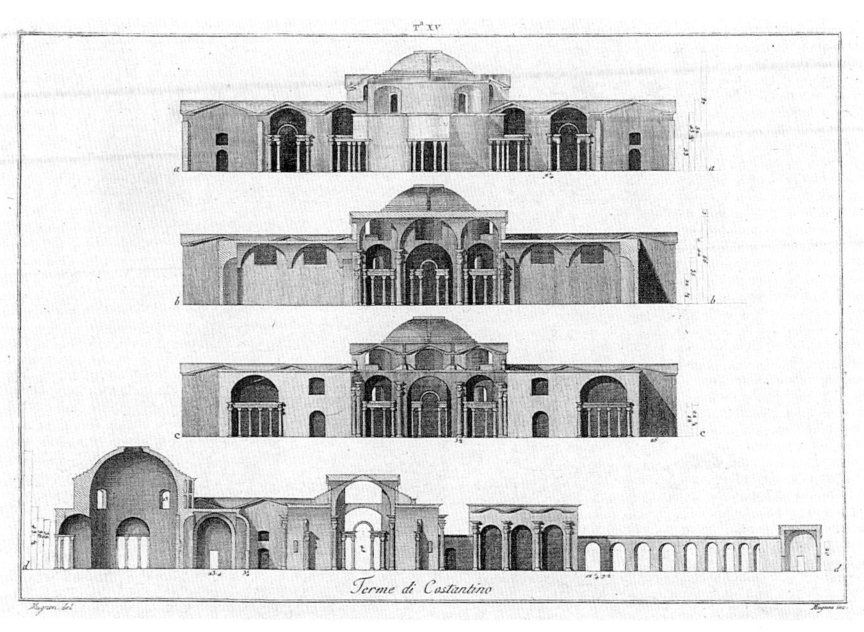

87. A. Palladio, Terme di Costantino.

88. E. Viollet-le-Duc, acquerello: analisi della struttura di Terme romane fatta per gli allievi della École spéciale d'architecture (1867).

Dopo aver curato l'apparato illustrativo del *De architectura* di Vitruvio, uscito a Venezia, nel 1556, col commento di Daniele Barbaro, il Palladio [1] organizzò il suo pensiero e ordinò i suoi rilievi e disegni di monumenti antichi nei *Quattro libri della architettura* del 1570. Ma già nel libretto dedicato nel 1554 alle *Antichità di Roma*, con gli esercizi grafici compiuti durante un breve soggiorno romano, aveva documentato il suo interesse per la forma, la funzione e la collocazione degli edifici antichi, considerati e studiati nella complessità della loro articolazione.

Palladio dedicò naturalmente alcuni dei suoi schizzi agli edifici termali disegnandone piante, alzati, prospetti e particolari. Almeno nel caso del Redentore il modello delle terme sembra aver contribuito a fargli risolvere il problema della connessione di ambienti a pianta centralizzata con ambienti a pianta longitudinale. Questa chiesa fu edificata a Venezia come sede votiva dopo la pestilenza che aveva colpito il Veneto tra il 1576 e il 1577 e divenne meta di una processione annuale che si concludeva all'altare, sotto la grande cupola. Il susseguirsi di una navata coperta da una grande volta a botte, affiancata da sei cappelle laterali e illuminata dalle finestre termali, di un presbiterio triabsidato con copertura a cupola e di un coro rettangolare schermato da un'esedra di grandi colonne sembra avere un suo punto di riferimento in alcune ricostruzioni quattrocentesche delle Terme di Diocleziano. Anche il colonnato, secondo Wittkower che cita un disegno originale del Palladio, dove la frequente ripetizione di colonnati «trasparenti» caratterizza le Terme di Agrippa, ha un'evidente derivazione dalle sale termali romane [2].

I resti grandiosi delle terme imperiali romane, di cui si conservano a Roma buona parte delle strutture, furono tema di alcune delle famose incisioni di Piranesi [3]. Giovan Battista Piranesi, autore della monumentale raccolta di *Antichità romane*, si trasferì nel 1740 dal Veneto a Roma, dove morì nel 1778. La sua lettura dell'antico è operata in chiave fantastica, attraverso l'accentuazione di elementi di effetto: l'incombenza dei poderosi colonnati sulla figura umana, il taglio obliquo di molte inquadrature, i forti effetti chiaroscurali. Gli ambienti termali, variati, spaziosi e riccamente decorati offrirono certamente spunti di grande interesse a questo cultore dell'antico che credeva nella supremazia artistica romana e nel suo sviluppo da un'austera matrice italica e soprattutto etrusca [4].

Il viaggio in Italia occupava un posto importante nella formazione degli architetti francesi dell'Ottocento. Viollet-le-Duc [5] non divenne allievo dell'Ecole des Beaux-Arts, né fu mai pensionato della Accademia di Francia, ma trascorse nel 1836-37, quando aveva ventidue anni, un proficuo soggiorno di studio in Italia. Assumendo una posizione critica verso l'accademismo francese che si interessava solo all'antichità classica, si fermò a lungo, dopo essere insolitamente partito dalla Sicilia, a Venezia e a Firenze, per studiare le testimonianze del Medioevo e Rinascimento. Non per questo trascurò gli edifici antichi, che si soffermò a disegnare non tanto per rilevarne forme e dettagli adatti a essere riprodotti nella architettura del XIX secolo, quanto per ricavarne i principi su cui riflettere prima di edificare nuove cose. I suoi disegni si rivelano anche magnifici acquarelli che di-

89. New York, Pennsylvania Station (1906-1910, demolita nel 1964). La facciata.

mostrano abilità manuale e senso dell'effetto pittorico. Viollet-le-Duc disegnò a Roma le rovine del *frigidarium* delle Terme di Caracalla e ne propose una veduta restaurata. Analizzandone la struttura, esprime alcune osservazioni critiche sul rapporto fra la struttura stessa e gli elementi decorativi. Secondo Viollet-le-Duc i Romani riprendono gli ordini greci senza preoccuparsi della loro reale destinazione: «Dentro le terme, il romano è romano e ciò che prende in prestito al greco per ornare questi grandi stabilimenti non assume nell'insieme che una importanza troppo secondaria perché io insista su questi dettagli»[6].

Una tavola con l'analisi della struttura delle terme romane eseguita da Viollet-le-Duc per gli allievi della Scuola Speciale di Architettura ha avuto una grande influenza sugli architetti delle generazioni successive. Secondo alcuni è proprio a questo disegno che Charles Atwood si ispira per il suo progetto della stazione del «World's Columbian Exposition» (Chicago 1883), che diviene un prototipo per le stazioni a forma di bagno romano degli Stati Uniti[7].

Il periodo che va dal 1890 al 1899 fu determinante, dal punto di vista ar-

90. New York, Pennsylvania Station (1906-1910, demolita nel 1964). Un interno.

chitettonico, per la storia di Chicago: un gruppo di architetti attivi in città in questi anni manifestò un interesse particolare per i modelli dell'antichità classica, come il Pantheon, anche se rifacimenti successivi hanno privato i loro edifici della impronta originaria [8]. La Fiera colombiana che esprime in questa scelta classicista la volontà americana di adeguarsi ai modelli culturali europei viene a costituire un esordio per il movimento «City Beautiful» e una lezione di metodo per l'edilizia pubblica e in particolare per quella governativa [9]. Daniel Burnham, che fu il coordinatore dei progetti per l'esposizione di Chicago, lavorò successivamente a Washington, dove realizzò sul luogo della già esistente stazione della Baltimora and Ohio Line la nuova Union Station, ispirata alle terme e agli archi di trionfo romani. A questo piano di ristrutturazione della capitale prese parte anche McKim che con Mead e White lavorò al progetto per la Pennsylvania Station di New York, costruita tra il 1906 e il 1910 e poi demolita nel 1964. La derivazione dalle Terme di Caracalla appare evidente sia nell'architettura esterna che nella disposizione interna della grandissima sala d'attesa [10].

S. P. L.

Note

1) Puppi 1973.
2) Wittkower 1963, p. 82.
3) Wilton-Ely, 1978.
4) Beschi 1986, p. 354.
5) Aillagon-Viollet-le-Duc 1980.
6) Aillagon-Viollet-le-Duc 1980, p. 154.
7) Aillagon-Viollet-le-Duc 1980, p. 152.
8) Brügmann 1986.
9) Manieri-Elia 1973.
10) Drexler 1977.

42. Vada e il territorio limitrofo in età preromana (III-I secolo a.C.).

Il moderno centro abitato di Vada sorge sulla costa in prossimità delle foci dei fiumi Fine e Cecina. Tale area faceva parte del territorio della città etrusca di Volterra che, almeno dall'età ellenistica, ebbe in questa zona un proprio scalo marittimo [1]. Per quanto riguarda l'ubicazione di tale approdo, per l'età romana sembra certa l'identificazione del porto di Volterra, ricordato dalle fonti come *Vada Volaterrana* [2], con l'attuale centro di Vada [3]; per i secoli precedenti, anche se il problema non può dirsi completamente risolto, è probabile che il porto si trovasse nella stessa area: lo scalo doveva infatti sorgere non lontano dalla foce del fiume Cecina, la cui valle costituiva un'agevole via di comunicazione tra Volterra e il mare; il litorale di Vada inoltre è più adatto all'impianto di strutture portuali di quello in cui si apre la foce del fiume Cecina: nel mare antistante Vada infatti un esteso sistema di secche fornisce un riparo naturale alle imbarcazioni ormeggiate [4].

A partire dall'età ellenistica, in coincidenza con un forte sviluppo delle attività agricole nel territorio volterrano e con l'instaurazione di definitivi rapporti pacifici tra Volterra e Roma [5], la documentazione archeologica attesta lo sviluppo dell'area gravitante attorno al porto di Vada. Significativi al riguardo sono i rinvenimenti effettuati tra gli anni '50 e '70 a Vada in località Poggetto, dove sono venute alla luce numerose tombe tardo-etrusche di diversa tipologia (a ziro, a camera e a nicchiotto) attestanti l'esistenza di un piccolo centro abitato verosimilmente connesso con lo scalo marittimo. Più a Nord, a Castiglioncello, agli inizi del secolo fu scoperta una vasta necropoli con oltre trecento tombe tardo-repubblicane, da mettere in relazione con un altro insediamento costiero [6].

Nel corso di ricognizioni topografiche effettuate dalla scrivente e coordinate dalla Prof. M. Pasquinucci sono state individuate, sia lungo la costa che più all'interno, alcune unità insediative rurali che sorsero tra il III ed il II secolo a.C.. A questo periodo risale forse l'inizio di una produzione locale di ceramica a vernice nera, nella fascia costiera tra Castiglioncello ed il fiume Cecina [7].

Già intorno al III secolo a.C. Vada e Castiglioncello, per la loro favorevole posizione geografica, risultano ben inserite nel quadro delle correnti commerciali, sia marittime che provenienti dall'interno. La diffusione di manufatti volterrani è documentata dal rinvenimento, effettuato nel secolo scorso nelle campagne circostanti Vada, di 5 urne (3 di buona qualità in alabastro e 2 in travertino) ornate sulla fronte da rilievi di carattere mitologico [8]; da Castiglioncello proviene l'urna in alabastro di *Velia Cerinei*, membro di una famiglia dell'aristocrazia terriera volterrana [9].

Scambi commerciali con Volterra sono documentati dal rinvenimento di ceramica a vernice nera di produzione volterrana nelle necropoli di Vada e Castiglioncello [10] e nel territorio [11]. Lo scalo di Vada inoltre sembra aver svolto nei confronti di Volterra il ruolo di intermediario per una serie di prodotti agricoli pregiati arrivati con il commercio marittimo [12].

Una certa attività commerciale con la Campania è attestata dal rinvenimento di ceramica di *Cales* nei dintorni di Vada e nella necropoli di Castiglioncello [13], e di ceramica a vernice nera di produzione campana nelle necropoli di Vada e Castiglioncello [14] e in altre località del territorio [15].

Vada inoltre doveva essere interessata anche da altre rotte, come sembra attestare il carico del relitto localizzato poco a Sud della foce del fiume Fine, proveniente forse da un centro dell'Etruria meridionale [16].

Traffici commerciali marittimi intercorsero anche con la penisola iberica da dove provengono gli esemplari di «sombrero de copa» rinvenuti al Malandrone e nella necropoli di Castiglioncello [17].

L. C.

Note

1) Massa 1974, p. 29; Massa 1980-81, p. 251 ss; Massa 1982, p. 57.
2) Cicerone, *Pro Quinctio* 6.24; Plinio, *Naturalis historia* 3.50; Rutilio Namaziano, *De reditu suo* 1.453.
3) Massa 1980-81, p. 251 ss.
4) È da segnalare inoltre l'identificazione, nel corso di ricerche effettuate dalla scrivente e da Antonella Del Rio, di tracce di un piccolo insediamento databile tra il V ed il III sec. a.C., a Nord-Ovest dell'abitato di Vada, in prossimità dell'area in cui è stato localizzato il porto di età romana.
5) Cristofani-Maggiani-Michelotti 1973, p. 245; Cristofani 1977, p. 80.
6) Massa 1974, p. 25 ss.
7) Michelucci 1979, p. 98; cfr. anche Massa 1974, p. 74 e Cristofani 1977, p. 75.
8) Mantovani 1892, p. 102 ss; Nielsen 1985, p. 62.
9) Cristofani 1975, p. 13; Nielsen 1985, p. 63.
10) Massa 1974, p. 73; Massa 1980-81, p. 251.
11) Ricerche della scrivente e di Antonella Del Rio.
12) Cristofani 1977, p. 75.
13) Mantovani 1892, p. 101; Massa 1974, p. 73.
14) Massa 1974, p. 65 ss; Massa 1980-81, p. 254.
15) Ricerche della scrivente e di Antonella Del Rio.
16) Massa 1980-81, p. 235; cfr. anche Massa 1982-83, p. 178.
17) Massa 1974, p. 73; Massa 1980-81, p. 244.

91. ***Vada Volaterrana*** **(Vada, Rosignano Marittimo, Livorno) e territorio limitrofo**

aree nelle quali sono stati effettuati rinvenimenti di età preromana:

rinvenimenti sottomarini

necropoli

insediamenti

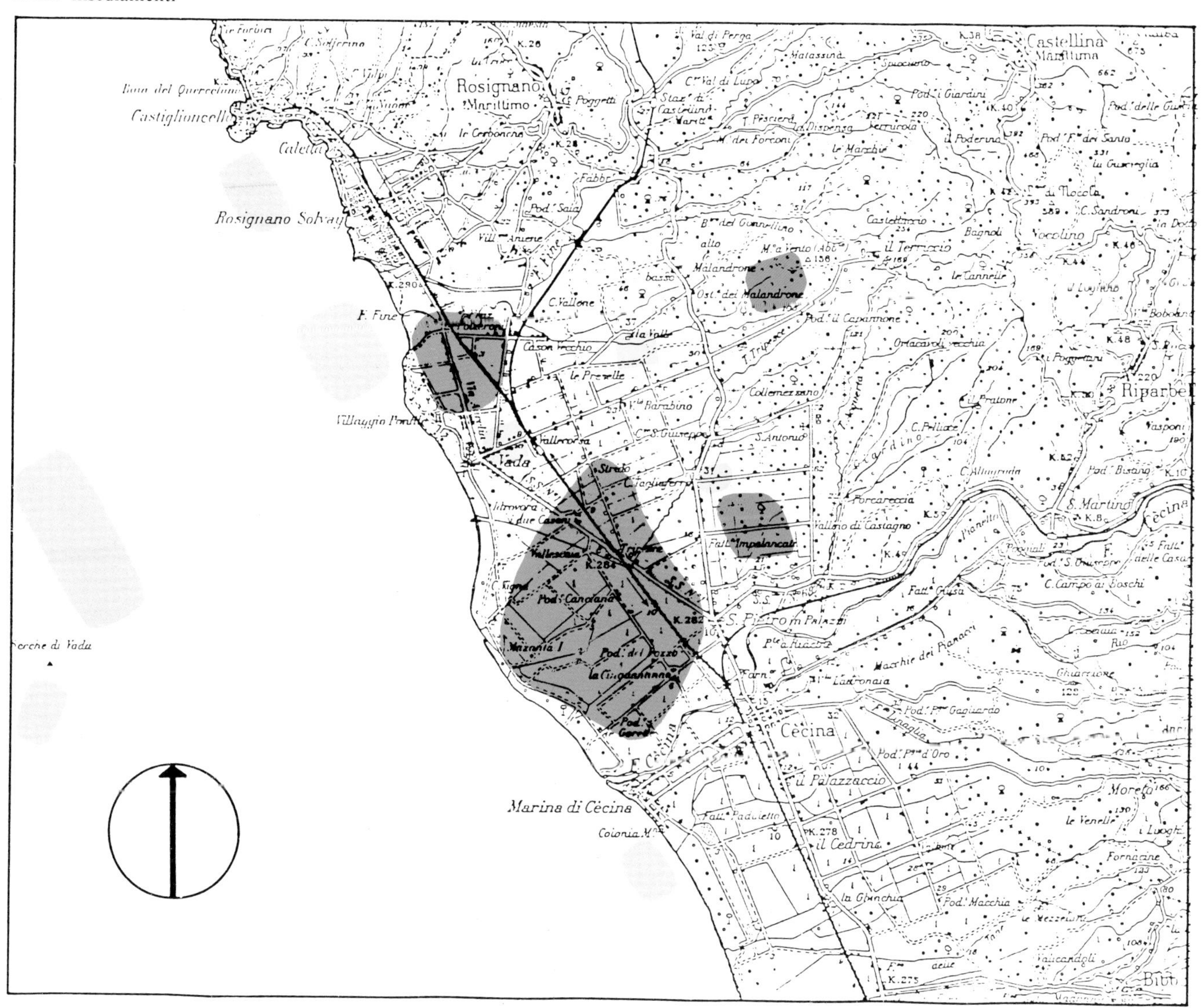

43. Vada e il territorio limitrofo in età romana (I secolo a.C.-VI d.C.).

Nel I sec. a.C., in seguito alla definitiva romanizzazione del territorio (Volterra venne iscritta tra i *municipia* dopo la guerra sociale), il quadro del popolamento nell'area di Vada si amplia notevolmente, in conseguenza forse anche della costruzione, sullo scorcio del secolo precedente, della via *Aemilia Scauri* che determinò un'attrazione delle attività produttive e commerciali nei centri vicini al mare [1].
Il nuovo sviluppo è documentato da numerosi rinvenimenti, effettuati in corrispondenza del moderno abitato di Vada e nel territorio circostante [2]. Presso il porto, in località S. Gaetano, sono visibili i resti di un vasto edificio, in corso di scavo da parte di M. Pasquinucci e allievi del corso di Topografia antica dell'Università di Pisa. L'edificio, in uso almeno dalla prima età imperiale al V/VI sec. d.C., è articolato in un complesso termale [3] e in una serie di grandi vani a destinazione artigianale e commerciale [4]. Da questa zona provengono basi e fusti di colonne, capitelli, pulvini, frammenti di architrave e due epigrafi, attualmente conservati nel giardino della villa Il Pino [5].
Il complesso di S. Gaetano sorge non lontano dall'area in cui si doveva trovare il porto di *Vada Volaterrana*, del quale Rutilio Namaziano (*De reditu suo* 1.452 ss.) all'inizio del V secolo descrive il canale di accesso. Tale porto si può identificare con l'attuale ancoraggio di Vada, a cui si accede per mezzo di un canale lungo circa 1 Km, forse sopravvivenza dell'antico [6].
A partire dalla prima età imperiale, nel territorio (soprattutto in prossimità del mare a Nord della foce del Fine, in un tratto di costa che poteva offrire facili approdi) sorsero numerose *villae*, alcune delle quali perdurarono fino al V secolo [7]. Ignota è l'identità dei loro proprietari; è certo però che Albino Cecina, *praefectus urbi* del 414 d.C., possedeva una villa non lontano da *Vada Volaterrana* [8]. Interessi dei Cecina nella zona sono già indiziati nel I secolo d.C. da un'iscrizione funeraria proveniente da Vada [9].
Ricognizioni effettuate dalla scrivente hanno permesso di individuare nel territorio un cospicuo numero di insediamenti di piccole e medie dimensioni, distribuiti in modo piuttosto uniforme e occupati, nella maggior parte dei casi, dalla seconda metà del I secolo a.C. al V secolo d.C.; accanto ad essi si mostra ancora vitale buona parte delle fattorie sorte in età ellenistica [10]. Sono state inoltre individuate, spesso annesse ad insediamenti rurali, numerose fornaci per la produzione locale di laterizi, anfore e ceramica comune [11].
La vitalità del territorio, ancora fiorente in età tardo-antica, fu certamente legata all'attività del porto. Un'intensa frequentazione del mare di Vada è documentata da relitti e rinvenimenti sporadici nella zona delle secche [12]. Ampi traffici marittimi sono attestati inoltre dalla grande quantità di materiale di importazione rinvenuto nel territorio nel corso delle nostre ricerche. da diverse località dell'Italia centro-meridionale giunsero anfore vinarie e altri tipi di ceramica [13]; dalla penisola iberica anfore olearie di produzione betica e anfore vinarie prodotte nella Tarraconese; dalla Gallia anfore per vino ed altre derrate alimentari, unitamente a terra sigillata sud-gallica [14]; molto più massicce, soprattutto tra il II ed il V sec. d.C., sono le importazioni dall'Africa Proconsolare, dalla Bizacena e dalla Tripolitana: anfore olearie e altri contenitori, spesso riutilizzati per sepolture [15], terra sigillata e ceramiche da cucina.
All'afflusso di tali prodotti corrispose verosimilmente l'esportazione, dalla fascia costiera e dal fertile entroterra, di merci quali sale – la cui estrazione a Vada è ricordata da Rutilio Namaziano (*De reditu suo* 1.475 ss) nel V secolo [16] – legname e materiale fittile di produzione locale [17].

A.D.R.

Note

1) Cristofani 1975, p. 13.
2) Paoletti 1980, p. 104 con bibl. precedente; Massa 1984, p. 175 ss con bibl. precedente; ricerche della scrivente e di Linda Cherubini.
3) Cfr. oltre.
4) Pasquinucci-Mazzanti, in stampa.

92. ***Vada Volaterrana*** **(Vada, Rosignano Marittimo, Livorno) e territorio limitrofo**

aree nelle quali sono stati effettuati rinvenimenti di età preromana:

- rinvenimenti sottomarini
- ville marittime e approdi
- necropoli
- fattorie e fornaci

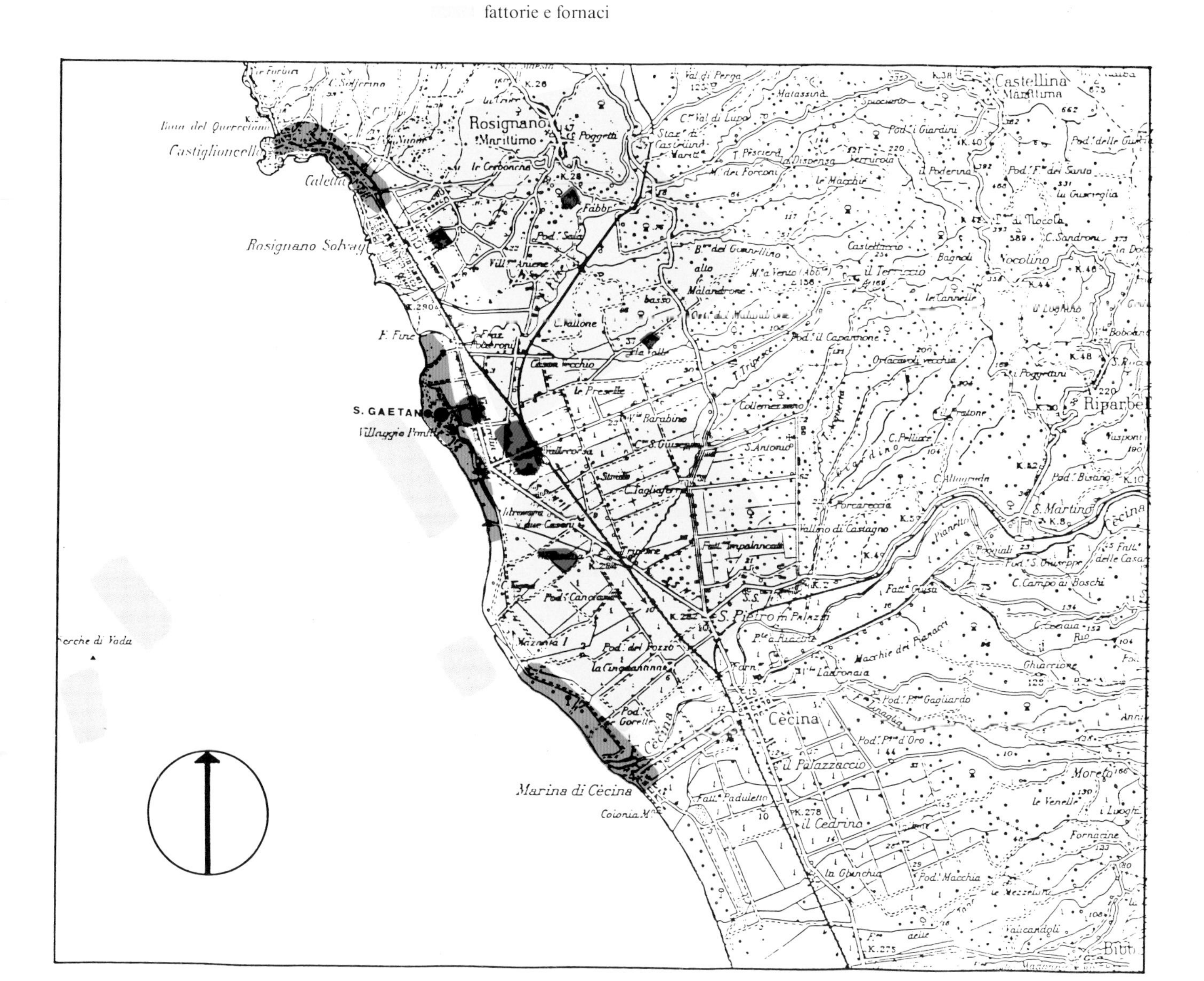

93. ***Vada Volaterrana*****: importazioni di merci dalle province**

Gallia
Tarraconensis
Baetica
Africa Proconsularis
Byzacena
Tripolitana

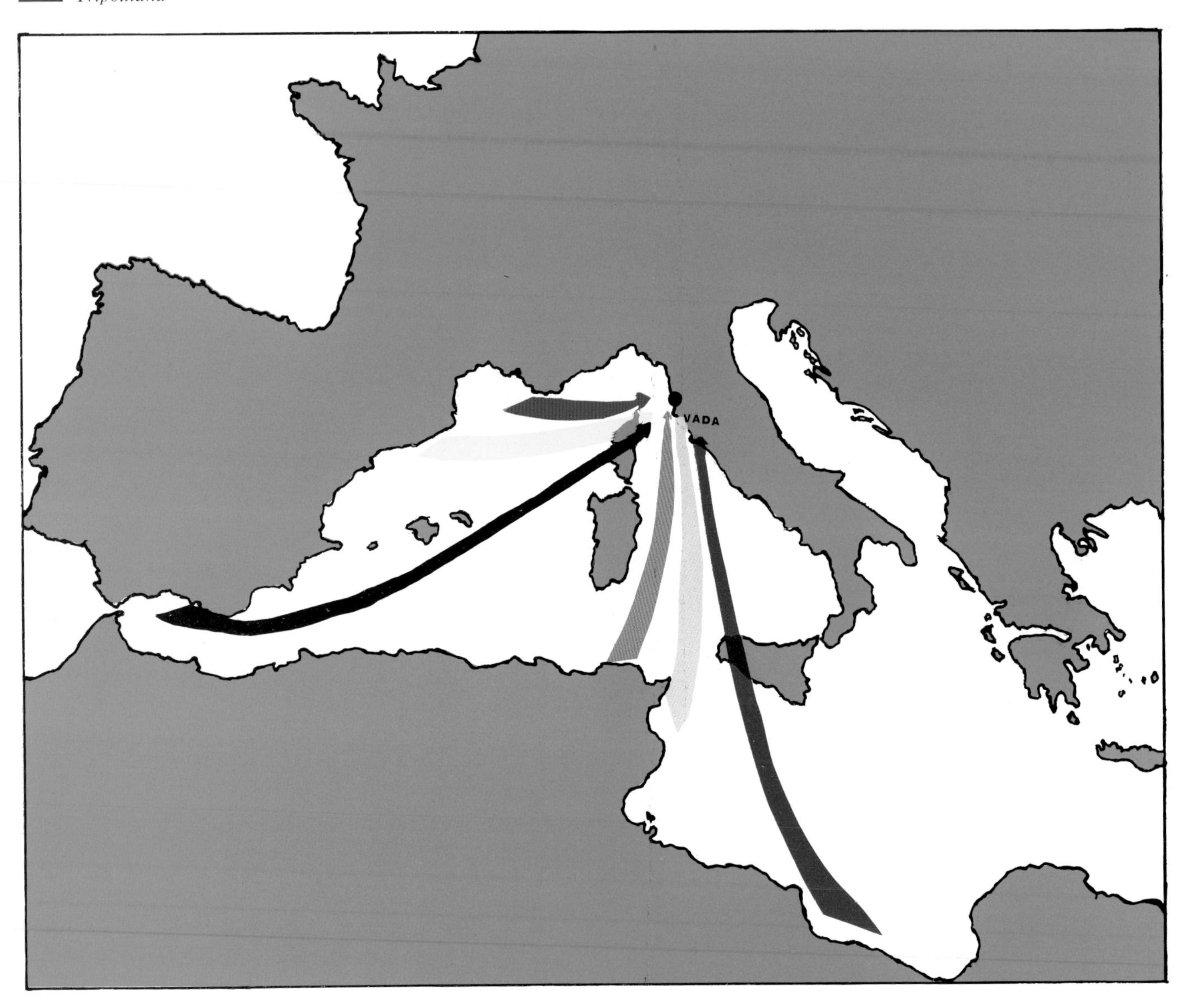

5) MASSA 1974, p. 31.
6) SCHMIEDT 1964, p. 65.
7) PASQUINUCCI *et al.*, in stampa; per la bibl. precedente cfr. PAOLETTI 1980, p. 104 e MASSA 1984.
8) RUTILIO NAMAZIANO, *De reditu suo* 1.452 ss.
9) CIAMPOLTRINI 1982, p. 2 ss. È da notare inoltre che i Cecina, famiglia dell'aristocrazia terriera volterrana assorbita nel I sec. a.C. nella classe dirigente romana, dovevano avere nella zona interessi già nei secoli precedenti come indica il nome del fiume Cecina, lungo il corso del quale si estendevano forse loro proprietà (CRISTOFANI 1975, p. 13).
10) PASQUINUCCI *et al.* in stampa; ricerche della scrivente e di Linda Cherubini.
11) Materiale in corso di studio da parte della scrivente e di Linda Cherubini; per alcune di esse cfr. MASSA 1974, p. 74.
12) MASSA 1980-81, p. 235 ss.
13) Altri prodotti giunsero a Vada e nel suo territorio dalla valle dell'Arno (per l'Anfora di Empoli cfr. CAMBI in stampa).
14) Per questa, proveniente dal complesso di S. Gaetano, cfr. MASSA 1974, p. 31.
15) Per le anfore conservate al Museo Civico di Rosignano Marittimo cfr. MASSA 1980-81, p. 237 ss.
16) Saline a Vada sono attestate ancora nel medioevo (FIUMI 1968, p. 38 ss).
17) Cfr. anche MASSA 1980-81, p. 257.

44-50. Le Terme di San Gaetano di Vada.

In località San Gaetano di Vada è ubicato un edificio romano di notevoli dimensioni, articolato in un complesso termale, ad Ovest, e in una serie di ambienti rettangolari aperti ad Est su di un portico.
Il complesso è stato indagato negli anni '70 dal locale Gruppo Archeologico, che ha portato in luce il settore termale e molti degli ambienti antistanti, mentre dal 1982 sono in corso scavi sistematici ad opera di archeologi dell'Università di Pisa, con la collaborazione di tecnici dell'Università di Oxford. Sotto la direzione della Prof. M. Pasquinucci del Dipartimento di Scienze Storiche del Mondo Antico, Università di Pisa, è stata così effettuata una rilettura dell'intero complesso e sono stati compiuti scavi, in particolare nel settore meridionale dell'area archeologica, in precedenza non indagato, e in un vano del complesso termale (ambiente III), di cui in passato erano stati asportati soltanto i livelli più superficiali.
L'edificio di San Gaetano, che in età antica era in prossimità della linea di costa [1], e i cui vani rettangolari avevano destinazione artigianale-commerciale, costituiva senza dubbio una delle infrastrutture pertinenti al porto romano di *Vada Volaterrana*, con tutta probabilità ubicato presso l'attuale Pontile della Società Solvay [2].
I più recenti scavi, e in particolare il rinvenimento, nelle fondazioni dei pavimenti e dei muri, di frammenti di terra sigillata tardo-italica e di terra sigillata africana A, hanno permesso di stabilire che i settori indagati vennero costruiti non prima della seconda metà del I secolo d.C.
L'intero complesso poi, con numerose e consistenti ristrutturazioni, continuò ad essere frequentato almeno sino al VI secolo d.C., come dimostrano gli abbondanti rinvenimenti ceramici e numismatici. Sporadiche frequentazioni sono attestate anche per l'età successiva: in particolare, nell'area dell'edificio vennero costruite alcune tombe «alla cappuccina» [3].
Il complesso di San Gaetano venne edificato direttamente sulla sabbia delle dune costiere; i muri hanno fondazioni molto profonde, costituite da pietre locali (calcirudite e «panchina») e da scarsissimi frammenti laterizi. Sulla fondazione poggia la parte inferiore dei muri, generalmente in blocchi di «panchina» a faccia rettangolare, al di sopra della quale, a circa 50 cm, doveva trovarsi un piano di tegole disposte di piatto, che si è conservato solo in alcuni settori dello scavo. Tale piano doveva servire per isolare dall'umidità del terreno l'alzato dei muri, che, essendo almeno in buona parte in argilla cruda (messa in opera sotto forma di mattoni o come *pisè*) [4], si è disfatto per l'azione degli agenti atmosferici; dell'alzato, dunque, ci sono pervenuti soltanto consistenti strati di argilla informe, individuati nel corso dei recenti scavi.
La copertura dell'edificio, almeno negli ambienti a destinazione artigianale-commerciale, doveva essere costituita da tegole e coppi cotti in fornace, sostenuti da travi lignee, come dimostrano gli scavi effettuati nel settore meridionale.
Il complesso termale e il settore artigianale-commerciale con l'antistante portico furono costruiti in una medesima fase, a giudicare dai rinvenimenti ceramici, dalla similitudine delle tecniche edilizie e, per quanto possiamo ancora cogliere, dai rapporti intercorrenti fra le strutture: in particolare, sia il muro della grande esedra delle terme, sia le pareti Est-Ovest degli ambienti artigianali-commerciali si attestano su un grande muro con andamento Nord-Sud, che costituisce l'asse portante dell'intero edificio. Inoltre le acque piovane defluenti sia dal portico, sia dalle terme, venivano raccolte in un unico, grande collettore che, data la concomitanza di esecuzione con il muro Nord-Sud e l'accurata tecnica edilizia, costituisce un'ulteriore conferma della contemporaneità di progettazione dell'intero complesso di San Gaetano.
L'impianto termale. La presenza di terme in un'area in cui si svolgevano attività di carattere artigianale-commerciale e nelle vicinanze di un porto è facilmente comprensibile, tenendo conto delle necessità igienico-ricreative dei numerosi frequentatori della zona. Il complesso termale non ha dimensioni particolarmente estese (m 32 × 19,5); significativa è soprattutto la prevalenza dei vani riscaldati, più estesi rispetto agli ambienti per il bagno freddo, che consistono in un unico, piccolo *frigidarium*: ciò è ben giustificabile, data la vicinanza del mare, ove i frequentatori delle terme potevano trovare comunque refrigerio.
Il precario stato di conservazione dell'edificio di San Gaetano e la insufficiente documentazione di scavo non permettono di ricostruire il passaggio che doveva esistere fra l'area artigianale-commerciale e l'impianto termale; con tutta probabilità comunque l'ingresso ai bagni per il pubblico avveniva dal vano XXIII, nel settore in cui al grande muro con andamento Nord-Sud si appoggiava l'esedra XV delle terme. Giunti così

94. S. Gaetano di Vada, complesso termale e *horrea*: rilievo.

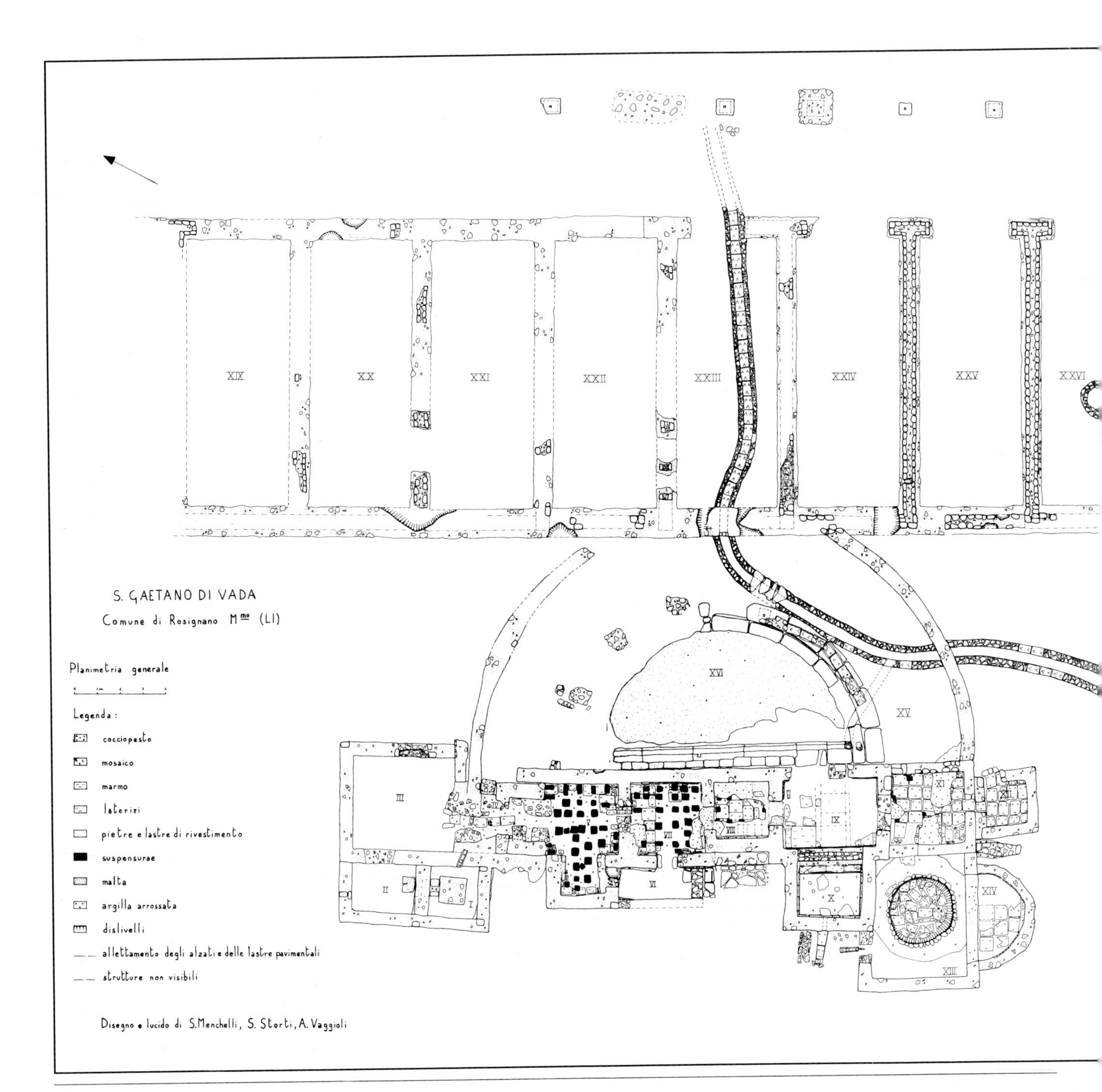

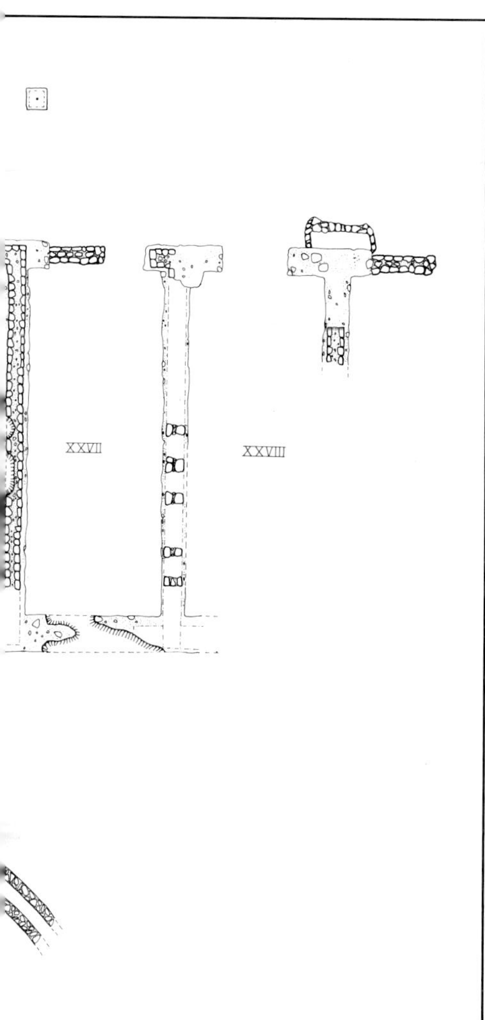

all'interno dell'edificio termale e attraversata un'area semicircolare, in parte coperta (XV) e in parte scoperta (XVI) (cfr. oltre), i frequentatori potevano accedere all'ambiente IX (probabile vestibolo). Qui, o nell'attiguo vano XI (in seguito ristrutturato ma in una prima fase verosimilmente interpretabile come *apodyterium*), i clienti potevano depositare gli indumenti ed altri eventuali oggetti, e sostare in attesa di iniziare il percorso termale.

Nell'ambiente IX la pavimentazione originaria era costituita da uno strato di cocciopesto su cui poggiava un «letto» di malta rivestito da lastre di marmo bianco, alcune delle quali, evidentemente rimosse o danneggiate, furono in seguito sostituite con lastre di terracotta e con cocciopesto molto grossolano; alle pareti sono visibili alcuni frammenti di rivestimento marmoreo, che, come negli altri vani in cui se ne conservano tracce, è di probabile provenienza lunense.

I frequentatori potevano poi accedere agli ambienti riscaldati, il primo dei quali è l'VIII: si tratta di un vano di dimensioni ridotte, con due accessi, a Nord e a Sud, in origine piuttosto angusti per evitare le dispersioni termiche, dotato di un ipocausto che veniva riscaldato dal calore proveniente, attraverso l'ipocausto dell'ambiente VII, dal *praefurnium* VI.

Date le caratteristiche dell'ambiente e la sua posizione nel percorso termale [5], si può pensare che fosse un *laconicum/sudatio*, in cui il riscaldamento assicurato dal *praefurnium* molto probabilmente poteva essere integrato con bracieri. Alle pareti si conservano ancora tracce del rivestimento marmoreo; le lastre pavimentali, anch'esse in marmo, erano allettate su malta; in una fase posteriore esse furono quasi completamente asportate e sulla malta venne steso un cocciopesto molto grossolano. La sottopavimentazione era costituita da uno spesso strato di cocciopesto, sotto al quale si trovavano mattoni *bipedales* (60 × 60 cm), retti da *suspensurae* formate da *pilae* alte 60 cm, di mattoncini *bessales* (22 × 22 cm) [6]. Il pavimento dell'ipocausto, come negli altri ambienti riscaldati V e VII (cfr. oltre), era costituito da lastroni quadrangolari di terracotta (in media 58 × 50 cm). La comunicazione fra questo ipocausto e quello dell'attiguo vano VII venne in seguito chiusa con ricorsi di mattoni: l'ambiente VIII dunque non veniva più riscaldato dal *praefurnium* VI, evidentemente perché la sua destinazione era mutata, come dimostrano anche altre ristrutturazioni, ad esempio l'allargamento delle due soglie (da 60 cm ad 1 m).

Dopo il bagno di sudore effettuato nell'ambiente VIII, i frequentatori potevano passare nel *tepidarium* VII [7], riscaldato direttamente dal *praefurnium* VI e forse dotato di una vasca. Nell'ipocausto, come in quello dell'attiguo vano V, si conservano *suspensurae* costituite da *pilae* di forma e dimensioni diverse, disposte a distanza irregolare: ciò verosimilmente è dovuto a successive ricostruzioni, ben giustificabili tenendo conto dell'usura a cui erano sottoposte tali strutture. Ai muri di entrambi i vani erano fissate tegole collocate verticalmente, che creavano un'intercapedine in cui potevano circolare, riscaldando l'ambiente, i vapori caldi provenienti dal *praefurnium*.

Il grande ambiente V era il *caldarium*: qui i clienti, dopo aver sostato

95. S. Gaetano di Vada, complesso termale, esedra (XVI): «palestra».

96. S. Gaetano di Vada, complesso termale, collettore.

97. S. Gaetano di Vada, complesso termale, *caldarium* (V); sullo sfondo, ambiente IV e *praefurnium* (III).

98. S. Gaetano di Vada, complesso termale, *praefurnium* (XII) e, in secondo piano, ambiente riscaldato XI.

99. S. Gaetano di Vada, complesso termale, ambiente I: al centro struttura quadrangolare, probabile supporto di un contenitore metallico per acqua.

100. S. Gaetano di Vada, complesso termale, ambiente XIII: la struttura centrale è probabilmente una cisterna per la raccolta delle acque piovane, costruita in età postclassica.

nel *tepidarium*, trovavano due vasche, ubicate rispettivamente sui lati Ovest (2 × 1,65 m) e Nord (2 × 1,50 m) [8]. Nella fase originaria delle terme il *caldarium* era riscaldato dal *praefurnium* VI, dotato di un'apertura posta a immediato contatto con la vasca Ovest del *caldarium*. Successivamente tale apertura venne chiusa con una «toppa» (costituita da argilla, pietre, malta e frammenti laterizi), mentre alla vasca venne assicurata una maggiore stabilità, addossando muretti di sostegno alle pareti dell'ipocausto. Connessa con questa ristrutturazione è la trasformazione dell'ambiente III in *praefurnium* (cfr. oltre): in questo modo si assicurava diretto calore alla vasca del lato Nord. Dopo il bagno caldo, i clienti, ripetuto il percorso in senso inverso, tornavano nel probabile vestibolo IX, da cui potevano accedere, per mezzo di alcuni gradini (soltanto dei due inferiori si conserva il rivestimento marmoreo), alla vasca del *frigidarium* X (m 2,60 × 1,80). Essa è rettangolare e pavimentata con un mosaico di piccole tessere di marmo bianco; le pareti sono rivestite di lastre dello stesso materiale. Dalla vasca l'acqua defluiva verso Ovest, in direzione del mare, tramite una canaletta di tegole, la cui cateratta era costituita da materiale di reimpiego (frammenti di marmo modanato).

Ad uso dei bagnanti era poi un altro vano (XIII), le cui successive, radicali ristrutturazioni (cfr. oltre) hanno obliterato le tracce dell'originaria destinazione. Si tratta comunque di un vasto ambiente a cui si accedeva tramite il probabile *apodyterium* XI; qui i clienti potevano forse detergersi, ungersi, sottoporsi a massaggi e poi, eventualmente, raggiungere il mare tramite l'apertura ubicata sul lato Nord-Ovest.

S.M.

Dal vano IX si accedeva inoltre ad un'esedra scoperta semicircolare (XVI), pavimentata in cocciopesto e delimitata da due filari di blocchi squadrati in pietra, disposti a gradini, poggianti su basamenti in ciottoli di calcirudite e malta che erano ubicati a distanza abbastanza regolare l'uno dall'altro (tre di essi sono visibili nel settore settentrionale, dove il muro dell'esedra non è conservato). Sui blocchi del filare superiore insistevano alcuni pilastri, in seguito obliterati per la costruzione, in età molto tarda, di un muretto ad andamento irregolare, di tegole legate con malta. All'esterno è una seconda esedra, XV (costituita da blocchi di calcirudite e di «panchina» legati con malta), che si attesta sul grande muro ad andamento Nord-Sud. La pavimentazione dell'esedra XV era in cocciopesto e si trovava ad una quota superiore rispetto a quella dell'area XVI. L'esedra interna era evi-

dentemente uno spazio scoperto in cui i frequentatori potevano svolgere attività fisica, sostare, sedere sui gradini: era, cioè, quell'area che nei complessi termali di maggiori dimensioni viene definita «palestra»[9]. L'esedra esterna, che si apriva mediante pilastri sulla «palestra», costituiva invece un corridoio anulare (*ambulatio*) in cui si poteva passeggiare al coperto.
Oltre agli spazi destinati alle attività dei bagnanti, si trovavano nel complesso termale ambienti di servizio, tra i quali di fondamentale importanza erano i *praefurnia*. Nella prima fase di vita dell'edificio di San Gaetano era in funzione soltanto il *praefurnium* VI: vi si accedeva, da un'area esterna lastricata e probabilmente coperta da una tettoia, mediante una scala costituita da grossi blocchi (due sono di reimpiego). Tale *praefurnium*, oltre a riscaldare il *tepidarium* VII e il *laconium/sudatio* VIII, in origine alimentava anche il *caldarium* V, tramite un'apertura nel muro settentrionale, in seguito chiusa con una «toppa» (cfr. sopra).
Quasi certamente connessa con questo intervento è la costruzione di un nuovo *praefurnium*, che interessò gli ambienti III e IV. Quest'ultimo era originariamente un piccolo vano (forse un ripostiglio?) aperto sulla «palestra», mentre III era una stanza di servizio comunicante ad Est con l'esterno ed a Ovest con l'ambiente II. I recenti scavi stratigrafici effettuati nel vano III hanno permesso di individuarne i rifacimenti pavimentali, chiaramente connessi con la sua nuova funzione di *praefurnium*: in prossimità dell'imboccatura, ad esempio, i pavimenti originari e le relative preparazioni vennero asportati per sistemare uno strato di pietre, con evidente funzione refrattaria, mentre ai lati dell'apertura del *praefurnium*, per lo stesso motivo, vennero poste strutture in pietra ed argilla. Contemporaneamente, venne chiusa la comunicazione con la «palestra» dell'ambiente IV, alle cui pareti furono addossate analoghe strutture refrattarie, mentre la pavimentazione originaria fu sostituita con tegole. In questo modo venne creato un condotto che permetteva il diretto passaggio del calore dal *praefurnium* III al *caldarium* V. Alla ristrutturazione degli ambienti III e IV è connessa verosimilmente anche la costruzione di una canaletta formata da coppi, che collegava l'ambiente IV con l'attiguo ambiente I. Quest'ultimo vano presenta al centro una struttura quadrangolare, costituita da blocchi di «panchina», frammenti di calcirudite e laterizi, che doveva sostenere un serbatoio metallico per acqua, di cui oggi non restano tracce; per il suo eventuale riscaldamento potevano essere sfruttati i vapori prodotti nell'adiacente *praefurnium* ed immessi nell'ambiente tramite la suddetta canaletta.
Non è possibile determinare con sicurezza l'uso dell'ambiente II; essendo in comunicazione con il vano I, doveva essere certamente connesso con l'utilizzazione del serbatoio. Gli inservienti potevano accedere all'ambiente II, e quindi al serbatoio, attraverso un passaggio aperto nella parete di comunicazione con il vano III. La «toppa» che attualmente chiude tale passaggio (costituita da pietre, malta, argilla e frammenti laterizi), è evidentemente relativa ad una fase di frequentazione molto tarda, quando gli ambienti avevano ormai perso la loro destinazione termale.
Forse alla ristrutturazione che interessò il settore settentrionale dell'edificio è connessa anche la costruzione, all'estremità Sud, di un terzo *praefurnium*, XII, pavimentato in tegole, le cui pareti presentano un andamento irregolare e appoggiano su quelle dell'attiguo ambiente XI.
Il vano XI, per il quale abbiamo ipotizzato una originaria funzione di *apodyterium*, attualmente si presenta dotato di ipocausto in comunicazione con il *praefurnium* XII e conserva alle pareti alcune tegole disposte verticalmente e fissate con grappe metalliche. La sua apertura sull'ambiente IX, in origine piuttosto ampia (m 1,50), venne successivamente ristretta a 60 cm: ciò conferma la mutata destinazione del vano.
A questo punto non si può non mettere in reciproco rapporto le ristrutturazioni riscontrate negli ambienti VIII e XI: evidentemente in una seconda fase di vita dell'edificio termale il vano VIII cessò di essere riscaldato poiché un nuovo *laconicum/sudatio* venne realizzato nell'ambiente XI, le cui originarie funzioni (*apodyterium*) furono trasferite nel vano VIII. Forse si riconnette a questi interventi edilizi anche la riduzione dell'apertura dell'ambiente IX sulla «palestra» (da m 2,50 a m 1,70) ed è verosimile, per quanto questa supposizione non possa essere confortata da dati stratigrafici, che alla medesima fase edilizia vada attribuita la costruzione dell'abside XIV. Il suo muro, che si appoggia sulla parete meridionale dell'ambiente XIII, è di fattura molto grossolana (è costituito da frammenti di «panchina», di calcirudite e di laterizi legati con malta) e conserva, nella parte superiore, un filare di tegole disposte di piatto. La pavimentazio-

ne, in lastroni quadrangolari di terracotta, in alcuni punti presenta integrazioni in cocciopesto. La funzione dell'ambiente non è determinabile con certezza, ma è assai verosimile che vi fosse ubicata una vasca.

Ad una fase certamente più tarda, invece, sono da riferire gli interventi edilizi effettuati nell'ambiente XIII, nel quale venne scavata una struttura grossolanamente circolare, profonda m 1,50 circa, pavimentata con lastre di terracotta. Essa era dotata di una canaletta «di travaso» che defluiva nel condotto di scarico del *frigidarium*, attraversando l'apertura verso l'esterno nella parete Nord-Ovest del vano; tale passaggio fu in questa occasione ristretto con due «toppe» di laterizi, cocciopesto e malta. L'impianto circolare doveva essere una cisterna per la raccolta delle acque piovane, costruita ed utilizzata in una fase molto tarda, quando alcuni degli ambienti termali, e forse l'intero complesso, mutarono destinazione o caddero in disuso. Tale struttura venne poi sottoposta ad un forte e ripetuto calore: sulle pareti, infatti, fra le pietre e i conci, è visibile argilla arrossata e in alcuni punti anche vetrificata. È verosimile che in questa fase la struttura fosse utilizzata come calcara: tale possibilità, facilmente realizzabile in un sito ricco di materiale edilizio, giustificherebbe, fra l'altro, la scomparsa quasi totale della parte inferiore degli alzati dei muri.

In conclusione, dunque, è possibile stabilire che le terme di San Gaetano ebbero due principali fasi di vita: nella prima, non anteriore alla seconda metà del I sec. d.C., era in funzione un solo *praefurnium* (VI), che riscaldava il *laconicum/sudatio* VIII, il *tepidarium* VII e il *caldarium* V. I frequentatori, compiuto il percorso assiale VIII-VII-V e ritorno, accedevano al *frigidarium* X; avevano inoltre a disposizione l'ambiente XIII, probabilmente per detergersi, ungersi e sottoporsi a massaggi, e gli spazi XVI e XV per l'attività fisica ed il passeggio. Infine potevano ritirare i loro indumenti e gli oggetti personali nel probabile *apodyterium* XI.

In una fase più tarda, l'edificio venne profondamente ristrutturato, con la costruzione di due nuovi *praefurnia* (III e XII) e con lo scambio di funzioni fra gli ambienti VIII e XI, che divennero rispettivamente *apodyterium* e *laconicum/sudatio*. Forse alla stessa fase edilizia è da attribuire la costruzione dell'abside XIV. La mancanza di documentazione stratigrafica non ci permette di datare con precisione questi interventi, ma, dato che nei settori recentemente scavati sono stati individuati radicali rifacimenti di IV-V sec. d.C., forse non è azzardato presupporre anche per l'area termale alcune ristrutturazioni di età tardo-antica.

In epoca successiva, quando le terme, almeno in alcuni settori, non erano più in uso, sono da porre l'obliterazione dei pilastri dell'esedra XVI, la chiusura del passaggio fra gli ambienti di servizio II e III e la costruzione della struttura circolare nell'ambiente XIII. La frequentazione post-classica del sito è peraltro attestata dalla presenza di sepolture «alla cappuccina» (cfr. sopra).

Allo stato attuale delle conoscenze non è possibile stabilire in quale modo fosse garantito l'approvvigionamento idrico dell'impianto termale durante le due principali fasi di vita dell'edificio, mentre possiamo supporre che nei periodi di frequentazione post-classica un rifornimento, almeno parziale, fosse assicurato, per un certo periodo, dalla cisterna scavata nell'ambiente XIII. Forse, in età romana esistevano nella zona polle d'acqua oggi non più utilizzabili, oppure veniva sfruttato il non lontano fiume Fine. È anche possibile che nei pressi delle terme fosse ubicata una cisterna, attualmente non individuata, verso la quale, forse, potevano indirizzarsi le acque piovane raccolte nel collettore principale, che si dirigeva verso Sud-Ovest.

M.A.V.

Note

1) Pasquinucci-Mazzanti, in stampa.
2) Cfr. Massa 1980-81, p. 253 e bibliografia ivi citata.
3) Mallegni-Fornaciari-Palmieri 1982: in questa pubblicazione sono stati analizzati i resti umani (sette scheletri più o meno completi e due mandibole) rinvenuti nelle tombe durante le indagini effettuate dal locale Gruppo Archeologico, che ne ha proposto la datazione al IV-V sec. d.C. I recenti scavi, invece, hanno dimostrato che in tale epoca nell'edificio fervevano ancora attività produttive, commerciali ed edilizie.
4) Adam 1984, p. 62 ss..
5) Cfr. oltre, nota 7.
6) In questo ambiente possiamo ancora cogliere la rigorosa applicazione dei principi di Vitruvio (*De architectura* 5.10.2), che raccomandava: ... *Laterculis bessalibus pilae struantur ita dispositae, uti bipedales tegulae possint supra esse conlocatae; altitudinem autem pilae habeant pedes duo...*
7) Per la contiguità fra il *tepidarium* e il *laconicum/sudatio* cfr. Vitruvio (*De architectura* 5.10.5).
8) La lunghezza delle vasche si accorda con le dimensioni consigliate da Vitruvio (*De architectura* 5.10.4), secondo il quale gli *alvei* dei *caldaria* non dovevano essere inferiori a 6 piedi (m 1,80 circa).
9) Per la connessione fra «palestra», spazio per unzioni e massaggi, *laconicum/sudatio* e *frigidarium* cfr. Vitruvio, *De architectura* 5.11.1-2.

Abbreviazioni bibliografiche

AA.VV., 1937 — *Mostra augustea della romanità*, Roma.

AA.VV., 1981 — *Archeologia in Valle d'Aosta. Dal neolitico alla caduta dell'impero romano (3500 a.C. - V sec. d.C.)*, Aosta.

AA.VV., 1985 — *Acquedotto 2000. Bologna, l'acqua del Duemila ha duemila anni*, Casalecchio di Reno.

ADAM J. P., 1984 — *La construction romaine; materiaux et tecniques*, Paris.

ADAM J. P., 1986 — *Observations techniques sur les suites du séisme de 62 à Pompéi*, in *Tremblements de terre, éruptions volcaniques et vie des hommes dans la Campanie antique*, Napoli, p. 67ss.

AILLAGON J. J., VIOLLET-LE-DUC G., 1980 — *Le voyage d'Italie d'Eugène Viollet-le-Duc 1836-1837*, Firenze.

ARRIGONI G., 1985 — *Le donne in Grecia*, Bari.

AURIGEMMA S., 1961 — *Villa Adriana*, Roma.

BAATZ D., 1973 — *Römische Bäder mit hölzernen Apodyterien*, «Archäologische Korrespondenzblatt», 3, p. 345 ss.

BAATZ D., 1975 — *Forschungen des Saalburgmuseums am obergermanisch-raetischen Limes 1949-1974*, in «Ausgrabungen in Deutschland», 1, Mainz, p. 361 ss.

BALSDON J. P. V. D., 1962 — *Roman Women*, London.

BALSDON J. P. V. D., 1969 — *Life and Leisure in Ancient Rome*, London.

BECATTI G., 1961 — *Scavi di Ostia*, IV, *I mosaici e i pavimenti marmorei*, Roma.

BENOIT F., s.d. — *Thermae*, in DAREMBERG C. H., SAGLIO E., *Dictionnaire des antiquités grecques et romaines*, V, p. 214 ss.

BESCHI L., 1986 — *La scoperta dell'arte greca*, in *Memoria dell'antico nell'arte italiana*, (a cura di S. SETTIS), III, Torino, p. 295 ss.

BEYEN H., 1938 — *Die Pompejanische Wanddekoration vom zweiten bis zum vierten Stil*, I, Haag.

BIANCHI BANDINELLI R., 1985 [4] — *Roma: l'arte romana nel centro del potere*, Milano.

BIRLEY E., 1981 — *Hadrian's Wall*, London.

BLAKE M. E., 1930 — *The Pavements of the Roman Buildings of the Republic and Early Empire*, «Memoirs of American Academy», Rome, 8, p. 7 ss.

BLAKE M. E., 1973 — *Roman Construction in Italy from Nerva throught the Antonines*, Philadelphia.

BLANCKENHAGEN VON P., COTTON M. A., WARD PERKINS J. B., 1965 — *Two Roman Villas at Francolise, prov. Caserta. Interim Report on Excavations 1962-64*, «Papers of the British School at Rome», 20, p. 55 ss.

BLOCH H., 1947 — *I bolli laterizi e la storia edilizia romana*, Roma.

BODEI GIGLIONI G., 1973 — *Lavori pubblici e occupazione nell'antichità classica*, Bologna.

BOËTHIUS A., WARD PERKINS J. B., 1970 — *Etruscan and Roman Architecture*, Harmondsworth Baltimore-Victoria.

BORRIELLO M. R., D'AMBROSIO A., 1979 — *Baiae-Misenum, Forma Italiae, Regio I*, XIV, Firenze.

BRESCHI M. G., 1965 — *La Cattedrale ed il Battistero degli Ariani a Ravenna*, Ravenna.

BRILLIANT R., 1979 — *Pompeii A.D.79. The Treasure of Rediscovery*, New York.

BRÖDNER E., 1951 — *Untersuchungen an den Caracallathermen*, Berlin-Leipzig.

BRÖDNER E., 1983 — *Die römischen Thermen und das antike Badewesen. Eine kulturhistorische Betrachtung*, Darmstadt.

BRÖDNER E., 1984 — «Concamerata sudatio». *Bemerkungen zu den hellenistischen Scwitzbädern*, Innsbruck.

BRÜGMANN R., et al., 1986 — *A Guide to 150 Years of Chicago Architecture*, Chicago.

BURNETT A., 1982 — *The Currency of Italy from the Hannibalic War to the Reign of Augustus*, in «Annali dell'Istituto Italiano di Numismatica», 29, p. 125 ss.

BUSSEMAKER A. C., SAGLIO E., 1877 — Aliptes, in DAREMBERG CH., SAGLIO E., *Dictionnaire des Antiquités grecques et romaines*, 1, p. 184 s.

CALABI LIMENTANI I., 1958 — *Studi sulla società romana. Il lavoro artistico*, Milano.

CALZA G., 1939 — *Die Taverna der sieben Weisen in Ostia*, «Die Antike», 15, p. 99 ss.

CAMBI F., (in stampa) — *L'anfora di Empoli*, Atti del Colloquio *Anfore romane e storia economica: un decennio di ricerche*, (Siena 1986).

CARANDINI A., RICCI A., DE VOS M., 1982 — *Filosofiana. La villa di Piazza Armerina*, Palermo.

CARCOPINO J., 1978[5], 1986[2] — *La vita quotidiana a Roma all'apogeo dell'Impero*, Bari (traduz. it. di *La vie quotidienne à Rome à l'apogée de l'Empire*, Paris 1939).

CARETTONI G., 1963 — *Palestra*, in *Enciclopedia dell'Arte Antica*, 5, Roma, p. 882 ss.

CECCHINI M. G., 1985 — *Campagna di scavo 1982-83 lungo il lato orientale*, in AA.VV., *Roma Archeologia nel centro*, Roma, p. 583 ss.

CHANTRAINE P., 1968 — *βαλανεύς*, in *Dictionnaire étimologique de la langue grecque*, III, Paris.

CHANTRAINE P., 1974 — *λούω*, in *Dictionnaire étimologique de la langue grecque*, III, Paris.

CHAPOT V., s.d. — *Unctio*, in DAREMBERG CH., SAGLIO E., *Dictionnaire des Antiquités grecques et romaines*, V, p. 591.

CHEVALLIER R., 1983 — *La romanisation de la Celtique du Pô. Essai d'histoire provinciale*, Roma (B.E.F.A.R. 249).

CHOISY A., 1909 — *Vitruve*, Paris.

CIAMPOLTRINI G., 1982 — *Le stele funerarie d'età imperiale dell'Etruria settentrionale*, «Prospettiva», 30, p. 2 ss.

CICERCHIA P., 1985 — *Sul carattere distributivo delle* «Terme con heliocaminus» *di Villa Adriana*, «Xenia» 9, p. 47 ss.

COARELLI F., 1975 — *Guida archeologica di Roma*, Verona.

COARELLI F., 1980 — *Roma*, Roma-Bari.

COARELLI F., 1982 — *Lazio*, Roma-Bari.

COLLINGWOOD R. G., RICHMOND J., 1969 — *The Archaeology of Roman Britain*, Chatham.

CORLAITA SCAGLIARINI D., 1975 — *Il territorio e le città in epoca romana*, in *Storia dell'Emilia Romagna* (a cura di A. BERSELLI), Bologna.

C.I.L. — *Corpus Inscriptionum Latinarum*, Berlin.

CORRETTI A., 1984 — *Baia*, in *Bibliografia topografica della colonizzazione greca in Italia e nelle isole tirreniche*, Pisa-Roma, p. 362 ss.

COTTON M. A., BLANCKENHAGEN VON P., WARD PERKINS J. B., 1965 — *Francolise, Caserta. Rapporto provvisorio del 1962-64 sugli scavi di due ville romane della repubblica e del primo impero*, «Notizie degli Scavi di Antichità», 19, p. 237 ss.

COTTON M. A., METRAUX G. P. R., 1985 — *The San Rocco Villa at Francolise*, Hertford.

COURTOIS CH., 1954 — *Rouines Romaines ou Cap Bon*, «Karthago», 5, p. 182 ss.

CRISTOFANI M., 1975 — Tomba XVIII, in *Corpus delle urne etrusche di età ellenistica*, 1. *Urne volterrane*, 1. *I complessi tombali* (a cura di CRISTOFANI M., CRISTOFANI MARTELLI M., FIUMI E., MAGGIANI A., TALOCCHINI A.), Firenze, p. 72 ss.

CRISTOFANI M., 1977 — *Strutture insediative e modi di produzione* in *Caratteri dell'ellenismo nelle urne etrusche* (a cura di MARTELLI M., CRISTOFANI M.), (Atti dell'incontro di studi, Siena 1976), Firenze.

CRISTOFANI M., MAGGIANI A., MICHELOTTI B., 1973 — *Volterra. Scavi sulla acropoli (1969-1971)*, «Notizie degli Scavi di Antichità», 27, suppl. 1.

CUNLIFFE B., 1969 — *Roman Bath*, Oxford.

CUNLIFFE B., DAVENPORT P., 1985 — *The temple of Sulis Minerva at Bath, I (I): The site*, Oxford.

DANIELS C. M., 1976 — *Hadrian's Wall*, in *The Princeton Encyclopedia of Classical Sites*, Princeton, p. 370 ss.

D'ARMS J. H., 1970 — *Romans on the Bay of Naples. A Social and Cultural Study of the Villas and their Owners 150 B.C. - A.D. 400*, Cambridge Mass.

DE ANGELIS D'OSSAT G., 1936 — *Sugli edifici ottagoni a cupola nella antichità e nel medio evo*, in *Atti I Congresso Nazionale di Storia dell'Architettura*, Firenze, p. 13 ss.

DE ANGELIS D'OSSAT G., 1943 — *Civiltà romana: tecnica costruttiva e impianti delle terme*, Roma.

DE ANGELIS D'OSSAT G., 1977 — *L'architettura delle «terme» di Baia*, in *I Campi Flegrei nell'archeologia e nella storia*, Convegno Internazionale, (Roma 1976), Roma, p. 227 ss.

DE CARO S., GRECO A., 1981 — *Campania*, Roma-Bari.

DE FELICE OLIVIERO SANGIACOMO L., 1952 — *La cultura, il libro, la scuola, le biblioteche*, in *Guida allo studio della civiltà romana antica*, Napoli.

DE FRANCISCIS A., 1965 — *L'attività archeologica nelle province di Napoli e Caserta*, in *Atti del V Convegno di Studi sulla Magna Grecia*, Taranto, p. 173 ss.

DE RUGGIERO E., 1895 — *Aqua*, in DE RUGGIERO E., *Dizionario epigrafico di antichità romane*, I, Roma, p. 537 ss.

DE RUGGIERO E., 1895 b — *Balneum*, in DE RUGGIERO E., *Dizionario epigrafico di antichità romane*, I, Roma, p. 964 ss.

DE RUGGIERO E., 1925 — *Lo Stato e le opere pubbliche in Roma antica*, Torino.

DE VOS A. e M., 1982 — *Pompei Ercolano Stabia*, Roma-Bari.

DE VOS M., 1986 — in *Pitture e pavimenti di Pompei*, II-III, Roma.

DI CAPUA F., 1940 — *Appunti su l'origine e sviluppo delle terme romane*, «Rendiconti della R. Accademia di Archeologia, Lettere e Belle Arti», N.S., 20, p. 83 ss.

DREXLER A. (ed.), 1977 — *The Architecture of the École des Beaux-Arts*, Londra.

DUNCAN-JONES R. 1974 — *The Economy of the Roman Empire: Quantitative Studies*, Cambridge.

DÜRM J., 1905 — *Die Baukunst der Römer*, Stuttgart.

ECK W., 1987 — *Die Wasserversorgung im römischen Reich: sozio-politische Bedingungen, Recht und Administration*, in *Die Wasserversorgung antiker Städte* («Geschichte der Wasserversorgung», 2), Hainz am Rhein, p. 51 ss.

ERNOUT A., MEILLET A., 1979[4] — *Balneum* e *Thermae*, in *Dictionnaire étimologique de la langue latine*, Paris.

ESCHEBACH H., 1973 — «... laconicum et destrictarium faciund... locarunt». *Untersuchungen in den Stabianer Thermen zu Pompeji*, «Römische Mitteilungen» 80, p. 235 ss.

ESCHEBACH H., 1979 — *Die Stabianer Thermen in Pompeji*, Berlin.

ESCHEBACH H., 1982 — *La documentazione delle Terme del Foro a Pompei*, in *La regione sotterrata dal Vesuvio*, Napoli.

ETIENNE R., 1966 — *La vie quotidienne a Pompéi*, Paris.

ETIENNE R., 1973 — *La vita quotidiana a Pompei*, Milano.

FABBRICOTTI E., 1976 — *I bagni nelle prime ville romane*, «Cronache pompeiane», 2, p. 29 ss.

FIUMI E., 1968 — *I confini della diocesi ecclesiastica, del municipio romano e dello stato etrusco di Volterra*, «Archivio Storico Italiano», I, p. 23 ss.

FLACH D., 1979 — *Die Bergwerksordnungen von Vipasca*, «Chiron» 9, p. 434 ss.

F.I.R.A.[2] — RICCOBONO S., BAVIERA J., FERRINI C., FURLANI J., ARANGIO-RUIZ V., *Fontes Juris Romani Anteiustiniani*, I-III, Firenze 1940-43[2].

FOUGERES G., 1896 — *Gymnastica* in DAREMBERG CH., SAGLIO E., *Dictionnaire des antiquités grecques et romaines*, II, 2, p. 1705 s..

FRANK T., 1937 — *An Economic Survey of Ancient Rome*, III, Baltimore.

GHISLANZONI E., 1912 — *Scavi nelle terme Antoniniane*, «Notizie degli Scavi di Antichità», p. 305 ss.

GIACOMINI P., 1985 — *La rete idrica nelle città antiche*, in AA.VV. 1985, *Acquedotto 2000*, Bologna, p. 25 ss.

GINOUVES R., 1962 — *Balaneutikè. Recherches sur le bain dans l'antiquité grecque*, Paris.

GIULIANI C. F., 1973 — *Contributo allo studio della tipologia dei criptoportici*, in AA.VV., *Les cryptoportiques dans l'architecture romaine*, 14, Roma, p. 79 ss.

GIULIANI C. F., 1977 — *Note sull'architettura nei Campi Flegrei*, in *I Campi Flegrei nell'archeologia e nella storia*, Convegno Internazionale, (Roma 1976), Roma, p. 365 ss.

GNOLI R., 1971 — *Marmora romana*, Roma.

GOETZ G., 1899 — *Apodyterium* e *Apolyterium*, in *Thesaurus glossarum emendatarum*, VI, Lipsiae, p. 81 s.

GOETZ G., 1901 — *Spoliarium* e *Spoliatorium*, in *Thesaurus glossarum emendatarum*, VII, Lipsiae, p. 287.

GRIMAL P., 1969 — *Les jardins romains* Paris.

HALLIER G., HUMBERT M., POMEY P., 1982 — *Fouilles de l'Ecole Française de Rome à Bolsena (Poggio Moschini)*, Tome VI: *Les abords du Forum*, Rome.

HANSON W., MAXWELL G., 1983 — *Rome's North West Frontier*, Edimburgh.

HARTMANN R., 1920 — *Das* Laconicum *der römischen Thermen*, «Römische Mitteilungen», 35, p. 152 ss.

HEINZ W., 1983 — *Römische Thermen. Badewesen und Badeluxus im Römischen Reich*, München.

HERMANSEN G., 1982 — *Ostia. Aspects of Roman City Life*, Alberta.

HIRSCHFELD O., 1905[2] — *Die kaiserlichen Verwaltungsbeamten bis auf Diocletian*, Berlin.

HOMO L., 1951 — *Rome impériale et l'urbanisme dans l'antiquité*, Paris.

HÜBNER E., 1899 — *Cilurnum*, in PAULY-WISSOWA, *Real-Encyclopädie der classischen Altertumswissenschaft*, III 2, c. 2546.

IACOPI I., 1985 — *Terme di Caracalla. Note sul progetto di indagine archeologica*, in AA.VV., *Roma. Archeologia nel centro*, Roma, p. 578 ss.

I.L.S. — DESSAU H., *Inscriptiones Latinae Selectae*, Berlin 1954-55.

JORIO A., 1978-79 — *Sistema di riscaldamento nelle antiche terme pompeiane*, «Bollettino Comunale» 86, p. 167 ss.

KÄHLER H., 1966 — *Terme*, in *Enciclopedia dell'Arte Antica*, 7, Roma, p. 715 ss.

KHATCHATRIAN A., 1962 — *Les baptistères palèochrètiens*, Paris.

KRENCKER D., KRÜGER E., LEHMANN H., WACHTLER H., 1929 — *Die Trierer Kaiserthermen*, Augsburg.

KRETSCHMER F., 1961 — *Die Entwicklungsgeschichte des antiken Bades und das Bad auf dem Magdalensberg*, Düsseldorf.

KUNZE E., SCHLEIF H., 1944 — *Bericht über die Ausgrabungen in Olympia 1940 und 1941*, 4, Berlin.

LAFAYE G., s.d. — *Pila*, in DAREMBERG CH., SAGLIO E., *Dictionnaire des antiquités grecques et romaines*, IV, 1, p. 475 ss.

LAFAYE G., s.d. — *Trochus*, in DAREMBERG CH., SAGLIO E., *Dictionnaire des antiquités grecques et romaines, V*, p. 492s.

LANCIANI R., 1902-1912 — *Storia degli scavi di Roma*, I, Sala Bolognese (rist. anast. 1975), p. 1979 ss.

LA ROCCA E., DE VOS M. e A., 1981 — *Guida archeologica di Pompei*, Milano.

LASSÈRE J. M., 1977 — *Ubique populus*, Paris.

LECLERQ H., 1910 — *Baptistère*, in *Dictionnaire d'archèologie chrètienne et de liturgie*, II 1, Paris, c. 382 ss.

LEVI A. e M., 1978 — *La* «Tabula Peutingeriana», Bologna.

LING R., 1983 — *The Baths of the Casa del Menandro at Pompeii*, Pompeii, Herculaneum, Stabiae. «Bollettino dell'Associazione Internazionale Amici di Pompei», 1, p. 49 ss.

LOWTHER A. W. G., 1976 — *Romano-British Chimney Pots and Finials*, «Antiquaries' Journal», 56, p. 35 ss.

LUGARI B., 1910 — *Il* laconicum *e la* sudatio *dell'antico bagno romano*, «Dissertazioni della Pontificia Accademia d'Archeologia», p. 123 ss.

LUGARI B., 1914 — *Il* calidarium *ed il* tepidarium *dell'antico bagno romano*, «Dissertazioni della Pontificia Accademia d'Archeologia», p. 69 ss.

LUGLI G., 1931 — *I monumenti antichi di Roma e suburbio*, I, Roma.

LUGLI G., 1946 — *Roma antica: il centro monumentale*, Roma.

LUGLI G., 1957 — *La tecnica edilizia romana*, Roma.

LUTTWAK E., 1981 — *La grande strategia dell'impero romano*, Milano.

MAC DONALD W. L., BOYLE B. M., 1980 — *The Small Baths at Hadrian's Villa*, «Journal of the Society of Architectural Historians», 39, p. 5 ss.

MADEDDU R., PIANU G., 1986 — *Alcune precisazioni su San Cromazio di Villa Speciosa (CA)*, «Annali della Facoltà di Lettere e Filosofia», Perugia, 21 (1983-1984), p. 155 ss.

MAIURI A., 1931 — *Pozzi e condutture d'acqua nell'antica città. Scoperta di un antico pozzo presso «Porta Vesuvio»*, «Notizie degli Scavi di Antichità», 7, p. 546 ss.

MAIURI A., 1932 — *Pompei. Nuovi saggi di esplorazione nelle Terme Stabiane*, «Notizie degli Scavi di Antichità», 8, p. 507 ss.

MAIURI A., 1933 — *I Campi Flegrei*, Roma.

MAIURI A., 1939 — *Gli scavi della Palestra Grande, Regione I*, in «Notizie degli Scavi di Antichità», p. 165 ss.

MAIURI A., 1942 — *L'ultima fase edilizia di Pompei*, Roma.

MAIURI A., 1945 — *La Villa dei Misteri*, Roma.

MAIURI A., 1950 — *Pompei. Scoperta di un edificio termale nella Regio VIII, Insula 5, nr. 36*, «Notizie degli Scavi di Antichità», 75, p. 116 ss.

MAIURI A., 1951 — *Terme di Baia*, «Bollettino d'Arte», 36, p. 359 ss.

MAIURI A., 1958 — *Ercolano. I nuovi scavi* (1927-1958), Roma.

MAIURI A., 1965 — *Pompei*, in *Enciclopedia dell'Arte Antica*, VI, Roma, p. 308 ss.

MALLWITZ A., 1972 — *Olympia und seine Bauten*, München.

MANIERI-ELIA M., 1973 — *Per una città «imperiale»*, in *La città americana* (a cura di CIUCCI G., DAL CO F., MANIERI-ELIA M., TAFURI M.), Roma-Bari.

MALLEGNI F., FORNACIARI G., PALMIERI S., 1982 — *I resti umani di Vada (IV-V sec. d.C.) e di Rosignano Solvay (IV sec. d.C.)*, in *Studi sul territorio livornese*, Livorno, p. 219 ss.

MANNING W. H., 1985 — *Catalogue of the Romano-British Iron Tools, Fittings and Weapons in the British Museum*, London.

MANTOVANI P., 1892 — *Il Museo Archeologico e Numismatico di Livorno*, Livorno.

MARQUARDT J., 1885 — *Römische Staats verwaltung*, Leipzig.

MARROU H. I., 1955 — *Histoire de l'education dans l'antiquitè*, Paris.

MARVIN M., 1983 — *Freestanding Sculptures from the Baths of Caracalla*, «American Journal of Archaeology», 87, 3 p. 347 ss.

MASSA M., 1974 — *Tombe tardo-repubblicane di Castiglioncello e Vada*, «Rivista di Studi Liguri», 40, p. 23 ss.

MASSA M., 1980-81 — *Le anfore del Museo Civico di Rosignano Marittimo (Livorno)*, «Rassegna di Archeologia», 2, p. 223 ss.

MASSA M., 1982 — In *Archeologia subacquea*, «Bollettino d'Arte», suppl. 4, p. 56 ss.

MASSA M., 1982-83 — *I ceppi d'ancora del Museo Civico di Rosignano Marittimo (Livorno)*, «Rassegna di Archeologia», 3, p. 167 ss.

MASSA M., 1984 — *Bronzetti romani scoperti a Rosignano Marittimo nel 1565*, in *Toreutik und figürliche Bronzen romischer Zeit*, Atti VI Tagung uber antike Bronzen, (Berlin 1980), Berlin, p. 175 ss.

MAU A., 1894 — *αποδυτήριον*, in PAULY WISSOWA, *Real-Encyclopädie der classischen Alternatumswissenschaft*, 1, 2, Stuttgart, c. 2820.

MAU A., 1895 — apothesis, in PAULY-WISSOWA, *Real-Encyclopädie der classischen Altertumswissenschaft*, II, 1, Stuttgart, c. 188.

MAU A., 1896 — *Bäder*, in PAULY-WISSOWA, *Real-Encyclopädie der classischen Altertumswissenschaft* II, 2, c. 2743 ss.

MAU A., 1900 — *Pompeji in Leben und Künst*, Leipzig.

MAZZOTTI M., 1961 — *Il Battistero della Cattedrale di Ravenna* in *Corsi di cultura sull'arte ravennate e bizantina*, Ravenna, p. 255 s.

MEUSEL H., 1960 — *Die Verwaltung und Finanzierung der öffentlichen Bäder zur römischen Kaiserzeit*, Diss. Köln.

MICHELUCCI M., 1979 — *Un contesto tombale dell'agro volterrano al Museo di S. Matteo in Pisa*, in *Studi per Enrico Fiumi*, Pisa, p. 83 ss.

MIELSCH H., 1975 — *Römische Stuckreliefs*, Heidelberg.

MINGAZZINI P., 1977 — *Le terme di Baia*, in *I Campi Flegrei nell'archeologia e nella storia*, Convegno Internazionale, (Roma 1976), Roma, p. 275 ss.

MIRICK H. D., 1933 — *The Large Baths at Hadrian's Villa*, «Memoirs of the American Academy in Rome», 11, p. 119 ss.

NAPOLI M., 1954 — *Una nuova replica della Sosandra di Calamide*, «Bollettino d'Arte», 39, p. 1 ss.

NAPOLI M., 1958 — *Baia* in *Enciclopedia dell'Arte Antica*, 1, Roma, p. 960 ss.

NASH E., 1961 — *Bildlexikon zur Topographie des antiken Rom*, Tübingen.

NASH E., 1962 — *Bildlexikon zur Topographie des Antiken Rom*, II, Tübingen.

NIELSEN J., 1985 — *Considerazioni sulle prime fasi dell'evoluzione dell'edificio termale romano*, «Analecta Romana» 14, p. 81 ss.

NIELSEN M., 1985 — in *Artigianato artistico in Etruria. L'Etruria settentrionale interna in età ellenistica*, (a cura di MAGGIANI A.), Milano, p. 62 ss.

OVERBECK J., 1884 — *Pompeji in seinen Gebönden, Alterthümern und Kunstwerken*, Leipzig.

PAOLETTI M., 1980 — *Esposizione di reperti archeologici. Scavi di S. Gaetano. Vada. Castiglioncello (Livorno) 23 agosto - 20 settembre 1980*, «Prospettiva», 23, p. 103 s.

PAOLI U. E., 1945[4]-1973[11] — *Vita romana*, Firenze.

PAREJA F. M., 1951 — *Islamologia*, Roma.

PARIBENI R., 1920 — *Ostia. Rinvenimenti presso la Porta Romana*, «Notizie degli Scavi di Antichità», p. 156 ss.

PARIBENI R., 1922 — *Tivoli (Villa Adriana). Lavori di esplorazione e di riassetto.* «Notizie degli Scavi di Antichità», p. 234 ss.

PASQUI A., 1897 — *La villa pompeiana della Pisanella presso Boscoreale*, «Monumenti Antichi Accademia Lincei», 5, c. 397 ss.

PASQUINUCCI M., *et al.* (in stampa) — *Ricerche archeologico-topografiche nella fascia costiera tirrenica* (ager Pisanus *e* Volaterranus *occidentale*): *ricerche preliminari*, Atti del Colloquio *Anfore romane e storia economica: un decennio di ricerche*, (Siena 1986), Roma.

PASQUINUCCI M., MAZZANTI R., (in stampa) — *La costa tirrenica da Luni a* Portus Cosanus, Atti del Colloquio Internazionale *Déplacement des lignes de rivage en Méditerranée d'après les données de l'Archéologie*, (Aix-en-Provence 1985).

PAVOLINI C., 1983 — *Ostia*, Roma-Bari.

PAVOLINI C., 1986 — *La vita quotidiana ad Ostia*, Roma-Bari.

PERNICE E., 1932 — *Hellenistische Tische, Zisternenmündungen, Beckenuntersätze, Altäre und Truhen*, Berlin-Leipzig.

PERNICE E., 1938 — *Pavimente und Figürliche Mosaiken*, Berlin 1938.

PEROGALLI C., 1974 — *Architettura dell'altomedioevo occidentale*, Milano.

PIANU G., PINNA M., STEFANI G., 1985 — *Lo scavo dell'area archeologica di San Cromazio a Villa Speciosa (CA). Seconda relazione preliminare*, «Annali della Facoltà di Lettere e Filosofia», Perugia, 20 (1982-1983), p. 375 ss.

PIANU G., TRONCHETTI C., *et al.*, 1982 — *Villa Speciosa (CA)*, «Archeologia Medievale», 9, 387 ss.

PLATNER S. B., ASHBY T., 1929 — *A Topographical Dictionary of Ancient Rome*, London.

PLOMMER H., 1973 — *Vitruvius and Later Roman Building Manuals*, Cambridge.

PUPPI L., 1973 — *Andrea Palladio*, Milano.

RIDDER DE A., 1900 — *halter*, in DAREMBERG CH., SAGLIO E., *Dictionnaire des Antiquités grecques et omaines*, III 1, p. 5 ss.

RIDDER DE A., 1918 — *lucta*, in DAREMBERG CH., SAGLIO E., *Dictionnaire des Antiquités grecques et romaines*, III 2, p. 1340 ss.

RIDDER DE A., s.d. — *pugilatus*, in DAREMBERG CH., SAGLIO E., *Dictionnaire des Antiquités greques et romaines*, IV 1, p. 754 ss.

RODDAZ J. M., 1984 — Marcus Agrippa, Roma (B.E.F.A.R. 253).

R.I.B. — *The Roman Inscriptions of Britain*, edd. COLLINGWOOD R. G. and WRIGHT R. P., Oxford 1965.

ROOK T., 1979 — *The Effect of the Evolution of Flues upon the Development of Architecture*, in *Roman Brick and Tile*, (a cura di M. C. WHIRR A.) «British Archeological Reports», International Series, 68, p. 303 ss.

ROSSITER J. J., 1978 — *Roman Farm Buildings in Italy*, «British Archeological Reports», International Series, 52.

ROSTOVTZEFF M., 1926-1957 — *Social and Economic History of the Roman Empire*, FRASER P. M. Editor, Oxford.

SAGLIO E., 1877a — *Alipilus*, in DAREMBERG CH., SAGLIO E., *Dictionnaire des Antiquités grecques et romaines*, I 1, p. 185.

SAGLIO E., 1877b — *Aquarius*, in DAREMBERG CH., SAGLIO E., *Dictionnaire des Antiquités grecques et romaines*, I 1, p. 346.

SAGLIO E., 1877c — *Balneum, balneae*, in DAREMBERG CH., SAGLIO E., *Dictionnaire des Antiquités grecques et romaines*, I 1, p. 648 ss.

SAGLIO E., 1918 — *Corycus*, in DAREMBERGH CH., SAGLIO E., *Dictionnaire des Antiquitès Antiquitès grecques et romaines*, I 2, p. 154 1.

SALWAY P., 1981 — *Roman Britain*, Oxford.

SALZA PRINA RICOTTI E., 1973 — *Criptoportici e gallerie sotterranee di Villa Adriana nella loro tipologia e nelle loro funzioni*, in AA.VV., *Les cryptoportiques dans l'archittecture romaine*, 14, Roma, p. 219 ss.

SAUVAGET J., 1930 — *Un bain damasquin du XIIIe siecle*, in «Syria» 11, p. 370 ss.

SAUVAGET J., 1939 — *Les rouines omeyyades du Djebel Seis*, in «Syria» 20, p. 246 ss.

SCERRATO U., 1972 — *Islam*, Milano.

SCHLEIF H., 1943 — *Die neuen Ausgrabungen in Olympia und ihre bisherigen Ergebnisse für die antike Bauforschung*, Berlin.

SCHILER T., WIKANDER A., 1983 — *A Roman Water-mill in the Bath of Caracalla*, «Opuscola Romana», 14, p. 47 ss.

SCHLUMBERGER D., 1939 — *Les fouilles de Qasr el-Heir el-Garbi*, in «Syria» 20, p. 213 ss.

SCHMIEDT G., 1964 — *Contributo della foto-interpretazione alla ricostruzione della situazione geografico-topografica dei porti antichi in Italia*, Firenze.

SEAR F. B., 1977 — *Roman Wall and Vault Mosaics*, Heidelberg.

Settefinestre — *Settefinestre. Una villa schiavistica nell'Etruria romana* (a cura di CARANDINI A., RICCI A.), Modena 1985.

SGOBBO I., 1929 — *Terme flegree ed origine delle terme romane*, in *Atti I Congresso Nazionale di Studi Romani*, I, Roma, p. 186 ss.

SGOBBO I., 1934 — *I nuclei monumentali delle terme romane di Baia per la prima volta riconosciuti*, in *Atti III Congresso Nazionale di Studi Romani*, Bologna, p. 292 ss.

SGOBBO I., 1938 — *Serino. L'acquedotto romano della Campania*: «Fontis Augustei Aquaeductus», «Notizie degli Scavi di Antichità», p. 75 ss.

SGOBBO I., 1977 — *I templi di Baia*, in *I Campi Flegrei nell'archeologia e nella storia*, Convegno Internazionale (Roma 1976), Roma, p. 283 ss.

SMALL A., 1985 — *Introduction: The Area around Francolise in the Roman Period*, in COTTON-METRAUX 1985, p. XIX ss.

SMITH A. C. G., 1978 — *The Date of the «Grandi Terme» of Hadrian's Villa at Tivoli*, «Papers of the British School at Rome», 46, p. 73 ss.

SOGLIANO A., 1879 — *Pompei*, «Notizie degli Scavi di Antichità», p. 119 ss.

SOURDEL-THOMINE J., 1975 — *Hammam*, in *Encyclopedie de l'Islam*, Paris, p. 142 ss.

SQUASSI F., 1954 — *L'arte idrosanitaria degli antichi*, Tolentino.

STACCIOLI R. A., 1958 — *Sugli edifici termali minori*, «Archeologia Classica», 10, p. 273 ss.

STACCIOLI R. A., 1961 — *Terme minori* e balnea *nella documentazione della* «Forma Urbis», «Archeologia Classica», 13, p. 92 ss.

STACCIOLI R. A., 1965 — *Roma*, in *Enciclopedia dell'Arte Antica*, 6, Roma, p. 841.

STEER K. A., 1967 — *The Antonine Wall: a Reconsideration*, in *Studien zu den Militärgrenzen Roms*, Köln.

SUSINI G., 1960 — *Il Lapidario greco e romano di Bologna*, Bologna.

THEDENAT H., 1918 — *Lattrina*, in DAREMBERG CH., SAGLIO E., *Dictionnaire des antiquités grecques et romaines, III 2*, p. 987 ss.

Th.I.L. — *Thesaurus linguae Latinae*, Leipzig.

TESTINI P., 1958 — *Archeologia cristiana*, Roma.

TURNER J. H., 1948 — Sergius Orata. *Pioneer of Radiant Heating*, «Classical Journal», 43, p. 486 ss.

VAGLIERI D., 1910 — *Ostia. Nuove scoperte nell'area delle tombe*, «Notizie degli Scavi di Antichità», p. 432 ss.

VALENTINI R., ZUCCHETTI G., 1940 — *Codice topografico della città di Roma*, Roma.

VEYNE P., 1984 — *Il pane e il circo. Sociologia e pluralismo politico*, Bologna (traduz. it. di *Le pain et le cirque. Sociologie historique d'un pluralisme politique*, Paris 1976).

VERDUCHI P., 1975 — *Le Terme con cosiddetto* heliocaminus, in *Ricerche sull'architettura di Villa Adriana*, «Quaderni dell'Istituto di Topografia Antica della Università di Roma», 8, p. 55 ss.

VETTER E., 1953 — *Handbuch der Italischen Dialekte*, Heidelberg.

WALTZING J. P., 1961 — *Collegium* in DE RUGGIERO E., *Dizionario Epigrafico di Antichità romane*, II, p. 340 ss.

WARD-PERKINS J. B., 1979 — *Architettura romana*, Milano.

WEBSTER G., 1979 — *Tiles as a Structural Component in Buildings*, in *Roman Brick and Tile* (a cura di MC WHIRR A.) «British Archeological Reports», International Series, 68.

WILCKEN U., 1899 — *Griechische Ostraka aus Aegypten und Nubien*, Leipzig-Berlin.

WILTON-ELY J., 1978 — *Giovanni Battista Piranesi. Vision und Werk*, Münehen.

WINNEFELD H. W., 1895 — *Die Villa des Hadrian bei Tivoli*, 3, Suppl. «Jahrbuch des Deutschen Archäologischen Instituts», Berlin.

WHITE K. D., 1984 — *Greek and Roman Technology*, London.

WITTKOWER R., 1963 — *Le chiese di Andrea Palladio e l'architettura barocca veneta*, in *Barocco europeo e barocco veneziano*, Firenze, p. 77 ss.

YEGÜL F. K., 1979 — *The Small City Bath in Classical Antiquity and a Reconstruction of Lucian's «Bath of Hippias»*, «Archeologia Classica», 31, p. 108 ss.

Finito di stampare
dalla Coptip. Industrie Grafiche, Modena
nel mese di luglio 1987.